西部大开发决策回顾

曾培炎 著

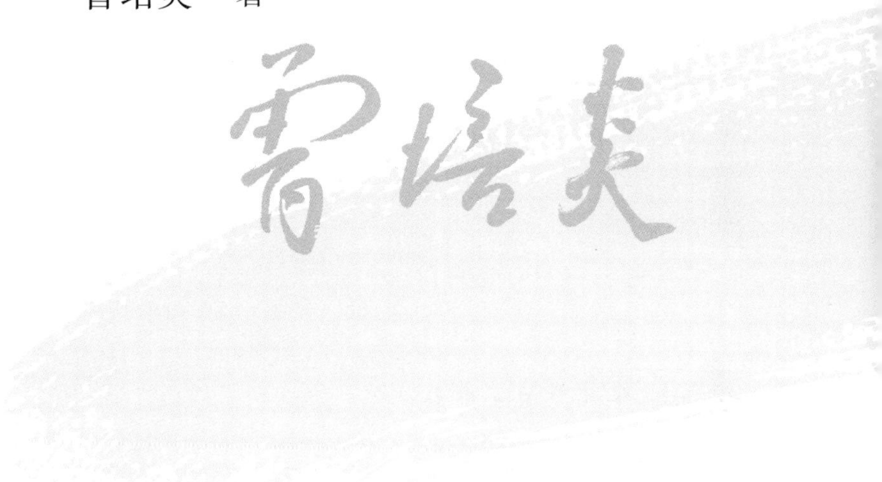

中共党史出版社

图书在版编目(CIP)数据

西部大开发决策回顾/曾培炎著．—北京：中共党史出版社，2010.3(2023.5 重印)

ISBN 978-7-5098-0595-4

Ⅰ.西… Ⅱ.曾… Ⅲ.西部大开发(中国)—研究
Ⅳ.F127

中国版本图书馆 CIP 数据核字(2010)第 025194 号

出版发行：中共党史出版社
责任编辑：吴　江　张春生
版式设计：段文超
社　　址：北京市海淀区芙蓉里南街6号院1号楼
邮　　编：100080
网　　址：www.dscbs.com
经　　销：新华书店
印　　刷：北京汇林印务有限公司
开　　本：720mm×1000mm　1/16
字　　数：325 千字
印　　张：28.5
版　　次：2010 年 3 月第 1 版
印　　次：2023 年 5 月第 8 次印刷

ISBN 978-7-5098-0595-4
定　　价：68.00 元

此书如有印制质量问题，请与中共党史出版社出版部联系
电话：010—82517197

前 言

为纪念改革开放30周年和新中国成立60周年，中央新闻单位的记者先后几次来采访，要我谈谈西部大开发的背景和经过。这些采访引发了我很多回忆。去年，在与原国务院西部办的几位同志的叙谈中，他们提出西部大开发即将迎来十周年，希望我对西部大开发决策及实施过程进行一个回顾，并把重要内容记述下来。我也感到，作为西部大开发的亲历者和见证人，把所了解的这段历史介绍给大家也是一种责任和义务。于是，就有了这本书的问世。

西部占我国陆地面积的三分之二，在这片广袤大地上，聚居着三亿多勤劳善良的各族人民，蕴藏着丰富的物产资源。对于西部，我有一份特殊的感情。我曾经在那里生活工作了16个年头，西部可以说是我的第二故乡。1962年我大学毕业后，分配到上海一家研究所工作。1965年，为响应备战备荒、建设“大三线”的号召，我所在的部门整体搬迁到西安。从大上海到西部古城，我领略了沟壑纵横的黄土高原、质朴厚重的民风社情、辉煌灿烂的古代文明，同时也感受到了西部民生多艰的一面。那时我常想，我们这代人能为西部做些什么？然而身处那个特殊的年代，虽有报效祖国之心，也只能是一种热切的期盼和美好的憧憬。由于工作的原因，上世纪80年代初我离开了西部，之后无论在国外还是在国内，西部的情结总是挥之不去。

上世纪90年代初起，我先后在中央财经领导小组、国家计委、国务院西部地区开发领导小组以及国务院任职。这使我有机会参加中央有关会议，陪同中央领导同志外出考察，有幸见证了西部大开发战略决策的全过程，并参与了具体组织实施工作。对于我们国家来说，西部大开发的实践是中国特色社会主义建设的一段辉煌历程。对于我个人而言，也实现了年轻时投身西部、建设西部的夙愿。

西部大开发十年，正好经历了“十五”、“十一五”两个五年规划。中央始终将西部大开发摆在重要工作日程，进行了总体谋划和全面部署。世纪之交，江泽民同志提出了西部大开发战略，之后又在广东提出了“三个代表”重要思想。胡锦涛同志在党的十六届三中全会的讲话中，系统阐述了科学发展观。这些重大理论和思想，为实施西部大开发战略明确了方向，也指导了西部大开发的方针、目标、任务和政策的不断完善。

西部大开发十年，是历史上西部地区经济增长最快、社会进步最显著的十年。基础设施得到极大改善，生态环境保护与治理成效明显，城乡面貌发生巨大变化，人民群众得到了真正的实惠。西部地区建设了一大批重大交通、能源、水利、生态等工程。退耕还林、退牧还草、三江源保护工程的实施，使消退的绿色逐步回归大地；青藏铁路、西气东输、西电东送和大型水利枢纽等一批重点工程相继投入使用，开始发挥巨大的经济效益和社会效益；能源化工、装备制造、农牧业等特色优势产业迅速成长，成为推动西部加速发展的有力引擎；送电到乡、油路到县、广播电视到村、人畜饮水、“两基”攻坚等民生工程，极大地提高了西部人民的生产生活水平。西部大开发凝聚着全党和全国各族人民的辛勤劳动，取得了举世瞩目的成就。

西部大开发十年，只是开了个好头。在为取得的成绩欣喜之余，我们还应当看到，西部仍然是相对落后和欠发达的地区。其发展面临不少困难和问题。对这项事业的长期性和艰巨性应当有充分的思想准备，对各项行之有效的政策应当保持其连续稳定并不断完善。今天，正值西部大开发继往开来、续写新篇之际，我们应当倍加珍惜来之不易的大好局面，在党中央、国务院的领导下，坚定不移，与时俱进，把西部大开发事业继续推向前进。

西部大开发战略抓住了我国发展的战略机遇期，因势而为，乘势而上，其决策和实施过程中的宝贵经验，值得我们认真总结并发扬光大。在本书中，我将自己的所见、所闻、所想呈现给读者，回顾西部大开发决策和实施十年走过的道路，记录下这段不平凡的历史。希望这些记述能够为西部大开发今后的工作和全国区域经济协调发展，为重大经济决策及组织实施，提供一些有益的参考和借鉴。

当然，由于自己的思想水平和能力所限，书中难免会有遗漏和不准确的地方，恳请读者给予批评指正。

谨以此书献给为西部大开发艰苦奋斗的人们！

2010年1月

目 录
CONTENTS

第一章

战略抉择：
第三代中央领导集体的远见卓识

一、江泽民同志提出西部大开发战略
二、中央作出西部大开发战略决策
三、国务院成立西部地区开发领导小组
四、召开西部地区开发会议

历史上每一项重大战略决策都有很多值得回忆的地方，西部大开发也是如此。近年来，很多朋友和记者问我，西部大开发的起点在哪里？这幅波澜壮阔的历史画卷是如何展开的？回顾这一具有历史意义的战略抉择，从江泽民同志提出西部大开发的战略思想开始，在不到一年的时间里，完成了战略决策、明确方针、制定政策到付诸实施的全过程。这一切都显得自然而然，而只有深入了解这一决策的背景和过程，才能体会到其中蕴藏的理性和睿智。

与以往开发西部的行动相比，这绝不是一次历史的简单重演，而是在社会主义市场经济条件下区域经济开发的成功实践，体现了党的第三代中央领导集体在机遇面前的坚决果断和远见卓识，是当代中国科学决策与民主决策的范例，在中华民族伟大复兴的道路上必将留下光辉的足迹。

一、江泽民同志提出西部大开发战略

实现地区协调发展，是我们党领导中国社会主义建设的一条重要方针。早在1956年，毛泽东同志在《论十大关系》中就强调，要处理好沿海工业和内地工业的关系。1988年，邓小平同志提出了“两个大局”的战略构想。一个大局是：“沿海地区要加快对外开放，使这个拥有两亿人口的广大地带较快地先发展起来，从而带动内地更好地发展，这是一个事关大局的问题。内地要顾全这个大局。”上个世纪八九十年代，我国经济特区、沿海开放城市和开放地带的形成，就是根据这个大局实施的战略部署。另一个大局是：“发展到一定的时候，又要求沿海拿出更多力量来帮助内地发展，这也是个大局。那时沿海也要服从这个大局。”邓小平同志还强调：“先进地区帮助落后地区是一个义务，而且这是一个大政策。”

以江泽民同志为核心的党的第三代中央领导集体，继承和发展了党的第一代、第二代中央领导集体关于地区协调发展的思想，提出了西部大开发战略。这一重大战略的形成经历了一个充分酝酿和逐步完善的过程。

东部与中西部关系的新思考

1992年10月，江泽民同志在党的十四大上提出，我国经济体制改革的目标是建立社会主义市场经济体制。这个目标提出后，在国内外引起很大反响，得到了各方面的积极拥护和支持。在第二年召开的党的十四届三中全会上，中共中央作出《关于建立社会主义市场经济体制若干问题的决定》。这个文件一共50条，构建了社会主义市场经济体制的基本框架。

在社会主义条件下发展市场经济，是前无古人的重大创举，实践中必然会遇到很多新情况、新矛盾。江泽民同志敏锐地注意到这一点。他当时兼任中央财经领导小组组长，我是中央财经领导小组副秘书长兼办公室主任，同时担任国家计委副主任。1995年初，他要求中财办对社会主义市场经济体制建设中的重大问题进行调查研究。

1995年6月下旬，中共中央总书记、国家主席、中央军委主席江泽民到辽宁、黑龙江、吉林三省考察，我和党中央、国务院有关部门负责同志陪同。在吉林的一天晚上，他把我叫到房间里，让我谈谈前段布置的重大调研课题的进展情况。他作了很多重要指示，其中谈到，近几年东部地区发展比较快，人民群众的生活有了很大改善。他担心西部地区发展相对较慢，东部与中西部地区的差距还会继续扩大。他说，发展市场经济必然会有一部分人、一部分地区先富起来。但要未雨绸缪，研究一些政策，处理好先富与后富、发达地区与不发达地区的问题，逐步缩小差距，这样才能最后实现小平同志提出的共同富裕的目标。那晚谈了近两个小时。最后他说，你把今天谈的这些内容整理一下，我到长春开会的时候，听听大家的意见。

6月26日，江泽民同志在长春主持召开东北三省国有大中型企业座谈会，东北三省省委书记、省长出席会议。会上他除了谈国企改革的问题，还谈到在建设社会主义市场经济新形势下，要处理好的若干重大关系，其中就包括东部地区与中西部地区的关系。

9月28日，在党的十四届五中全会闭幕讲话里，江泽民同志系统地谈了正确处理社会主义现代化建设中的若干重大关系，也就是著名的“论十二大关系”。“东部地区和中西部地区的关系”成为其中的一个方面。他说：“要以邓小平同志关于让一部分地区一部分人先富起来、逐步实现共同富裕的战略思想来统一全党的认识。实现共同富裕是社会主义的根本原则和本质特征，绝不能动摇。”“解决地区发展差距，坚持区域经济协调发展，是今后改革和发展的一项战略任务。从‘九五’计划开始，要更加重视支持中西部地区经济发展，逐步加大解决地区差距继续扩大趋势的力度，积极朝着缩小差距的方向努力。中西部地区要适应发展市场经济的要求，加快改革开放步伐，充分发挥资源优势，积极发展优势产业和产品，使资源优势逐步变为经济优势。”“东部地区要通过多种形式帮助中西部欠发达地区和民族地区发展经济，促进地区经济协调发展。”这些论述反映了江泽民同志在社会主义市场经济条件下对区域协调发展问题的新思考。

陕甘考察酝酿加快西部开发

1995年陕西、甘肃两省遭受了严重的旱灾。12月下旬，我和中央有关部门的负责同志陪同江泽民同志前往考察。在陕西商洛地区，有些村子由于贫穷和近亲结婚，人口素质受到严重影响。甘肃定西是有名的干旱和贫困区，那里的农民群众靠积雨水窖维持全家一年的生计。为了节约用水，有些上了年纪的人很少洗脸，成了半拉“黑人”。看到这些，江泽民同志心情很沉重。他反复说，群众贫苦，我们当干部的应该寝食难安啊！目睹西部地区贫困落后的种种现实状况，他深深地沉浸在历史的远思之中，多次与我们一起探讨和追述西部地区在历史上如何越来越陷入荒凉和贫困的演变情况。

在12月25日听取甘肃省委、省政府的工作汇报以后，江泽民同志发表了讲话。他首先说：“诸葛亮在《出师表》中形容自己‘寝不安席，食不甘味’，‘鞠躬尽瘁，死而后已’。我对这几句话是很赞赏的。我们的现代化建设和民族振兴大业，还任重道远。”“我们的各级领导干部都应自觉发扬这种奋斗精神和奉献精神，加倍努力工作。”

他指出，西部地区历史文化悠久，为缔造辉煌的中国古代文明作出过巨大贡献。近代以来，为实现祖国独立，西部地区人民为中国人民的解放事业也作出过巨大的历史性贡献。我国很多民族聚居在西部，长期的文化交流与和睦相处，形成了民族大团结和共同进步的优良传统。西部地区蕴藏着各种丰富的自然资源，是我国有待全面开发的重要资源基地，也是我国下个世纪经济全面振兴的重要依托，还是我们巩固国防的军事战略要地。

他指出，中央对西部地区发展的大政方针，就是“到下世纪初要开始朝着逐步缩小东西部地区差距的方向前进，到下世纪五十年代，西部地区同全国其他地区一样，基本实现现代化”。全党同志特别是在西部地区工作的同志，“要为实现西部地区未来发展的光明前途而奋斗不已”。“到了包括西部地区在内的全国各个地区都基本实现现代化，我们这几代人就为祖国为民族立下了不朽的历史之功，我们就无愧于我们的先人，无愧于我们的革命前辈，也无愧于我们的后人。”

江泽民同志在这篇讲话中，虽然还没有像后来那样使用“西部大开发”的提法，但是在他的脑海中，促进西部地区加快发展已经成为重大的任务。

此后，江泽民同志在不同场合多次谈到加快西部地区发展问题。1996年3月“两会”期间，他在参加八届全国人大四次会议青海代表团的讨论时指出：青海省和其他西部地区，是我们的前人还没有来得及全面开发的地区，我们今天就是要干好这些前人还没有来得及干好的事业，为后人的发展打下更好的基础。1997年8月5日，江泽民同志在一份关于陕北地区治理水土流失、建设生态农业的调查报告上批示：“经过一代一代人长期地、持续地奋斗，再造一个山川秀美的西北地区，应该是可以实现的。”

“两会”党员负责人会议正式提出西部大开发

经过几年的酝酿，1999年3月3日，江泽民同志在九届全国人大二次会议和全国政协九届二次会议的党员负责人会上的讲话中，正式提出了“西部大开发”的战略思想。我当时担任国家发展计划委员会主任兼中央财经领导小组副秘书长，得知江泽民同志这个讲话的内容是在几天之后。

记得是在3月13日下午，我和国家计委的有关负责同志正在研究工作，中共中央办公厅主任曾庆红打来电话。他说：江泽民同志几天前有一个重要讲话，请你看一下，其中关于西部大开发一段论述你们要作些研究。随后，他用特急件将讲话稿转给了我。我注意到，在讲话中，江泽民同志用了很长一段话来阐述西部大开发的问题。

他在讲话中指出："中央已经明确了加快中西部地区开发的方针，并且把扩大国内需求作为促进经济增长的主要措施，实行积极的财政政策，这对于加快中西部的发展是一个很好的时机。西部地区那么大，占全国国土面积的一半以上，但大部分处于未开发或荒漠化状态。西部地区迟早是要大开发的，不开发，我们怎么实现全国的现代化？中国怎么能成为经济强国？美国当年如果不开发西部，它能发展到今天这个样子？""从安排全国众多的劳动力，为他们找到力所能及的广阔的就业出路来说，希望也在中西部特别是西部地区的大开发上。""西部地区一旦加快步伐，加大力度全面开发起来，搞水的搞水，种草的种草，栽树的栽树，修路的修路，开矿的开矿，搞农业的搞农业，那就可以安排成

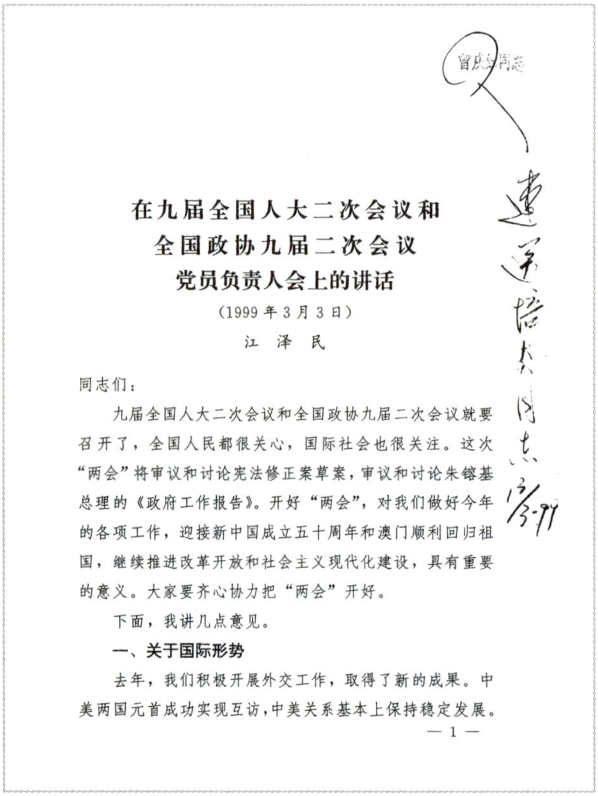
在九届全国人大二次会议和
全国政协九届二次会议
党员负责人会上的讲话
（1999年3月3日）
江泽民

同志们：

九届全国人大二次会议和全国政协九届二次会议就要召开了，全国人民都很关心，国际社会也很关注。这次"两会"将审议和讨论宪法修正案草案，审议和讨论朱镕基总理的《政府工作报告》。开好"两会"，对我们做好今年的各项工作，迎接新中国成立五十周年和澳门顺利回归祖国，继续推进改革开放和社会主义现代化建设，具有重要的意义。大家要齐心协力把"两会"开好。

下面，我讲几点意见。

一、关于国际形势

去年，我们积极开展外交工作，取得了新的成果。中美两国元首成功实现互访，中美关系基本上保持稳定发展。

— 1 —

◎曾庆红同志用特急件转来的江泽民同志在"两会"党员负责人会上的讲话稿。

百万成千万的劳动力。这是我们发展的大战略、大思路。”他在这段话的最后说：“请大家进一步思考。这个问题，特别是有关部门要加强研究，统筹规划，提出大开发的实施步骤、政策、办法和组织形式等。”

新世纪到来之前，我国已经实现了现代化建设“三步走”战略的第二步战略目标，并准备向第三步战略目标迈进。亚洲金融危机发生后，中国面临着重大机遇和挑战。联想到此前，江泽民同志几乎每年都要谈及西部开发，此次在各省区市主要负责同志参加的会议上正式谈这个问题，并且强调是大开发，显然有他深入的考虑。这篇讲话向全党和全国发出了一个明确信号，开发西部将成为我国新世纪的重大战略决策。当时，“两会”已接近尾声，我脑子里萦绕的主要是两项工作，一是如何扩大内需，应对亚洲金融危机；二是开展“十五”计划的前期工作。我意识到又将有一项重要任务落在国家计委肩上。我将这篇讲话批转国家计委党组成员传阅，要求大家认真学习领会，并立即在委内成立一个专门小组先进行内部研究。

4月，国家计委相继召开了四个座谈会，分别听取部门、地方、专家对西部大开发的意见。月初，邀请区域经济、农林水利、环境保护等领域的专家在北京研讨。中旬，先后在陕西、重庆召开西北、西南地区两个座谈会，听取地方同志的看法。下旬，召开由国务院有关部门参加的座谈会。这些调研和座谈，主要围绕西部大开发的必要性和可行性展开，同时也对西部大开发的目标、任务、方式、政策进行了探讨。

实事求是地讲，当时的认识还不完全一致。一方面，大家认为，西部大开发十分必要，应尽快提到国家重要议事日程上来。特别是西部的同志情绪高昂，希望国家能增加对西部的投资，西部能享受到改革开放之初沿海地区的优惠政策。另一方面，也有些同志对搞西部大开发的时机和中央财政的支撑能力有疑虑，有的提出，对于开发西部，感觉还不是时候，在具体操作上无从下手。有的认为，我国经济发展总体水平还很低，在相当长一个时期内，应该坚持效率优先的原则，政府资金投入西部地区的经济效益远低于投入东部地区，主张继续把有限的财力集中在东部地区。

在认真学习领会江泽民同志讲话的基础上，经过两个多月的研究，综合各方面观点，国家计委形成了四点意见，我向江泽民同志作了扼要汇报。一是我国要在21世纪中叶实现第三步战略目标，没有西部地区的发展是不可能的。只要有条件，就要尽早加快西部地区发展。二是在有效需求不足的新形势下，抓住时机，实施西部大开发，对于整个国民经济的持续快速健康发展具有重要意义。西部发展潜力很大，只要策略对头，方法得当，开发西部不会成为国家的包袱。三是如果东西部地区发展长期不平衡，就会影响全国发展。经济问题也可能扩展到政治和社会层面，容易引发各种矛盾，影响社会稳定、民族团结和国家安全。四是西部地区生态环境加剧恶化，如果现在还不采取科学的应对措施，使生态环境恶化趋势得到有效遏制并逐渐改善，可持续发展就会落空。从综合国力来讲，我国已经具备了开发西部的条件。

系统阐述西部大开发战略构想

1999年6月初，在中央扶贫开发工作会议上，江泽民同志再次谈到西部大开发问题，他明确指出，有两亿多人口的西部地区，农民刚刚实现低水平的温饱。如果他们的收入和消费水平进一步提高，就会成为扩大内需很大的拉动力量。加大中西部地区扶贫开发的力度，不仅可以解决贫困人口的温饱问题，而且对于扩大内需，促进全国经济的发展也是至关重要的。这项工作，必须同我们对下个世纪整个经济发展战略的考虑结合起来，同加快中西部地区建设、缩小东西部地区发展差距，实现共同富裕的目标结合起来。他进一步强调，加快中西部地区发展步伐的条件已经基本具备，时机已经成熟。我们如果看不到这些条件，不抓住这个时机，不把该做的事情努力做好，就会犯历史性错误。

紧接着，6月17日，江泽民同志在西安主持召开西北五省区国有企业改革和发展座谈会。在这次会上，江泽民同志更加系统地阐述了西部大开发的战略构想。他谈到，现在，我们正处在世纪之

◎1999年6月17日，江泽民同志在西北五省区国有企业改革和发展座谈会上发表重要讲话，系统阐述了西部大开发的战略构想。

交，应该向全党全国人民明确提出，必须不失时机地加快中西部地区发展，特别是要抓紧研究实施西部地区大开发。这是一项振兴中华的宏伟战略任务，实现了这个宏图大略，其经济、文化、政治、军事、社会的深远意义，是难以估量的。全党同志和全国上下必须提高和统一认识。没有西部地区的稳定就没有全国的稳定，没有西部地区的小康就没有全国的小康，没有西部地区的现代化就不能说实现了全国的现代化。他指出，之所以用“西部大开发”，就是说，不是小打小闹，而是在过去发展的基础上经过周密规划和精心组织，迈开更大的开发步伐，形成全面推进的新局面。我们要下决心通过几十年乃至整个下世纪的艰苦努力，建设一个经济繁荣、社会进步、生活安定、民族团结、山川秀美的西部地区。这个讲话经过新闻媒体的报道，很快在社会上引起巨大反响。

9月19日—22日，党的十五届四中全会召开。江泽民同志在

◎1999年9月19日至22日，党的十五届四中全会在北京举行。江泽民、李鹏、朱镕基、李瑞环、胡锦涛、尉健行、李岚清等出席会议。实施西部大开发战略写入了会议决定。

讲话中指出，实施西部大开发和加快小城镇建设，都是关系我国经济和社会发展的重大战略问题，应该提上议事日程，进行全面调查研究，拿出方案，加紧实施。在这次全会上，实施西部大开发战略写入了《中共中央关于国有企业改革和发展若干重大问题的决定》。

从3月“两会”党员负责人会上的讲话，到扶贫开发工作会议讲话和西安座谈会讲话，再到十五届四中全会讲话，江泽民同志提出的西部大开发战略，已经作为我国社会主义现代化建设和实现中华民族伟大复兴的一项重大决策，提上了党和国家的议事日程。

2005年2月，在西部大开发五周年之际，中共中央总书记、国家主席、中央军委主席胡锦涛明确指出，实践证明，中央关于实施西部大开发的战略决策和指导方针是正确的，要坚定不移地把西部大开发继续推向前进。

光阴荏苒，日月如梭。从西部大开发战略正式提出，到现在已是十年过去了。今天回顾当年的决策过程，更能深切感受到以江泽民同志为核心的党的第三代中央领导集体，在历史机遇面前所表现出来的机敏睿智、英明果断和远见卓识。

二、中央作出西部大开发战略决策

江泽民同志在西安召开的会议上提出了西部大开发战略目标后，国家计委紧锣密鼓地开始研究实施方案。形成初步设想之后，我想再听听西部地区同志的意见。1999年10月，国庆五十周年刚过，青海西宁已经有了深秋的凉意。省迎宾馆会议室的讨论却十分热烈，国家计委在这里召开了“十五”计划思路西部地区座谈会，主题是“集思广益，共谋西部发展大计”，重点讨论加快西部大开发的思路、目标、重点任务、政策措施。我在会上作了题为“加快西部地区开发、促进地区经济协调发展”的讲话。西部地区各省区市和新疆生产建设兵团的副省级领导和计委主任参加了会议，国家计委也有十几位司局长参加。会议期间江泽民同志打来电话，了解中央“十五”计划建议起草的准备工作。借这个机会，我将座谈会的情况向他作了汇报。我说，中央决定实施西部大开发战略后，各方面已经开始进行准备。同志们在会上提出，现阶段开发西部，应当有新思路、新办法、新机制，国家需要出台一些重大政策措施，包括加大财政支持，加快科技进步，优先发展教育，吸引和培养人才，扩大对内对外开放等，还应当建设一批标志性工程。江泽民同志听了以后很高兴，说这些意见都很好，还要求我们加强研究，尽快拿出西部大开发的实施方案。

这一年，中央领导同志多次到西部地区考察。国务院总理朱镕基赴陕西、云南、四川考察工作后，又在10月下旬赴甘肃、青海、宁夏，就实施西部大开发战略进行调研。他指出，加快西部地区发展是邓小平同志关于我国现代化建设战略思想的重要组成部分，是促进各地区共同繁荣、共同富裕的必然要求，我们一定要按照江泽民总书记近年来多次重要讲话和指示精神，站在现代化建设全局和长远发展的高度，统一思想认识，不失时机地实施西部大开发战略。他说，要科学地制定实施西部大开发的任务、政策、措施和步骤。当前和今后一个时期，最重要的是抓好以下几个方面的工作：进一步加快基础设施建设，切实加强生态环境保护和建设，积极调整产业结构，大力发展科技和教育。

10月下旬，江泽民同志访问英国、法国、葡萄牙、摩洛哥、阿尔及利亚和沙特阿拉伯六国，我和有关部门的负责同志陪同。这次访问进行得很顺利。结束了紧张的行程，在从沙特阿拉伯回国的飞机上，江泽民同志的思绪从纷繁的国际事务转向国内。他把我叫到前舱，问起西部大开发的情况。我将国家计委的初步设想向他作了一次详细汇报，并建议，把西部大开发这样一个大战略落到实处，需要举全国之力，目前是否可以考虑提出一个初步的实施方案，由中央召开会议进行专题讨论。如有可能，应成立专门机构，统筹推进这项工作。江泽民同志边听边点头，看来他早已有所筹划和考虑。

1999年最后两个月里，党中央、国务院连续召开三次会议，专题听取国家计委关于实施西部大开发战略初步设想的汇报。11月5日，朱镕基总理主持国务院第52次总理办公会议。11月11日和12月30日，江泽民同志分别主持召开中央政治局常委会和中央政治局会议。我和国家计委副主任王春正作了汇报。

在这几次会上，中央领导同志对实施西部大开发战略的认识高度一致，就如何落实提出很多重要的指导性意见。我记得，李鹏同志说，这是个大事，西部开发范围的划定不能完全按地理界限来考虑，要与各地经济发展水平相结合。在开发中，要注意解决好西部的资源优势变成经济优势等问题。朱镕基同志说，西部大开发是一项长期任务，也是系统工程。退耕还林是一举多得的事，可以在条件好的地方先搞试点。国债资金要向西部倾斜，重点用在基础设施建设上，把发展的基础打牢。李瑞环同志说，我完全赞成西部大开发，这件事不简单，要看到它的长期性，在开发实施中要重视解决好水的问题。胡锦涛同志说，西部大开发意义重大，关系到经济社会发展全局，关系到国家长治久安。他还结合在西部地区工作的经历说，退耕还林还草的方式是受欢迎的，西部地区有那么多坡耕地，具体到每个县和乡是不一样的，在实施过程中要因地制宜。其他常委同志也发表了很好的意见。

党中央、国务院几次听取国家计委的汇报，并经过充分讨论，西部大开发的初步设想不断完善、趋于成熟。根据几次会议讨论的意见，国家计委对汇报稿进行了修改，报请中央审批。第二年元旦刚过，2000年1月13日，中共中央、国务院印发《关于转发国家发展计划委员会〈关于实施西部大开发战略初步设想的汇报〉的通知》，即中发［2000］2号文件。这一文件阐明了西部大开发的重大意义、指

中共中央文件

中发〔2000〕2号

中共中央　国务院关于转发
国家发展计划委员会《关于实施
西部大开发战略初步设想的汇报》的通知

各省、自治区、直辖市党委和人民政府，各大军区党委，中央和国家机关各部委，军委各总部、各军兵种党委，各人民团体：

党中央、国务院同意国家发展计划委员会《关于实施西部大开发战略初步设想的汇报》，现转发给你们，请结合本地区、本部门的实际，认真贯彻落实。

实施西部大开发战略，加快中西部地区发展，是中央

— 1 —

◎2000年1月13日，党中央、国务院下发中发［2000］2号文件。

导思想、重点任务、政策措施，成为指导西部大开发的纲领性文件。

三、国务院成立西部地区开发领导小组

通过成立跨部门领导小组来组织实施重大战略任务，是我们党和政府在长期实践中形成的一种有效工作方法。自新中国成立以来，党中央、国务院各个部门，大都按照专业和行业进行职能分工。有的重大任务一个部门难以完全统领，这就需要建立跨部门协调机制。其形式有的是领导小组，这些小组一般都下设办公室；有的是部际联席会议，由主要负责部门担任牵头单位。总的来看，在重大决策具体落实和实施过程中，建立跨部门的协调合作机制，有利于减少层级、提高效率。

为加强对西部大开发工作的组织和领导，根据中央决定，国务院成立西部地区开发领导小组。2000年1月16日，国务院印发《关于成立国务院西部地区开发领导小组的决定》，即国发［2000］3号文件。朱镕基总理任组长，国务院副总理温家宝任副组长，组成人员包括国家计委、国家经贸委、教育部、科技部、国防科工委、国家民委、财政部、国土资源部、铁道部、交通部、信息产业部、水利部、农业部、文化部、中国人民银行、中央宣传部、国家广电总局、国家林业局、国家外专局等19个部门的主要负责同志。同年6月，领导小组成员增加至党中央、国务院23个部门的主要负责同志。

西部地区开发领导小组的主要任务是：组织贯彻落实党中央、国务院关于西部地区开发的方针、政策和指示；审议西部地区的开发战略、发展规划、重大问题和有关法规；研究审议西部地区开发的重大政策建议，协调西部地区经济开发和科教文化事业的全面发展，推进两个文明建设。

领导小组下设办公室，在国家计委单设机构，具体承担领导小组的日常工作。我兼任办公室主任，国家计委副主任王春正、中财办副主任段应碧兼任办公室副主任。之后，中央调来深圳市市长李子彬担任国家计委副主任兼西部开发办副主任，负责西部开发办的具体工作，国家林业局局长王志宝任副主任。

国务院西部开发办的主要职责是：研究提出西部地区开发战略、发展规划、重大问题和有关政策、法律法规的建议，推进西部地区经济持续快速健康发展；研究提出西部地区农村

◎2000年1月16日，国务院印发了《关于成立国务院西部地区开发领导小组的决定》（国发［2000］3号）。

经济发展、重点基础设施建设、生态环境保护和建设、结构调整、资源开发以及重大项目布局的建议，组织和协调退耕还林（草）规划的实施和落实；研究提出西部地区深化改革、扩大开放和引进国内外资金、技术、人才的政策建议，协调经济开发和科教文化事业的全面发展，以及承办西部地区开发领导小组交办的其他事项。

2003年3月，十届全国人大一次会议选举产生新一届政府。同年5月国务院决定，对西部地区开发领导小组的组成人员进行调整。国务院总理温家宝任组长，我担任副组长。此时我已被任命为国务院副总理。党中央、国务院27个部门的主要负责人为领导小组成员。国务院西部开发办由国家发展改革委主任马凯兼任主任，王春正、李子彬、段应碧、王志宝同志任副主任。后来，中央任命王金祥、曹玉书同志担任西部开发办副主任。

2008年3月政府换届后，国务院决定继续保留西部地区开发领导小组，温家宝总理任组长，国务院副总理李克强任副组长。党中央、国务院24个部门的主要负责人为领导小组成员。撤销国务院西部开发办，有关职能由国家发展改革委承担。

回顾这八年时间，国务院西部开发办人员始终不多。刚成立时只有10个编制，一年半以后增加到24个。由于任务繁重，常年从其他单位临时借用工作人员。进入这个部门的同志，大都是各单位的优秀干部和骨干力量。大家走到一起，怀着饱满的政治热情，认真履行职责，团结合作，勤奋工作，经常加班加点。他们的工作涉及西部大开发的方方面面，包括研究西部大开发的战略目标、重点领域、重点区域、标志性工程，提出重大政策措施和法律法规建议，参加西部开发五年规划、年度计划和人才规划的编制工作，参与重大项目的组织协调，等等。西部开发办发挥了国务院西部开发领导小组的参谋助手作用，他们尽职的态度、求实的作风、高效的服务，为西部大开发作出了重要贡献，其中一些同志，至今仍活跃在西部大开发的工作岗位上。

◎2003年1月8日，国务院西部地区开发领导小组办公室全体同志合影。

四、召开西部地区开发会议

在中发［2000］2号文件下发之后，国务院决定召开西部地区开发会议，主要议题是学习贯彻中央关于实施西部大开发战略的重要决策和指示精神，研究加快西部地区发展的基本思路、主要任务和相关政策。

2000年的农历大年初一是2月5日，会议本可以放到春节之后召开，但为了尽快将西部大开发战略部署下去，国务院决定在春节之前召开。办会任务交给了国家计委。在确定会场的时候，具体负责同志颇费了一番周折。岁末年初，各大单位都在开会，原本经常承办中央有关会议的京西宾馆和国务院一招、二招等场所，早已预订出去。最后是铁道部大力支持，把铁道大厦腾出来，解决了会场问题。

按以往惯例，开这样一个全国性大会，从发通知到报名再到开会，一般来说至少要提前一个月筹备。而这次会议，从1月13日下达中央2号文件，16日成立国务院西部地区开发领导小组，到19日开会，前后只用了一周时间准备，为后来西部大开发的高效推进开了一个好头。

这次会议，从1月19日下午开始到22日中午结束，开了三天。党中央、国务院有关部门，全国各省区市以及新疆生产建设兵团的负责同志参加了会议。19日下午召开全体会议，温家宝副总理作工作报告，进一步明确了西部大开发的意义、重点和要求。20日起，与会代表学习文件，进行分组讨论，具体衔接有关计划。21日，朱镕基总理请主要代表到中南海，专门召开一个座谈会，国务院副总理李岚清、温家宝，国务委员司马义·艾买提，国务委员兼国务院秘书长王忠禹出席了会议。

朱镕基总理在座谈会上强调，要统一思想，提高认识，正确领会中央关于实施西部大开发战略的决策，扎扎实实地推进西部大开发。他说，有的同志认为，西部地区基础差，投入产出率低，国家在西部地区投入五元的产出效益，不如对沿海地区投入一元的产出效益。这里需要指出，强调投资效益和经济效益是对的，但要全面地、辩证地看待效益问题。一是不能只从单个项目

◎2000年1月19日至22日，西部地区开发会议在北京召开。图为朱镕基总理主持召开座谈会。

看效益，还要看综合效益。就建设一个项目来说，东部地区的成本可能低一些，但现在东部地区产业结构矛盾已经相当突出，国家如果不增加对西部地区的投入，东部地区传统产业的产品，如钢材、水泥、玻璃等就没有市场，哪里还有效益可言？二是不能只看当前效益，还要看长远效益。在西部地区投资，有些是近期就可以有明显效益的，有些需要一定时间，效益才能充分发挥出来。三是不能只看局部效益，还要看整体效益。国家对西部地区增加投资，不仅有利于西部地区发展，也为全国经济协调发展创造条件，应当从经济发展全局看效益。四是不能只看经济效益，还要看社会效益。加强西部地区的基础设施和生态环境建设，对改善全国的投资环境和生态环境都是很重要的，有利于促进全国经济与社会协调发展。五是不能只看到西部地区的薄弱环节和不利条件，还要看到优势。比如，有些地方自然和地理条件得天独厚，能源、原材料资源丰富，有些地方也拥有雄厚的科技和人才力量，有不少当地特色产业。在这些有优势的地方投入同样的资金，经济效益不见得比东部地区差。当然，推进西部地区开发，也要尽可能地重视提高投入产出效益，合理使用建设资金，用较少的钱办更多的事。

温家宝副总理在讲话中提出，实施西部大开发，是扩大国内需求，促进国民经济持续快速健康发展的重大举措；是进行经济结构战略性调整，促进地区经济协调发展的重大部署；是促进民族团结，保持社会稳定和巩固边防的根本保证；是逐步缩小地区差距，最终实现共同富裕的必然要求。他还指出，加快基础设施建设是西部大开发的基础，加强生态环境保护和建设是西部大开发的根本性措施，调整产业结构是西部大开发的关键，发展科技教育是西部大开发的重要条件。

会议期间，我作了题为“加快基础设施建设，搞好总体规划，为西部地区开发打下坚实基础”的发言；王志宝作了关于“开展退耕还林还草试点示范工作”的发言。与会同志赞同把交通、水利、电网、通信和广播电视作为加快基础设施建设的重点，对基础设施建设重点项目和建设资金来源，也提出了不少好的意见。关于退耕还林还草，大家认为试点方案基本可行，试点期、试点范围的选择是适宜的，并对粮食、种苗补助、退耕范围和规模等具体问题提出了建议。

这次会议对于各地区各部门把思想和行动统一到中央重大决策上来，发挥了重要作用。与会同志普遍认为，中央提出的西部大开发战略完全正确、非常及时。国务院领导同志的讲话全面阐述了西部大开发的重大意义、指导思想和开发重点，明确了目标和任务，增强了信心和决心。国务院领导同志专门抽出时间与大家座谈，听取代表们的意见和建议，体现了党中央、国务院对西部大开发这样一个重大历史决策的审慎而科学的态度。西部地区的同志备受鼓舞，感到发展有了盼头，前进有了动力，致富有了希望。东部地区的同志纷纷表示，西部大开发对他们既是压力，又是机遇，要支援西部建设、开拓西部市场，为全国发展的大战略服务。中部地区的同志表示，要服从大局，发挥承东启西的优势，加快结构调整，更好地发展自己。

西部地区开发会议的召开，标志着西部大开发战略进入实施阶段，西部地区开启了发展的新纪元。

第二章

决策背景：条件基本具备 时机已经成熟

一、历史上西部地区的兴衰沉浮

二、新中国成立后的西部地区建设

三、西部大开发抓住了战略机遇

新中国成立以来，经济工作的实践表明，如果不顾实际条件，急于求成，就会造成经济大起大落，欲速不达；反之，如果时机已经成熟，却踌躇不前，迟迟不下决心，就会与成功失之交臂。

世纪之交，以江泽民同志为核心的党的第三代中央领导集体，认真总结我国历史上西部地区兴衰成败的经验和教训，充分考虑全面建设小康社会进入新阶段后发展的需要和可能，着眼于应对国际风云变幻和国家安全与长远发展大局，作出了西部大开发的战略决策。

实践已经并将继续证明，这一决策不失时机、恰逢其时。如果早十年提出，我们的国力还难以承受；如果晚十年提出，将会错失良机。

一、历史上西部地区的兴衰沉浮

在西部大开发战略决策过程中，党的第三代中央领导集体非常重视研究西部地区的历史，从中汲取经验教训。1997年江泽民同志在姜春云同志的一个调查报告上所作的重要批示中指出："我国是一个有几千年历史的文明古国。包括甘肃、陕西在内的黄河流域，是我们中华民族的主要发祥地。陕西曾经是周、秦、汉、唐等十三个王朝的建都之地，在古代历史上相当长的时间内，陕西、甘肃等西北地区，曾经是植被良好的繁荣富庶之地，所谓'山林川谷美，天材之利多'就是古来描绘陕西一带的自然风物的。司马光的《资治通鉴》中描述盛唐时期陕、甘的发展情景是'闾阎相望，桑麻翳野，天下称富庶者无如陇右'。后来由于历经战乱的破坏，加上自然灾害和滥砍滥伐造成的损失，导致了陕、甘等西北地区的严重沙化、荒漠化，经济文化的发展也因此受到极大制约。"这段话对西北地区的兴衰史作了很好的概括。

翻开几千年的历史画卷可以看到，西北的陕西、甘肃一带是中华民族的重要发祥地，也曾是我国经济发达地区。这在很大程度上得益于那里良好的自然生态环境。据考古发现和文献记载，秦汉时期，黄河流域气候温和，降水充沛，土地肥沃，适于人类生存发展。先秦时，周人崛起于陕西渭河流域，建立了西周王朝，创造了灿烂的文明。春秋战国时代，秦人在此建立了秦国并发展壮大，最终统一了整个中国。西部地区举世闻名的郑国渠、灵渠、都江堰，就是在此前后建立的，对当地农业发展起了重要作用。西汉王朝定都长安，也是基于关中地区的地势险要、人口繁盛、物产丰富。特别是西汉时期西域地区比较繁荣，开辟了贯通中西的大动脉——丝绸之路。这条商路东起长安，向西可达地中海沿岸，促进了东西方经贸往来和不同文明间的交流。唐朝定都长安，以关陇地区作为全国的政治、经济、文化中心。唐朝的西部疆域超过了汉朝，在西域地区设置了安西和北庭两个督护府，统辖西域，为丝绸之路的畅通提供了有力保障。当时的长安城是著名的国际大都会、东西方文明交汇的中心。可以说，璀璨的先秦文化、强盛的汉唐气象都离不开西部热土的培植和滋养。

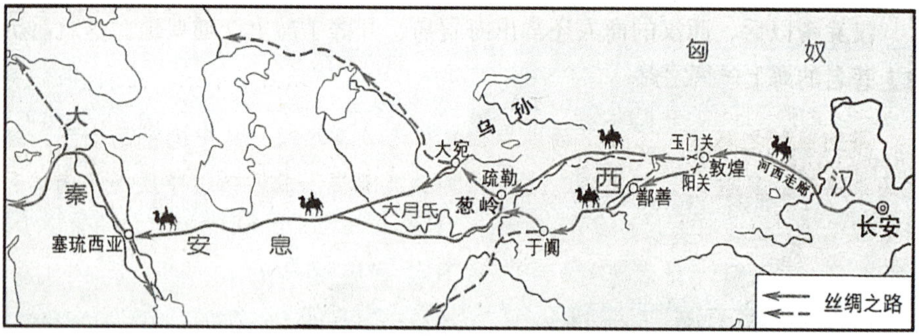

◎古代丝绸之路示意图

自唐代中叶以后，中国经济中心开始向南转移，西北地区经济逐渐衰落。首先是由于战争的破坏。历经安史之乱、五代十国以及宋末元初、明末清初几次大的战乱，西北地区民不聊生，大量人口向东部、南部地区迁移。其次，唐宋以后，陆上丝绸之路不畅，海上航路日益发达，各国商队多舍陆求海，到南宋时已形成通向日本、东南亚、印度、阿拉伯等地的海上丝绸之路。海运的发展，使东西方经济文化交流的主渠道由陆上转向海洋。再次，西北地区自然条件的变化，以及过度垦殖、滥砍滥伐、水利失修等人为因素，加剧了环境恶化，也加速了西北地区经济衰落。

北宋以后各朝代，特别是明清时期，对西北、西南地区采取了一些开发措施，但主要是着眼于守护疆土、巩固边防，很少从发展经济的角度进行开发，西部地区经济发展的物质基础和内在活力日益削弱。

近代以后，工业文明逐渐在中国萌芽、传播。洋务运动时，有识之士在西部设厂，如1878年的兰州织呢局、1886年的贵州青溪铁厂、1904年的云南个旧锡矿都是在这一历史背景下开设的。但是，当时中国处于半殖民地半封建社会，这些努力举步维艰。

近代历史上，很多有识之士倡导通过工业化来改变西部贫穷落后面貌。孙中山在《建国方略》的实业计划中提出，对于西部地区，要注重铁路交通、农牧矿产、移民殖边、设立开发银行等。他受美国西进运动的启发，尤其注重对西部交通网络的设计，并强调利用矿产开发来给西部经济提供增长空间。孙中山所勾画的蓝图，虽因连年的军阀混战等原因而无法实现，但至今仍具有启发意义。

抗日战争全面爆发后，东部、中部地区半壁河山迅速沦陷，国民政府直接控制的只有西南、西北等内陆地区，西部地区成为抵御侵略的重要支撑。东部地区企业和学校纷纷内迁，很多军事工业、能源工业、加工工业迅速在西部地区安营扎寨，四川、云南、贵州、湘西等地成为中国当时的工业重心。由于沿海口岸被日寇全面封锁，同盟国援助的抗战物资只能从云南和新疆边境运入内地。为适应战争需要，国民政府对基础十分薄弱的西部地区交通进行了建设。西南地区早期的几条干线公路、铁路以及西北地区陇海铁路的部分路段就是在这一时期建成的。

抗战时期由国民政府主导的这次西部建设，主要是应对战争的需要。随着抗战的胜利，政治、经济中心向东回归，迁入西部地区的企业大部分回迁，留下的许多企业因资金短缺、市场不振也很快衰落，西部特别是西南地区经济迅速下滑。

上世纪30年代，中国共产党领导的工农红军进行了二万五千里长征，经过的大部分地区是西部省区，最后到达陕北。陕甘宁边区政府大力发展生产，推动经济、社会、文化事业建设，有力地支援了党领导的敌后抗日根据地斗争，为夺取抗战胜利和解放战争胜利作出了贡献。在这一过程中，我们党积累了一些执政的经验，培养了一批干部。以自力更生、艰苦奋斗为主要内涵的延安精神成为党的宝贵财富，也为西部开发提供了精神动力。

二、新中国成立后的西部地区建设

新中国成立以后，国家对西部开发进行了积极探索。在全面考虑生产布局、战略资源开发和国防战备需要的基础上，中央在西部地区进行了一系列建设。通过“一五”、“二五”和“三线”建设时期的开发，特别是改革开放新时期的经济建设，在西部地区构筑了交通、通信等基础设施的主要框架，形成和发展了一批中心城市，初步奠定了现代工业和科技基础，为进一步发展提供了一定的物质条件。

“一五”和“二五”时期

20世纪50年代，国家通过屯垦戍边、组织大规模的农业开发和国防建设，有计划地在西部地区布局和建设了一大批能源和工业、交通项目，使长期荒凉贫困的西部地区出现了新的生机。

1953年至1957年，我国制定并实施了第一个五年计划，这是我国计划经济时期实施效果最好的一个五年计划。我们依靠自己的努力，加上苏联和其他友好国家的支援，取得了重大成就。建立了一批为国家工业化所必需而过去又非常薄弱的基础工业，其中很多布局在西部地区。苏联援助的156项重点工程，在实际实施的150个项目中，西部地区有48项，其中陕西24项、甘肃8项、四川6项、云南4项、内蒙古5项、新疆1项。这48个项目实际完成投资55亿元，占150个项目实际总投资的28%。玉门油田成为我国第一个石油工业基地，兰州炼油厂和兰州化工厂被誉为“共和国石油化工的摇篮”。在重点项目建设的基础上，西部地区形成了以西安、兰州、成都等城市为依托的新兴工业基地。为改善西部地区发展条件，国家修建了青藏、川藏、新藏等公路，新建公路里程近4000公里；在西南、西北地区建成了成渝、宝成等铁路。

1958年到1962年是第二个五年计划时期。“二五”头三年，由于受“大跃进”和人民公社化运动的影响，国民经济计划没有得到实施。1961年和1962年，国家利用“二五”后两年对国民经济实行全面调整。1963年没有按常规制定“三五”计划，而是将调整时期延续了三年，直到1965年。尽管当时由于我国国民经济遭受严重挫折，西部建设也受到一定影响，但在一些重点建设领域仍取得了进展。国家在西部地区开展了钢铁、有色金属和大型水电基地建设，加强了地质勘探工作。新建和扩建了包钢、长城钢厂、成都无缝钢管厂、西宁钢厂、西安陕西钢厂和贵阳钢铁厂，在兰州、西宁、乌鲁木齐、银川、贵阳、昆明等地建成了一批机械工业基地，新建了一些煤炭开采基地。

“三线”建设时期

20世纪60年代初，全国划分为一线、二线和三线。“三线”建设的区域包括四川、贵州、云南、陕西、甘肃、青海、宁夏等七省区的全部以及河南、湖北、湖南、山西四省的西部地区。“三线”建设始于1964年，进行了十多年。国家以备战为目的，动员和集中全国资源，进行了以国防工业为主的大规模的基本建设。这是中国工业建设史上一次规模空前的“西移”。

1963年在准备编制国民经济计划时，提出的方针和任务是，按照农轻重的顺序，首先集中力量解决人民的吃穿用问题，兼顾必要的国防建设，并把基础工业发展起来。这大体上是适合当时国民经济情况的。但是，随着我国面临的国际环境的变化，特别是美国全面发动对越战争和中苏关系恶化，我国经济建设的指导思想发生了重大变化，从以解决吃穿用为中心转变为以备战为中心。根据毛泽东同志的指示，第三个五年计划立足于打仗，从准备大打、早打出发，积极备战，把国防建设放在第一位，加强“三线”建设，逐步改变工业布局。

在这一时期，国家对西部地区开发建设主要体现在三个方面：一是建设重要铁路干线。先后铺设贯穿西南的川黔、成昆、贵昆、湘黔、襄渝五条铁路干线，使川黔滇三省铁路连成一体，从根本上改变了西南地区交通闭塞状况。二是加快工业基地建设。在四川、贵州等省安排了一批机械、电力项目，建设了攀枝花、酒泉等几个大的钢铁基地。三是迁建、续建一批国防军工项目。建成了包括兵器、航空、航天、船舶、电子和核工业等重要部门在内的完整的国防工业体系。这三个方面的建设，使“三线”地区成为我国战略后方基地。

“三线”建设对于西部地区发展的实际作用超过了当年所说的战备意义。这一时期，“三线”地区的国防工业生产能力已占到全国国防工业生产能力的50%左右。从1964年到1971年，全国有380个项目、14.5万人、3.8万台设备从沿海迁到“三线”地区。“三五”期间，“三线”地区投资为482亿元，占全国基本建设总投资的49%。五年里全国共建设大中型项目1400多个，其中有将近一半在“三线”地区。从1964年到1980年的17年间，国家在“三线”地区累计投资2000多亿元，工业固定资产原值增加了4倍，建成国有企业近3万家，形成45个专业生产科研基地和30个各具特色的新兴工业城市。这些都为西部地区长远发展打下了重要物质技术基础。

但是，“三线”建设的项目大都追求大而全、小而全、自成体系、自我配套；建设安排要求过高过急；对项目布局科学论证不够，为了安全保密，大搞“山、散、洞”。改革开放后，有相当一批“三线”企业难以为继，其教训也为西部大开发所汲取。

改革开放新时期

党的十一届三中全会以后，我国改革开放和社会主义现代化建设全面展开，国家在东部地区实施一系列优惠政策，部分沿海城市率先对外开放，沿海地区经济快速增长。西部地区也进入一个新的发展时期。20世纪80年代，国家对西部地区“三线”企业进行调整，实施了一批军转民项目，大力支持发展农业，积极推动植树种草。进入90年代，国家出台了一系列政策措施促进西部地区发展，将更多的建设项目安排在西部。为扶持革命老区、民族地区、边疆地区、贫困地区发展，国家设立了专项资金，如“三西”（陕西、山西、内蒙古的西部）建设专项资金、援藏专项资金、边境基础设施建设专项补助资金等。从1995年开始，中央加大了财政转移支付力度，90%以上的财政转移支付给了中西部地区。在民族地区建立了7个改革开放实验区，扩大了西部省区与周边国家的经济技术交流，促进了边境贸易发展。

在国家大力扶持下，西部地区通过艰苦奋斗，经济社会发展取得巨大成就。经济实力不断增强，1978年西南西北9省区地区生产总值为558亿元，而1999年西部10省区市为15354亿元；人均地区生产总值1978年为251元，1999年增加到4171元。形成了钢铁、有色金属、机械、电子、航空航天、电力、煤炭、石油化工、建材、轻纺等门类齐全、实力较为雄厚的工业体系，建立了以西安、兰州、银川、乌鲁木齐、重庆、成都、昆明、南宁等中心城市为依托各具特色的工业基地。对外开放程度逐渐提高，截至1999年底，西部（含内蒙古和广西）开放的边境城市有9个，已建成19个对外开放的国家一类口岸，沿边省区还兴建了许多边境经济开发区。铁路、公路、水运和空运等各种运输方式得到很大发展。

纵向相比，改革开放新时期西部地区经济社会发展取得了很大成绩，但横向相比，与东部地区的发展差距仍在扩大。这一时期，西部地区按照全国“两个大局”的战略构想，为东部地区发展提供了有力支持，为我国实现第二步战略目标、人民生活总体上达到小康水平作出了贡献。

三、西部大开发抓住了战略机遇

世纪之交，全国人民生活总体上达到小康水平，但西部地区发展明显滞后。从中央到地方，很多干部都希望西部地区加快发展，但也有一些同志感觉时机和条件还不成熟。江泽民同志在这个时候提出西部大开发战略，并一再强调时机已经成熟、条件基本具备。深入领会江泽民同志所说的时机和条件，对实施西部大开发战略极为重要。在这里，有必要回顾一下当时我们学习研究后的认识和体会。

新时期西部地区亟待加快发展

从新中国成立到20世纪末，正好是半个世纪的时间，西部地区经济社会发展取得了巨大成就。但是，由于历史原因和各方面条件限制，西部地区与东部地区的发展差距较大，并有逐步扩大的趋势，区域发展不协调的矛盾日益突出。

从经济总量和发展速度来说，西部地区与东部地区的差距拉大。1979年至1999年，西部地区生产总值年均增长率比东部地区低1.4个百分点。经过20年的积累，东部地区的经济总量平均增长7.8倍，翻了近三番，而西部地区仅增长5.7倍。东部沿海的广东、福建的经济增长速度年均高达13.7%，而西部的青海却只有7.2%。1999年东部地区人均地区生产总值已达10276元，而西部地区只有4171元。如果不加快西部地区发展，地区差距不断拉大的局面就很难得到遏制。

从人民生活水平来看，西部地区与东部地区相比明显偏低。1999年，东部地区城镇居民家庭人均年可支配收入为7523元，西部地区为5284元；东部地区农村居民家庭人均全年纯收入为2995元，西部地区为1634元。全国尚存的贫困人口大多数分布在地域偏远、交通闭塞、生态环境恶劣的西部地区，脱贫难度很大。到1999年，按人均625元的贫困标准统计，全国3400万没有脱贫的农村贫困人口中，60%左右分布在西部地区。全国592个贫困县，西部地区就有307个。解决这些贫困人口的温饱问题，是全国扶贫工作中最难啃的骨头。

西部地区的财政十分困难。20世纪末，西部12个省区市中有9个收不抵支，很多地区靠国家财政补贴过日子。教育、医疗等基本公共服务发展滞后。不少地区寅吃卯粮，拖欠工资的现象非常普遍。

西部地区的基础设施相对薄弱。主要是交通建设落后，妨碍了与外部的人员交往和物资流通；能源工业水平不高，矿产资源没有得到合理开发和有效利用；水利设施薄弱，江河防洪抗灾能力普遍偏低；通信设施缺乏，加剧了落后地区与发达地区的信息鸿沟；城市基础设施陈旧，直接影响了城市功能的发挥。

西部地区生态环境恶化问题非常严重。全国水土流失面积有360多万平方公里，西部地区就占80%。西部地区25度以上坡耕地面积占全国的70%以上。常年因上游水土流失而进入长江、黄河的泥沙量达20多亿吨，导致中下游江河湖泊和水库不断淤积抬高，不仅加重了长江、黄河中下游地区水患，加剧了北方地区少雨干旱，也激化了地区间在利用水资源等方面的矛盾。20世纪末，全国每年新增荒漠化面积2400多平方公里，90%以上在西部地区。西部地区不少城市的大气污染、水污染和垃圾污染等问题非常突出。据世界卫生组织1998年度监测评价，贵阳、重庆、兰州被列入世界十大污染城市。

西部地区一些老工业基地和资源型城市经济衰退。由于西部冶金、机械等传统产业密集，技术装备老化，产业竞争力下降，加上国内外市场环境变化的影响，很多企业生产经营困难。不少资源型城市产业结构单一，有的地区资源枯竭，缺乏接续产业，经济增长乏力。特别是在国有大中型企业集中的地区，职工下岗就业压力很大，社会稳定问题突出。

西部地区间专业化分工协作程度较低，经济结构不合理。地区封锁、条块分割问题较严重，加上财税体制的原因，商品和生产要素的自由流动受到许多限制，影响了统一市场的形成，造成了地区经济结构趋同化和低水平重复建设。在当时出现买方市场的情况下，西部经济发展困难，结构调整任务繁重。

国内外形势促使西部大开发提上日程

到20世纪末，随着国内外形势的发展和变化，西部大开发的时机已经成熟。西部大开发战略的提出，正处于我国经济发展总体战略的一个重要时间节点。改革开放之初，邓小平同志提出了我国社会主义现代化建设分“三步走”的战略部署。第一步战略目标于20世纪80年代末胜利实现。第二步战略目标在“九五”计划结束时，也就是2000年全面完成。第三步战略目标是，到21世纪中叶，人均国民生产总值达到中等发达国家水平，人民生活比较富裕，基本实现现代化。邓小平同志在谈到“两个大局”的战略构想时曾经说：“发展到一定的时候，又要求沿海拿出更多力量来帮助内地发展”。他所说的“一定的时候”是指什么时候呢？在1992年南方谈话中，邓小平同志提出一个时间表：“可以设想，在本世纪末达到小康水平的时候，就要突出地提出和解决这个问题。”

西部大开发战略提出的时间是1999年，正好是世纪之末，我国提前实现第二步战略目标，人民生活总体上达到小康水平。中央清醒地认识到，这时的小康还是低水平的、不全面的、发展很不平衡的小康，其主要瓶颈就在西部地区。实现现代化建设第三步战略目标时间更长、任务更艰巨，如果西部地区不实现小康，就没有全国的小康；没有西部的现代化，就没有全国的现代化；不从现在就着手把西部发展起来，将直接影响到我国实现第三步战略目标。加快西部开发，实现全国区域之间的协调发展，防止社会成员之间发生两极分化，逐步实现共同富裕，这也是社会主义的本质要求。

启动西部大开发的时间，正好在亚洲金融危机之后。20世纪90年代后期，国内有效需求不足，逐渐成为我国经济发展的主要制约因素。1997年亚洲金融危机的爆发，又造成外需明显萎缩。这种双重影响的叠加效应，对我国经济发展构成严峻挑战。增强发展动力、拓展发展空间、保持持续健康增长，成为当时我国的重要调控目标。西部地区地域辽阔，但基础设施建设相对滞后，总体发展水平与东部地区相比，还存在着较大差距。西部地区的教育、卫生等社会发展指标也明显低于全国平均水平。这一方面说明西部与东部沿海地区的差距，另一方面也说明，西部地区蕴藏着巨大的投资机会、市场潜力和发展空间。特别是国家实施扩大内需的积极财政政策，可以通过安排建设项目，用更多的财力支持西部地区发展，把扩大内需与实施西部大开发战略结合起来。此时加快西部地区发展，不仅有利于缩小地区差距，而且能够有效扩大国内投资需求和消费需求，创造更多就业岗位，并利用西部地区的区位优势、资源优势，进一步开拓国际市场，为东部地区发展提供新的市场空间和资源接续。

实施西部大开发战略也是适应世界范围经济结构调整、提高我国国际竞争力的迫切要求。进入20世纪90年代以后，经济全球化进程加快，引起了世界经济结构调整，以信息产业为核心的新兴产业快速发展，传统工业向发展中国家转移速度加快。从国内来说，东部地区经过一个时期的快速发展，开始承接发达国家的产业转移，产业升级压力加大，许多领域产品过剩，必须寻找更广阔的市场。这时候的西部地区，产业层次总体水平不高，国有经济困难较大，非国有经济发展滞后，出现了大量富余劳动力。实施西部大开发战略，可以使东西部地区通过多种形式开展经济技术合作，对西部的石油、天然气、水力、矿产等资源进行开发和利用，提高产品附加值。东部地区可以抓住实施西部大开发战略的机遇，充分利用科技、人才和资金优势，向西部地区转移部分产业、输出产品，如许多高载能、资源加工型项目，在东部地区生产成本较高，在西部地区成本就较低；有的劳动密集型产业，转移到西部地区生产后效益会明显提高；有些产品在东部地区没有销路，在中西部地区却有广阔市场。通过西部大开发，不仅有利于解决西部地区存在的结构性问题，为西部地区的经济发展提供好的产业基础，也可以促进全国加快经济结构调整，提高我国企业在国际产业转移和国际贸易中的竞争力。

特别需要指出的是，实施西部大开发战略也是加强民族团结、应对国际形势风云变幻、确保国家安全的必然选择。我国西部地区与周边十多个国家接壤，陆地边境线80%在西部地区，少数民族人口80%聚居在西部地区。我国55个少数民族中有52个以西部地区为主要聚居地。新疆毗邻中亚和俄罗斯，西藏毗邻南亚，内蒙古毗邻蒙古和俄罗斯，广西、云南毗邻东南亚。冷战结束后，我国周边环境面临相当复杂的局面。中亚五国地处欧亚交汇处，油气资源蕴藏量仅次于中东。苏联时期，中亚处于相对封闭的状态。苏联解体后，哈萨克斯坦、乌兹别克斯坦、吉尔吉斯斯坦、塔吉克斯坦、土库曼斯坦等国相继独立，美国、俄罗斯争相对其施加影响，扩大军事存在，中亚的地缘重要性日益凸显，成为各种力量角逐的场所。在阿富汗，塔利班获得政权期间，一些“疆独”分子在那里接受训练后回国进行分裂和恐怖活动。在南亚，印度和巴基斯坦的争端日趋激烈。国内外敌对势力一直利用我国西部地区的民族和宗教问题，对我国进行渗透和分裂活动，美国设立了所谓“西藏事务专员”，西方少数人支持所谓“东突厥斯坦”分子的分裂行动。

历史经验表明，贫困往往成为一个国家、一个地区政治动荡和社会不稳定的重要根源。我国贫困人口大部分集中在西部，很多分布在民族地区和边疆地区。如果西部地区经济文化长期落后，部分群众生活困难局面长期不能得到改变，就会积累不稳定因素。同时还要考虑，我国有的少数民族是跨境民族。这就有一个比较，如果我们这边经济发展得好，生活水平高，群众就会产生很强的向心力、凝聚力，民族团结就有保障，边疆就可以更加稳定。

中国与俄罗斯、蒙古和中亚、南亚、东南亚国家在安全、能源、经贸、文化上的联系十分密切，很多国家希望中国在维护地区稳定和安全上发挥更加积极的作用，并期待通过加强同中国的经贸合作来促进本国发展。实施西部大开发战略，推动西部地区较快发展起来，对发展我国同相邻国家的经贸合作，平衡地缘政治力量，巩固西部边防，确保我国的发展与安全获得战略纵深和广阔的回旋余地，都具有十分重大的现实意义和深远的历史意义。

综合国力能够支撑西部大开发

在西部大开发战略刚提出的时候，一些同志存有这样的疑问，我们是否具备开发西部的实力？经过全面分析和综合研究，我们认为，经过新中国50年尤其是改革开放20年的建设，国家经济实力明显增强，西部地区也有了一定的积累。根据当时的国情国力和基本条件，西部大开发不仅势在必行，也有条件进行。

一是我国经济总量已经达到相当规模，可以为西部大开发提供较大规模的资金和技术支持。20世纪末，我国国内生产总值接近9万亿元人民币，已经建成了比较完整的工业体系和国民经济体系。主要工业产品产量居世界前列，钢、煤炭、化肥、水泥、电视机、数字程控交换机等产量均居世界首位，发电量、农用化肥产量居第二位。科学技术水平有了较大提高，能够研制生产一些具有世界先进水平的重大技术装备。中国告别了短缺经济时代，绝大部分商品供大于求。中央财政集中的可支配财力也稳步增长，使得中央政府支持地方经济发展的能力大大增强，为进一步加大对西部地区的资金支持力度提供了条件。同时，由于我国国民长期形成节俭、储蓄的习惯，在相当长时期内高储蓄率的情况不会发生改变，能够为西部大开发提供充足的建设资金。

二是当时我国粮食连续几年丰收，为西部大开发的部分重点项目创造了条件。“九五”时期，我国粮食综合生产能力明显提高，粮食年产量稳定在5亿吨左右的较高水平，不仅基本解决了全国人民的吃饭问题，而且出现了粮食总量阶段性的略有富余。这是在生态脆弱地区有计划、分步骤退耕还林（草），改善生态环境的大好时机。这样做，既可以改善生态环境，又可以缓解粮食供求的总量矛盾，还能带动经济结构调整，加快贫困地区农民脱贫致富，一举多得，利国利民。

三是我国社会主义市场经济体制已经初步建立，重点领域的改革突破为西部大开发提供了体制保证。20世纪末，大多数国有大中型骨干企业初步建立了现代企业制度，非公有制经济迅速成长，资本、劳动力、技术等要素市场加速发展。市场开始在资源配置中发挥基础性作用，宏观调控体系进一步完善，全方位对外开放格局基本形成。这就在制度上保证了西部大开发不会走过去西部建设的老路。

四是通过东西部地区对口支援和各种形式的东西合作，为西部大开发提供有力支撑。改革开放新时期，东部地区经济实力有了很大提高，在体制改革、机制创新、经济发展、社会进步等方面积累了宝贵经验。东西部地区的对口支援和合作也已开展了多年，而且不断加强，取得了显著成绩。在实施西部大开发战略过程中，西部地区完全可以更好地吸取教训，借鉴成功经验，通过各种优惠政策，在优势互补、互利共赢的基础上，同东中部地区开展多种形式的经济技术合作，促进东中西部地区共同发展。

2002年11月，党的十六大召开。这次会议对中国的未来发展作出了一个战略性判断，指出21世纪头20年是一个必须紧紧抓住并且可以大有作为的重要战略机遇期。此时，西部大开发战略已经实施两年，有了良好的开端。西部发展抓住机遇，走上了快车道。

第三章

广泛响应：
大开发牵动四面八方

一、舆论聚焦西部大开发
二、社会各界呼声高涨
三、中央机关坚决贯彻
四、西部地区激情涌动
五、全国各地鼎力支持
六、人民子弟兵大力参与
七、创业者进军西部热土
八、国际社会广泛关注

西部大开发战略一经提出，犹如一石激起千层浪，引起举国关注、举世瞩目。广大干部群众欢欣鼓舞，对西部开发充满了希望。中央有关职能部门，从自身业务出发，认真研究和帮助解决西部开发中遇到的困难和问题。西部各地找准位置，精神抖擞，真抓实干。社会各界广泛响应，出谋划策，大力支持。一时间，全国上下行动起来，出现了积极参与西部大开发的热潮。

江泽民同志强调："一定要把人民群众的积极性引导好、保护好、发挥好，使之成为西部大开发的强大动力。"回首这段历史，西部大开发战略之所以能够很快取得成效，体现了我们党领导工作的一条重要经验，就是胡锦涛同志所总结的：党的方针政策和各项工作部署，只有充分调动各方面的积极性、得到群众的真心支持和拥护，才能取得成功。

一、舆论聚焦西部大开发

每一个重大战略决策的实施，大都要经过一个宣传发动的阶段。为了宣传好中央关于西部大开发的战略决策，国家计委有关司局配合中宣部做好新闻宣传工作，制定详尽的工作方案。各路媒体很快行动起来，西部大开发在很短的时间内就成为国内外舆论的焦点。

“再造山川秀美的大西北”、“厉兵秣马投身西部大开发”、“发挥东部优势、推进西部开发”等醒目标题，频频出现在媒体的重要版面、重要时段。关注西部，了解西部，成了新千年各新闻媒体的焦点。中央各大媒体纷纷发表社论、评论、专题报道。新华社利用驻地各分社的优势，对西部地区进行了全方位报道。《人民日报》围绕“重大的战略抉择”，连发九篇评论员文章，并开辟了“走进西部”专栏。中央电视台拍摄了《走进西部》系列专题片，后来专门开播了西部频道。中国国际广播电台对外宣传介绍中国西部大开发。地方媒体特别是西部地区媒体对西部大开发更是情有独钟。港澳台媒体中，《文汇报》、《信报》、《南华早报》、《澳门日报》、凤凰卫视、亚洲电视等，也组织了大批编辑记者，对西部大开发进行报道。国外媒体则普遍认为，西部大开发是中国改革开放以来最大规模的经济计划，也是中国未来发展的关键，将是中国未来一个时期的热门话题。

西部大开发伊始，国家计委和国务院西部开发办的一项重要工作，就是宣传介绍西部大开发。当时我们机关的一些同志不太愿意同媒体打交道，有的是怕说错了话，有的是怕媒体报道不准确，给自己带来麻烦。但是，作为现代社会的服务型政府，不充分运用媒体的力量，就无法实现与公众的有效沟通，政策也就很难得到群众的理解和认同。我要求国家计委新闻办与西部办加强协作，把西部大开发作为工作重点，加大宣传力度，不但要真抓实干，还要增加透明度，把西部大开发的信息发布工作与业务工作统一部署、统一考虑，主动配合中宣部和国务院新闻办，发挥报刊、广播、电视、网络等媒体的作用，组织一批准备充分、内容充实的宣传报道。对媒体的采访申请，我们也大都予以积极配合。西部开发办的很多同志一时间成了媒体追逐的“明星”。

那段时间我也接受了很多采访。2000年1月4日，国务院新闻办组织新闻发布会，邀请我介绍经济形势。那时正是新千年开始，又适逢我国应对亚洲金融危机、扩大内需的关键时期，经济运行态势应是各方关注的焦点。当时，中发［2000］2号文件还没有下发，但敏感的记者们已经嗅到了新闻点。发布会一开始，与会记者纷纷就西部大开发中的有关问题进行提问。结果，经济形势发布会变成了西部大开发介绍会。两个月后，我出席“两会”新闻中心组织的记者招待会时，这一幕再次出现。

在此后召开的亚太经合组织工商界领导人峰会、中国发展高层论坛、《财富》全球论坛、世界华商大会等国际会议上，我也应邀介绍了西部大开发的情况。2001年11月，我参加香港特别行政区行政长官董建华特设国际顾问委员会会议。我在会上说，中央政府及西部各省区市欢迎香港企业参与西部大开发，尤其欢迎大家在基础设施建设、环境保护、资源开发和旅游业等方面前来

◎2000年1月4日，应邀出席国务院新闻办记者招待会。图为会后接受记者采访。

投资。

在与国内外媒体的接触中，有些事给我印象很深。贵州创办的《西部开发报》，是全国唯一一份以“西部开发”命名的报纸，他们希望以我的名义发表创刊词。创刊前那几天，我正陪同中央领导在国外访问。他们硬是想办法把稿子发到了代表团，我很快在国外修改后传真给他们，赶上了创刊。香港《明报》提出对我采访，有同志提醒我，是不是谨慎一点。我说，那有什么关系，如果他们有不理解的地方，我正好作些介绍。采访后，他们用整版篇幅如实报道西部大开发，效果很好。2001年3月4日，全国政协九届四次会议开幕当天，有些委员反映，西部大开发“雷声大，雨点小”。媒体得知这一消息后，纷纷来电来函询问。为了让代表和委员们更好地了解一年来西部大开发的工作和进展，我让国家计委新闻办写了一篇综合性稿件，客观介绍了有关情况，第二天《人民日报》在头版用1/4的版面刊登。按惯例，在“两会”期间，《人民日报》头版一般都是刊登有关“两会”的重大新闻。由此可见西部大开发在媒体心目中的分量。

在西部大开发十年中，各类新闻媒体以极大的热情，作了充分翔实而又丰富多彩的报道，为宣传中央方针政策做了大量卓有成效的工作。同时，媒体也发挥舆论监督作用，报道了一些盲目攀比、鼓虚劲、作表面文章、搞地区封锁等不正常现象。这些报道得到中央领导重视，也给我们在一线从事西部大开发工作的同志提了醒，对防止和克服西部大开发中出现偏差发挥了重要作用。

二、社会各界呼声高涨

社会各界对西部大开发真心拥护和支持的涓涓细流，汇成了一股强大力量，推动着西部大开发顺利前进。

人大代表和政协委员围绕西部大开发知情出力、建言献策，提出了很多有分量、有价值的建议和提案。2000年3月，实施西部大开发战略后的第一次“两会”在北京召开。会议期间，相当一部分代表、委员言必称“西部”、论必及“开发”，尤其是来自西部地区的代表和委员最为活跃。这年政协会议的一号提案，就是中国民主促进会中央的西部开发提案；有11位委员就西部开发问题在政协全体会议上作了大会发言；交由国家计委和国务院西部开发办办理的“两会”建议和提案，1/3以上涉及西部大开发。一些代表、委员结合多年来我国经济建设的经验教训，指出了一些必须高度重视的问题。“两会”一结束，各民主党派中央和全国工商联主要负责人就亲自带队，分别组成调研组到西部地区考察。

群众拥护是西部大开发的重要基础。新华社2000年“两会”期间对北京、上海、天津等10个城市进行的调查显示，85%的公众对我国实施西部大开发战略表示强烈关注。国务院西部开发办成立的时候，我们收到大量群众来信，或支持中央决策，或毛遂自荐、甘当西部大开发的铺路石，或谈想法、提建议，令我们深受鼓舞、甚为感动。很多来信还夹着捐款，少的几十、几百元，多则几千、上万元。给我印象比较深的是江苏省靖江市新桥镇农民马全章。他把一万元现金汇到国务院西部开发办，并附上一封信说：“我小时候，家里很穷，后来靠党的富民政策和自己的勤劳致了富，但我总是无法忘记以前困难的情景。听了朱总理的《政府工作报告》和人大代表的发言，我很受鼓舞。我拿出一万元钱，为国家开发西部地区、为西部地区广大群众进一步提高生活水平献上一点微薄之力，也希望有更多的人来关心和支持西部大开发。”后来，国务院西部开发办把全部捐款转给了中国扶贫基金会。

专家学者围绕西部大开发，开展了大量理论探讨和学术研究。很多学者或投书媒体激扬文字、进言献策，或共聚一堂探讨理论、谋划思路。各种关于西部大开发的文章、书籍纷纷问世。专家学者还积极组织和参加关于西部大开发的座谈会、研讨会、论证会，有综合性的，也有专业性的。很多好的意见和建议都通过内部简报，分送国务院西部地区开发领导小组成员，重要的还上报党中央、国务院，成为研究制定西部大开发规划和政策措施的有益启示和参考依据。

莘莘学子们也牵挂着西部大开发。不少高校邀请我去作报告谈西部大开发。2000年6月7日，我去了母校清华大学。去之前，我特意浏览了一下学校网站，看到研究生团委、研究生会发出通知，他们打算在这一年暑假组织大规模的“清华博士西部行”活动；清华大学还和云南、贵州、新疆、宁夏、广西、重庆等地建立了合作关系，我很高兴。为此，我特意在报告的最后，以清华校友的身份向老师和同学们讲了下面一段话：

“在清华校风、学风熏陶下培养起来的治学之道、为人之道，奠定了我一生做人、做事的基础。无论在哪个时代，清华的师生都是将个人的价值与国家的命运紧密联系在一起的。现在，同学们要参加到西部大开发中来，这个精神值得鼓励。但是，怎样参与大开发呢？一是要富有创业精神。随着投资环境的改善，到西部去创业大有可为。二是要弘扬科学精神。参与西部大开发，既要有热情和勇气，也需要理性和冷静。希望大家为西部大开发的政策多提意见和建议，多贡献一些智慧。你们的来信可以直接寄给我，每一封信我都会认真看。三是要有奉献精神。西部大开发需要进行长期的艰苦奋斗，没有强烈的责任感、事业心和奉献精神，是难以成功的。”

从2000年3月中旬到9月中旬的半年内，我为全国政协、中央统战部、中央党校和国家行政学院培训班、最高法院等作了十多场报告。那两年我还为香港访问团作过两次专题介绍，一次是在2000年6月下旬，霍英东率领香港工商界人士访问北京；另一次是在2001年5月下旬，香港特别行政区政务司司长曾荫权率领一百多名香港工商、专业界人士组成的西部访问团。国务院对这两个访问团非常重视，朱镕基总理在繁忙的工作中特意安排时间会见了他们。第二个访问团来京前已经对西安进行了考察，离开北京后，又马不停蹄地赶赴成都和乌鲁木齐继续西部之旅。他们对西部大开发的热切关注以及对西部地区发展寄予的厚望，由此可见一斑。

三、中央机关坚决贯彻

2000年前后，全党开展了以“讲学习、讲政治、讲正气”为主要内容的党性党风教育。通过“三讲”教育活动，各级领导班子普遍增强了政治意识、大局意识、责任意识，提高了同党中央保持高度一致的自觉性。

各有关部门认真学习领会中央关于西部大开发战略的精神，把支持西部发展作为落实“三讲”教育活动的重要内容，由部门主要负责同志亲自抓、主要业务司具体负责、得力人员参与。各有关部门党组成员还带队分赴西部进行调研，与西部地区各级党委、政府和企业进行广泛交流，共同探讨西部发展之策。除研究支持西部的规划政策外，各部门还进一步加大对西部各地的对口支援力度。

按照党中央、国务院的部署，中央各有关部门结合各自的职能，找准位置，在很短时间内相继提出了支持西部大开发的设想。中组部提出“送才”，着力加强西部地区领导班子和干部队伍建设、基层党组织和党员队伍建设、人才队伍建设，为西部大开发提供组织保证，与人事部一起，制定一系列政策，鼓励各类人才投身西部建设。中宣部积极“鼓劲”，为西部大开发营造良好的社会舆论环境。统战部着力“搭桥”，引导各民主党派、无党派人士等社会有关方面到西部调研考察，支持参与西部大开发。科技部提出“送智”，依靠科技进步为西部大开发提供强大动力。财政部、税务总局承诺“减负”，出台支持西部大开发的税收优惠政策，对设在西部地区国家鼓励类产业的内资企业和外商投资企业，在一定期限内按15%的税率征收企业所得税。国土资源部积极“找水”，提出要加大西部特别是西北地区和西南岩溶石山地区找水工作力度，对地下水资源总量和可开采量作出预测，圈定一批可供开发的大中型水源，缓解西部地区缺水问题。交通部和铁道部努力“修路”，交通部提出将在已有规划的基础上，十年内加大西部地区国道建设，重点规划建设8条公路大通道；铁道部计划到2005年，西部铁路总长达到1.8万公里，五年增加3000多公里。水利部提出“节水”，搞好西部地区水土保持工作，实现经济社会可持续发展。对外贸易经济合作部提出“引资”，引导和推动西部地区参与国际经济交流合作。中国人民银行和金融机构积极“承贷”，研究调整金融政策，倾力为西部大开发服务。中国民航总局支持“通航”，改扩建枢纽和中心机场，加快支线机场建设。国家林业局尽力“造林”，计划加强长江上游、黄河上中游生态治理，实施天然林保护工程，退耕还林工程和“三北”（华北、西北、东北）、长江、珠江等防护林建设。这些实实在在的措施，为西部大开发提供了强有力的支持。

国家计委是第一批深入开展“三讲”教育活动的单位。通过学习、查摆和剖析、批评与自我批评等活动，国家计委的领导干部在想大事、议大事、抓大事，给中央当好参谋助手上普遍提高了认识。就在这个时候，1999年6月17日，我在西安聆听了江泽民同志对西部大开发战略的系统阐述。6月19日，我一回到北京，就在国家计委“三讲”教育活动转入整改阶段的全委大会上作了传达，强调全委上下要在思想上深刻领会江泽民同志提出西部大开发战略的时代背景和重大意义，把加快开发西部列入议事日程，着重做好三项工作：一是党组成员都要带队下去，到西部调研；二是抓紧研究西部大开发的政策和规划；三是从当年起，国债投资的重点就要向西部倾斜。会后，国家计委经过四个多月的调查研究，广泛听取意见，及时提出了实施西部大开发战略的具体设想。这些都为中央几次召开会议讨论修改并形成中发［2000］2号文件打下了扎实基础。

2000年1月西部地区开发会议之后，国家计委、国务院西部开发办又会同有关部门，重点开展了几项工作：一是结合制定“十五”计划和长远规划，编制好西部开发专项规划；二是系统研究加快西部大开发的优惠政策；三是提出加快西部地区基础设施建设的具体方案，开展西部重大项目的研究论证和前期工作；四是年度计划中新增国债投资和利用国外长期优惠贷款向西部倾斜；五是落实退耕还林（草）试点工作。

四、西部地区激情涌动

中央出台2000年2号文件的时候，正值农历庚辰年春节前夕，西部地区干部群众欢欣鼓舞，群情振奋。在西部各地，从路旁、商场悬挂的巨幅标语到普通人家门上的春联，无不散发着西部大开发的浓郁气息。“抓住西部开发机遇，迎接世纪复兴挑战”、“龙腾迎新春西部开发耀日月，虎跃庆纪元山川再造惊天地”……一副副对联，抒发着西部地区干部群众心向大开发的豪情壮志。

西部地区的各级领导纷纷表示，坚决拥护和支持党中央的战略决策，一定要牢牢抓住这个机遇，用好这个机遇，加快发展步伐。陕西省率先响应，在全省范围内组织学习，要求各级干部解放思想，更新观念，发扬自力更生、艰苦奋斗的延安精神，积极投身西部大开发。2000年“两会”期间，重庆市委书记贺国强在记者招待会上说，作为中西部唯一的直辖市，重庆要利用自身西南工商重镇、三峡库区开发和区位承东启西重要连接点的三大优势，结合重庆实际，谋划长远发展大计。四川省领导回答中外记

◎轰轰烈烈的西部大开发激励着西部人，催人奋进的广告语和图画随处可见。

者提问时表示，四川在西部大开发中不仅要靠中央和东部地区的支持，更主要的是要依靠自己的力量，充分发挥自身优势，形成特色经济，重点做好基础设施建设、生态环境保护和建设、经济结构调整、科教兴川和扩大开放“五篇文章”。

西部地区很多地方围绕“西部大开发，我们怎么办”的主题，开展大学习、大讨论，积极转变观念，增强紧迫感和责任感。他们注重发挥比较优势，实事求是“找位置”，内蒙古自治区提出要发展为我国北方重要的生态屏障、主要能源资源开发区、向北开放的前沿阵地和保卫祖国的北方大门等；大力改善“软环境”，云南、甘肃、西藏转变政府职能，改革行政审批制度，简化行政审批程序，取消和精简行政审批事项；认认真真“定规矩”，贵州、广西壮族自治区对过去遇事少章法、做事随意性大的现象进行了反思，开始注重制定规划，完善政策；千方百计“招人才”，宁夏、青海、新疆等地想办法“用活现有的，引进外来的，培养自己的”，出台了稳定、培养、使用现有人才和引进人才智力的若干规定。

西部各地积极推进对内对外开放，探索合作共赢之路。2000年1月西部地区开发会议期间，朱镕基总理在同与会代表座谈时，西部地区的同志提出，国务院西部地区开发领导小组没有西部地区的成员，西部地区表达意见的机会比较少，西部省区市之间的交流也不多，建议国家定期举行西部各地参加的会议。后来，西部各省区市政府之间建立了多种联席会议机制，经常坐在一起商讨如何发挥各自优势，分工协作，扬长避短，开展经济协作。国务院派员列席会议，听取意见。

为加强与东中部地区、国外的交流合作，扩大对内对外开放，各种论坛、博览会、洽谈会等在西部大城市纷纷登台亮相，有些活动至今仍在定期举办，成为西部地区经贸、投资和信息交流的重要平台。其中比较有代表性的是西部论坛。

举办西部论坛是由我和四川省、国务院新闻办负责同志联合倡议的。江泽民同志亲自为西部论坛题词。2000年首届西部论坛在四川成都召开，论坛的整个过程向全球直播。国务院十几个部委的负责人出席论坛。遗憾的是，由于有其他公务，我未能到现场，但是论坛取得的丰硕成果，让我深感欣慰。会后，部分参会代表从成都来到北京，我陪同朱镕基总理专门会见了他们。

当时，四川省曾经提出，每年的西部论坛都固定在成都召开。但是，考虑到其他省份的意见，最后还是决定由各省轮流举办。2001年西部论坛在西安举行。2004年西部论坛在广西南宁召开，我代表国务院出席并作了讲话。此外，四川省举办的西部博览会影响也比较大，我到国务院工作时，曾专门前往出席。陕西西安借每年祭拜黄帝陵之机，召开中国东西部合作与投资贸易洽谈会，每届都有亮点。

这些论坛、博览会、洽谈会在交流经验、开启思路、捕捉商机、展示形象等方面发挥了实实在在的作用。当然，我们也注意

◎2000年、2004年中国西部论坛场景

引导规范各种交流平台的发展，提倡节俭办会，讲求实效，防止把西部大开发变为“西部大开会”。

五、全国各地鼎力支持

中央提出西部大开发战略后，东部地区纷纷从大局出发，把开发西部当作自己的使命，同时也当作自身发展的新机遇；中部地区发挥承东启西、纵贯南北的区位优势和综合资源优势，也加快了发展步伐，形成我国东中西部地区相互支持、相互促进的格局。

对于发挥东部优势、支持西部发展问题，中央领导非常重视。2000年2月，江泽民同志在广东考察时提出，东部地区要积极响应党中央号召，支持西部发展。讲话发表后，在沿海发达地区引发了一场“致富思源、富而思进”的教育学习活动。各地纷纷表示，一定要克服“小富即满，小富即安”的狭隘思想，各项工作要再上一个台阶；同时，树立全国“一盘棋”、先富帮后富的思想，积极支持西部大开发，为国家作出更大贡献。

上海市委书记黄菊提出，不忘上海是全国的上海，要打好中华牌，做好对口帮扶工作；要将服务、参与西部大开发作为上海“十五”计划的重要内容；鼓励上海企业采取多种方式推进西部地区开发；进一步增强上海中心城市的服务功能，为西部地区的发展拓展服务领域，提高服务水平。

2001年全国“两会”期间，广东省委书记李长春回答记者提问时表示，广东在自身发展过程中，得到了全国各地在人才、资金等方面的支持，如今国家大力开发西部，广东更应尽最大的努力参与其中。广东将组织若干批企业家及有关人员，到西部实地考察投资机会，参加一些西部地区的经贸交流活动。

北京、天津、辽宁、江苏、吉林等地区成立了以省市主要领导为主的支持和参与西部大开发的机构，负责参与西部大开发的领导工作，组织制定本地参与西部大开发的规划及与西部地区合作的相关政策。河北、浙江、湖北等省主要领导都率队到西部地区进行调研，研究本地区参与和支持西部大开发的政策措施。广东、安徽、山西等地加强对西部地区基础设施建设的支持，积极落实电力、交通规划，从资金、项目上给予援助。黑龙江、山东、河南、江西、福建、海南等省以经贸交流和项目合作为载体，利用自身资金、技术和地理位置的优势，积极参与西部大开发。

◎2003年中国东部企业参与西部结构调整投资贸易洽谈会在西宁开幕。

东部地区还积极落实中央部署的对口支援帮扶工作。仅2000—2004年，北京、天津、上海、浙江、江苏、福建、山东、广东等东部八省市就为西部地区培训干部和专业技术人员超过14万人次，无偿捐助资金及捐赠物资折款近77亿元。

为促进东部地区支持西部大开发，国务院西部开发办分别于2005年、2007年在杭州、天津召开会议，总结交流东西互动的进展情况、经验及做法，研究新形势下进一步加强东西互动，深入推进西部大开发的主要任务和具体工作安排。

在此基础上，2007年8月，国家发展改革委、国务院西部开发办、财政部、中国人民银行、银监会、国家开发银行联合下发《关于加强东西互动深入推进西部大开发的意见》，提出了坚持互利共赢、市场运作、机制创新、政府推动的指导原则，明确了能源和矿产资源开发利用、装备制造业和高技术产业、农牧产品深加工、旅游文化产业、经贸往来、基础设施和人才开发等重点领域，确定了加大政策支持力度、建立工作协调机制、加强服务平台建设、建立健全激励机制等政策措施，取得了较好的成效。

六、人民子弟兵大力参与

早在上个世纪五六十年代，人民子弟兵在西部地区建设中就发挥了重要作用。当年，驻新疆人民解放军十万将士，一夜之间卸下戎装、拿起镐头，在天山南北向荒原开战；人民解放军以牺牲数千英雄儿女的代价，修筑了通往雪域高原的川藏、青藏、滇藏公路；百万军工战士，投入了“三线”建设大会战，在西部的深山老林靠山建厂、进洞生产，打造了比较完整的战略后方国防工业基地，也促进了西部地区发展。

进入新世纪，人民子弟兵在维护国防安全的同时，义无反顾地投身到西部大开发的历史伟业中。按照江泽民同志提出的，军队要服从服务于国家经济建设大局，更好地发挥军队的优势，积极参加和支援西部大开发的指示，成立了军队参加和支援西部大开发领导小组及办公室。领导小组多次召开全体会议，指导援建工作。全军上下积极行动，把参加和支援西部大开发作为重要任务纳入部队工作计划。地处西部的兰州军区、成都军区担当了支持西部大开发的先头部队，进行了“积极支持大开发、强边固防作贡献”的专题教育，开展了“西部大开发、我们怎么办”的讨论，在部队上下形成了关注西部、支持西部、积极为西部大开发作贡献的良好氛围。

人民解放军发挥部队突击能力强、能打硬仗的优势，把支援交通、水电、通信、能源等基础设施建设作为援建工作的重要内容。西气东输工程新疆段穿越“死亡之海”罗布泊、“千里风口”托克逊、“百里火焰山”吐鲁番。这些挑战人类生存极限的地方，令地方上的许多专业工程队望而却步。然而，已经接连征战北疆铁路、西（宁）兰（州）乌（鲁木齐）光缆通信线路、兰（州）成（都）渝输油管道铺设等重点工程的兰州军区部队，征尘未洗，就毅然挺进“生命禁区”，圆满完成了这一艰巨的建设任务。

各部队集中使用义务劳动日，参加植树造林、防沙治沙、环境整治等生态环境建设和保护。总政统一组织全军青年官兵开展“栽下世纪树，保护母亲河”的行动，营造了两个“解放军青年万亩林”。成都军区所属部队参加昆明滇池治污、西藏“一江两河”（雅鲁藏布江、拉萨河、年楚河）流域治理、澜沧江防护林带建设，建成生态示范园区上百个。新疆军区统一行动，每年春季在环塔克拉玛干沙漠南缘成片营造防风林带，减轻了风沙对当地群众生产生活的影响。空军出动飞机，在内蒙古、宁夏、贵州等地飞播造林种草，使500多万亩荒山披上了绿装。

解放军充分发挥人才、技术优势，积极支持西部地区科技、人才建设。军队所属院校、科研院所等单位，采取专利转让、合作研究、联合培养等形式，广泛开展科技、智力助民活动。全军选调优秀师团级干部转业充实到西部地区各级党政领导班子，推荐优秀退役士兵到西部艰苦地区基层政权任职。

部队利用军事设施的民用效能，支持西部地区开发、开放。在确保国防、战备需要和军事安全的前提下，将一批军用机场改

◎驻乌鲁木齐某工兵部队官兵参加西部大开发建设，植树种草。

扩建后实行军民合用，多条铁路和输油专用管线、多个后方仓库为地方代运、代储。许多部队积极配合地方有关部门，将部分空闲房地产、农场及军马场转让或移交给地方发展生产、植树种草。

世界上许多发达国家都有军队支持国内经济建设的事例，但能在国内一个地区的经济社会发展中全面持续地发挥作用，只有中国的军队才能做到。人民军队始终是我国革命和建设事业完全可以信赖和托付的重要力量。

七、创业者进军西部热土

各类投资主体进入西部，是西部大开发顺利推进的关键因素。中央作出西部大开发战略决策后，国内外企业很快就涌向了西部这片土地，踏上了热火朝天的创业征程。西进企业数量多，投资规模大，科技含量高。投资主体呈现出多元化格局，除大批国有企业外，非公有制企业也占了相当比例。不少港澳台企业和外国企业在西部地区也有投资。

西部大开发战略实施以后，很多国有大企业和民营企业踊跃到西部投资。在2000年西部论坛上，中国石油天然气集团公司表示，要将今后投资额的50%投向西部。在2000年11月新疆乌鲁木齐举行的乌洽会上，浙江企业与西部各地签署了63亿元投资额的合作协议；300多家企业组成的天津商团，未等乌洽会正式开始，就与新疆成交了116个合作项目。从2000年到2004年，东部地区到西部地区投资经营的企业累计近3万家，投资总额超过5000亿元；其中，上海、浙江企业在西部地区实际投资均超过1000亿元，仅浙江到西部地区去创业的企业就超过1万家。

港澳台工商界人士也纷纷到西部投资。2001年5月，香港工商界人士组成的西部考察团，在10天的考察中，共签署了20个合作协议，涉及资金20多亿元人民币。次年澳门特首何厚铧率团到西部考察。台商也纷纷看好大陆西部大开发带来的机遇，争敲西部投资市场的大门，如旺旺、中兴纺织、华隆等台湾著名企业前往西部地区投资设厂。据不完全统计，2000—2002年，台资投资西部的项目近2000个，合同资金近30亿美元。

西部大开发之初，外国企业对投资西部还有些犹豫。随着各项优惠政策逐步出台和中国领导人在各种国际会议、外事场合的宣传介绍，外商逐步看好西部地区发展前景，并增强了投资西部决心。有一次，英特尔公司首席执行官贝瑞特来见我，提出想在中国扩大芯片生产规模，对于企业放在什么地方，他征询我的意

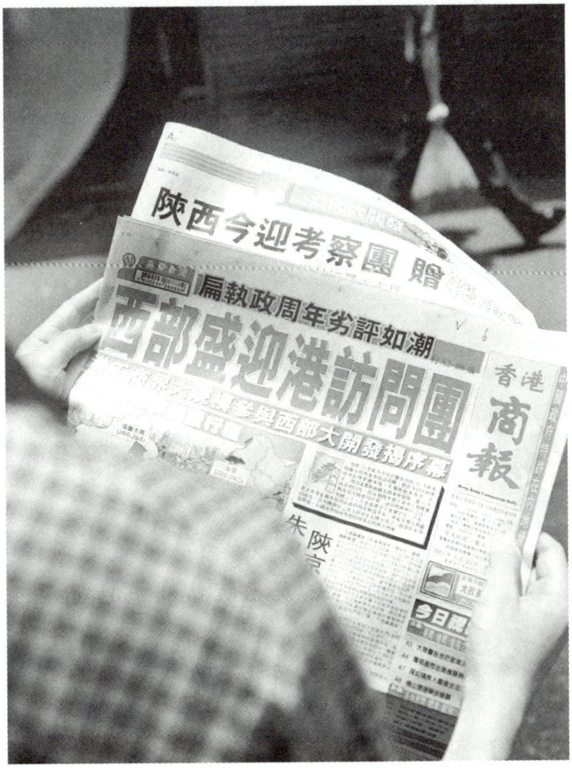

◎《香港商报》报道香港工商界西部考察团活动。

见。从综合条件考虑，我建议项目可考虑在西部设厂，那里劳动力丰富，生产成本低，比较适合芯片生产这类项目。2003年，英特尔选择在成都投资建设芯片封装和测试项目，后来又几次扩大投资增强工厂的运营能力，截至2009年，英特尔在成都的总投资额达到6亿美元，生产最先进的芯片组和微处理器。德国西门子公司决定投巨资在重庆设立自动化培训中心。挪威埃肯集团决定，在宁夏建立埃肯碳素（中国）有限公司。在西安举行的2000年中国东西部合作与投资贸易洽谈会上，美国IBM公司宣布斥资2000万美元，与西安软件产业合作搭建全球最大的软件网上开发站；美国惠普公司宣布投资6800万美元，与西安协同软件股份有限公司共同建设西部最大的电子商务开发中心。

除了众多企业家外，大批专家学者、海外归国人员等各种人才也纷纷瞄上了西部大开发带来的机会。2000年3月，备受关注的西部大开发人才交流会在陕西国际展览中心举办。招聘会两天进场人数就达31000多人，达成意向9800人，2/3以上的人才来自东部及周边省区。国务院西部开发办、国家开发银行和西部六个省区市合作，支持创办海外归国留学人员创业园。成都高新技术开发区在西部各省区市中，率先创建国家留学人员创业园，短时间内就吸引留学人员创办企业30多家。入园的67名留学人员中，有博士后11人、博士25人、硕士31人，以来自美国、日本、英国、加拿大等地归国人员为主，所上项目主要涉及电子信息、生物制药、新材料、光电机一体化等高技术产业。西部高校利用“长江学者奖励计划”和“特聘教授岗位制度”，吸引优秀留学回国人员到西部创业。

西部地区已经成为创业者的一片乐土，数以万计的各类大中小企业扎根在西部的山川大地上，焕发出熠熠的光彩。无数来自天南海北的创业者在西部地区耕耘和收获。这些都是西部大开发之前难以想象的。

八、国际社会广泛关注

西部大开发在国际上也引起了很大反响，许多外国政府和国际组织表现出浓厚的兴趣。2000年6月，美国、加拿大等17个国家的驻华大使、参赞，欧盟等14个驻华机构的代表对西安进行了为期两天的考察访问。为抓住西部大开发带来的商机，不少国家竞相在我国西部设立领事馆。

西部大开发战略提出后，在相当长的一段时间里，无论我国领导人出访，还是其他国家的领导人来访，或者在国际多边场合，都会谈及这个问题。

俄罗斯和中亚国家是我国近邻，希望中国西部大开发能带动他们发展。2000年7月上旬，我陪同江泽民同志出席“上海五国”元首会晤，对塔吉克斯坦和土库曼斯坦进行国事访问，在五国会谈及有关双边会晤中，中国的西部大开发都是必谈的话题。7月，刚当选俄罗斯联邦总统的普京对我国进行国事访问，我陪同江泽民同志与他们在北京举行了正式会谈。会谈后两国元首共同签署了北京宣言。应俄罗斯的强烈要求，宣言中写进了“中国和俄罗斯将探讨俄罗斯参与中国西部大开发的可能性，包括开发石油天然气田和铺设天然气管道”的内容。在同年11月举行的中俄总理第五次定期会晤中，朱镕基总理与俄罗斯联邦总理卡西亚

◎2000年7月18日，中国国家主席江泽民和俄罗斯总统普京签署《中华人民共和国和俄罗斯联邦北京宣言》。《宣言》指出，中俄两国将探讨俄罗斯参与中国西部大开发的可能性，包括开发石油天然气田和铺设天然气管道。

诺夫共同签署了联合公报。公报提出，中俄两国的企业和组织将就在中国西部大开发中的能源、电力、环保等基础设施项目开展合作进行谈判，探讨可接受的形式和方法。2003年9月，温家宝总理与卡西亚诺夫总理签署的中俄总理第八次定期会晤联合公报中提出，中方欢迎俄方参与中国西部大开发战略的实施，愿共同研究合作的主要方向和可能的合作项目。2004年10月，普京总统访问北京后，又到西安访问，与西部五省区党政领导及企业负责人进行座谈。

亚洲国家特别是近邻东亚国家，同样十分重视我国的西部大开发。日本政府在西部大开发伊始，就与我国政府签署了总额8.67亿日元的西部开发援助资金，主要用于四川、青海、西藏发展。中日两国外长在2000年两次会谈中，都谈到西部大开发。韩国十分看好西部大开发。1999年11月和2000年5月，韩国驻华大使权丙铉两次组团赴我国西部考察，在当地举办展览会，进行项目洽谈。2000年10月，我陪同朱镕基总理访问韩国。在与韩国总统金大中会晤期间，朱镕基总理应邀介绍了西部大开发战略。金大中特别指出，韩国政府对中国的西部大开发战略极为重视和关心，愿与中方加强有关方面的交流和探讨，并派出大型代表团与中方接洽。韩方为表示对西部大开发的支持，金大中提出提供500万美元的山林绿化合作项目资金。新加坡也对西部大开发表现出浓厚兴趣。2000年4月，新加坡总理吴作栋访问中国，在北京与我国领导人会谈结束后，就径直飞往西安，考察当地经济、文化等情况。

欧洲国家领导人对我国西部大开发也表现出积极参与的愿望。2000年10月，第二次中国—欧盟商务对话在北京举行，朱镕基总理和欧盟理事会轮值主席国法国总统希拉克、欧盟委员会主席普罗迪共同出席了开幕式。朱镕基总理表示，中国鼓励外商到西部地区投资开发，欧盟企业具有很大优势，可以大显身手，大有作为，希望欧洲企业家们捷足先登。希拉克在致辞时表示，法国作为中国在欧盟成员国中最友好的合作伙伴之一，愿意鼓励和推动法国企业到中国西部地区进行投资合作。英国副首相普雷斯科特对西部大开发特别感兴趣。2000年6月，他在英国会见温家宝副总理时就表示，英国政府愿意进一步努力发展英中友好关系，并参与中国西部大开发。同年10月，普雷斯科特受邀访华，他特地到重庆进行了访问，与当地政府就双方在经济发展进程中的合作方式、加强英国企业对重庆的关注、促进双边联系和合作等方面的问题进行了探讨。2003年12月，德国总理施罗德访问成都。他说，德国把成都视为通向中国西部的大门，计划在成都设立领事馆，德国企业打算从这里着手开发西部地区的新市场。此外，西班牙、意大利等国家也派出高级别官员和企业家到西部地区访问。

美国、加拿大对我国西部大开发同样很关注。2001年2月，加拿大总理克雷蒂安率领加拿大部分省长、地区主席和一大批著名企业家访华。我先后陪同江泽民、朱镕基同志与其会见，并与西部地区的省长、自治区主席、直辖市市长一起，应邀出席加拿大访华团在北京举办的中国西部大开发午餐会。宴会开始前，克雷蒂安发表了热情洋溢的讲话，对西部大开发不吝赞美之词，提出加拿大在促进地区经济发展方面积累了丰富经验，希望能对中国的开发工作有所裨益，并真诚地表达了加拿大政府和企业热切参与的愿望。我在祝酒辞中简单介绍了西部大开发的有关情况，表达了我们希望学习加拿大开发落后地区先进经验的想法，并向加拿大各界人士发出了走进中国西部的诚挚邀请。美国的中西部美中协会经常介绍美国企业到中国西部投资，其负责人多次来华访问，我曾会见过他。IBM、惠普等大企业很早就进入我国西部投资建厂、开拓市场。

很多国际组织也希望在中国西部大开发中有所作为。在2001年重庆召开的中国西部开发国际研讨会上，联合国开发计划署官员表示，国际组织应该参与中国开发西部的行动，并扮演重要而积极的角色。世界银行官员当时也表示，将在未来三年内向中国西部地区提供至少十亿美元贷款，支持西部发展基础设施和节水项目。联合国教科文组织、工业发展组织等也对支持中国西部大开发表示了积极意向。

总体来讲，国际社会对我国西部大开发是持正面态度的。但也有“中国威胁论”沉滓泛起的不和谐声音。有些国际媒体和机构仍然抱着冷战思维，对我国西部大开发作出不符合实际的评论。日本《产经新闻》曾经援引杏林大学一位教授的文章认为，西部大开发将快速增强中国军事能力，增大中国对周边国家的威胁。美国有些智库人士分析，中国实施西部大开发，更多的考虑是将战略重心西移，争取与美国斗争的主导权。今天，再来看当年这些报道只会付之一笑。历史证明，这些杂音绝不能动摇我们实现西部大开发的决心，也绝不能阻挡我们前进的步伐。

第四章

慎思谋局：
开发之路日渐清晰

一、中央领导引航西部大开发

二、开发目标逐步完善

三、政府市场双轮驱动

四、开发范围合理确定

五、空间布局点线面结合

思路明确，谋而后动，这是西部大开发谋篇布局的真实写照。从2000年到2010年，西部大开发正好经历了“十五”、“十一五”两个五年规划。党中央、国务院始终将西部大开发摆在重要工作日程，加强对战略全局的指导，并实事求是地确定每个发展阶段的工作方针和部署。国务院有关部门周密组织协同，在研究规划、制定政策时，注意突出重点，有所为有所不为，每出台一个政策、实施一个项目都做到目标清晰、考虑周全、相互衔接、贯彻有力，使西部大开发有条不紊地全面展开，做出了一篇气势恢宏的大文章。

一、中央领导引航西部大开发

西部大开发战略实施之初，江泽民同志提出了“三个代表”重要思想。党的十六大以后，以胡锦涛同志为总书记的党中央提出了科学发展观。这些重大理论和思想是落实西部大开发战略的重要指导思想。西部大开发的实践又进一步丰富了这些重大理论和思想的内涵。江泽民、胡锦涛同志多次到西部地区调研，针对决策执行中出现的新情况、新问题，及时提出应坚持的原则和要防止的倾向，保证了各项工作的顺利推进。国务院西部地区开发领导小组在朱镕基、温家宝两任组长领导下，多次召开会议，对西部大开发作出部署和安排。

2000年2月，江泽民同志到广东省考察，正值中发［2000］2号文件和西部地区开发会议之后一个月。他通过总结我国革命和建设的历史经验，特别是在改革开放以来取得快速发展经验的基础上，提出了“三个代表”重要思想。他指出，我们党所以赢得人民的拥护，是因为我们党在革命、建设、改革的各个历史时期，总是代表着中国先进生产力的发展要求，代表着中国先进文化的前进方向，代表着中国最广大人民的根本利益，并通过制定正确的路线方针政策，为实现国家和人民的根本利益而不懈奋斗。“三个代表”重要思想，为实施西部大开发战略提供了重要的理论基础和行动指南。

西部大开发战略实施过程中，江泽民同志一直关心着西部地区的发展，不断深化对西部问题的思考，每隔一段时间，就要到西部地区考察。2000年6月，江泽民同志到宁夏、甘肃调研时，看到广大干部群众热情很高，认为这种热情要鼓励，也要正确引导。他在调研中提出，为推动西部大开发有序、快速、高效地展开，要做到七个结合，即“把西部开发的紧迫感与长期奋斗的思想结合起来，把突出重点与全面发展结合起来，把经济效益与社会效益结合起来，把西部开发与东、中部地区发展结合起来，把发挥市场作用与实施宏观调控结合起来，把国家和各方面的支持与自力更生、艰苦奋斗结合起来，把推进经济发展与实现社会全面进步结合起来”。

2002年4月、5月，江泽民同志分别在西安和重庆召开西北地区和西南地区西部大开发工作座谈会，对西部大开发实施两年多的情况进行总结，并明确下一步工作方向。他在谈到西部大开发前一阶段经验时指出，西部大开发的根本任务是发展生产力，必须坚持用发展的办法解决前进中的问题。必须坚持改革创新，形成有力推动发展的政策和充满活力的体制机制。必须坚持为民谋利，使人民群众真正得到西部大开发带来的实惠。必须坚持大局观，集中力量解决西部大开发中全局性、战略性、关键性的问题。

这一期间，朱镕基总理多次到西部地区考察调研，主持讨论西部大开发中的重大问题，作出重要指示。2000年1月，他在国务院西部地区开发会议上指出，西部大开发不能沿用传统的发展模式，必须研究新思路、新方法、新机制，要充分发挥市场配置资源的基础性作用，把市场作用和政府引导推动作用很好地结合起来，促进西部大开发健康发展。他要求周密、深入细致地调查研究，在此基础上制定出切实可行的发展规划和实施方案，所有重要建设项目必须纳入国家规划，进行充分论证。各方面要加大对西部地区的支持力度，国家的投资要进一步向西部地区倾斜，特别是国债资金和国外优惠贷款要更多用于西部地区。

在同年3月的九届全国人大三次会议上，朱镕基总理在政府工作报告中，用很长的篇幅阐述西部大开发问题，引起了各个代表团特别是西部地区代表团的热烈讨论。报告指出："当前和今后一段时期，要集中力量抓好以下几个方面。一是加快基础设施建设。以公路建设为重点，加强铁路、机场、天然气管道干线的建设。加强电网、通信、广播电视以及大中城市基础设施建设。尤其要把水资源的合理开发和节水工作放在突出位置。要抓紧做好若干重大骨干工程的研究论证和前期准备工作，争取早日开工建设。二是切实搞好生态环境保护和建设。大力开展植树种草，治理水土流失，防治荒漠化。加大长江上游、黄河上中游天然林保护工程的实施力度。陡坡耕地要有计划、有步骤地退耕还林还草。抓住当前粮食等农产品相对充裕的有利时机，采取'退耕还林、封山绿化、以粮代赈、个体承包'的综合性措施，以粮换林换草。这项工作要加强规划和政策引导，尊重农民意愿，搞好试点，逐步推行。要坚决制止新的毁林毁草开荒。三是根据当地的地理、气候和资源等条件，着力发展有自己特色的优势产业，有条件的地方要发展高新技术产业。四是大力发展科技和教育。加快科技成果转化，积极培养各级各类人才，全面提高劳动者素质。五是进一步扩大对外开放。改善投资环境，积极引进境外资金、技术和管理经验。"

3月15日的中外记者招待会上，朱镕基总理在开场白中向新闻界朋友表示问候，并风趣地说，希望大家有被点中发问的好运，结果第一个记者提出的就是关于西部大开发的问题。在问及本届政府任期内西部大开发将达到怎样的阶段性目标时，朱镕基总理说，要先完成两大任务，一是要加强基础设施建设，二是改善生态环境。要实行与东部相似的对外开放政策，欢迎海内外企业到西部地区发展。他的这些讲话被国内外媒体的广泛报道。

西部大开发头三年，朱镕基总理多次主持召开国务院西部地区开发领导小组会议，对西部大开发中的重大问题进行讨论。研究确定了“十五”西部开发总体规划、西部地区人才规划，启动了一批基础设施建设、生态环境保护、科技教育方面的重大项目。

到2002年11月党的十六大召开时，西部大开发战略已经实施近三年，开发的思路和方式不断完善，各项工作取得明显成绩。党的十六大进一步明确了新形势下西部大开发的任务，强调要打好基础，扎实推进，重点抓好基础设施和生态环境建设，争取十年内取得突破性进展；积极发展有特色的优势产业，推动重点地带开发；发展科技教育，培养和用好各类人才；国家要在投资项目、税收政策和财政转移支付等方面加大对西部地区的支持，逐步建立长期稳定的西部大开发资金渠道；着力改善投资环境，引导外资和国内资本参与西部大开发。

党的十六大以后，以胡锦涛同志为总书记的党中央对深入推进西部大开发、不断提高西部大开发水平，作了许多重要指示，使西部大开发沿着科学发展的轨道顺利前进。新一届政府认真贯彻党中央精神，在总结经验的基础上，把西部大开发作为促进区域协调发展的重要任务，有条不紊地推进各项工作。

2003年10月，胡锦涛同志在党的十六届三中全会讲话中系统阐述了坚持以人为本、全面协调可持续的科学发展观，站在新的历史起点上对发展中国特色社会主义提出了新的要求。科学发展观同“三个代表”重要思想既一脉相承又与时俱进，为深入推进

◎2003年10月11日至14日，党的十六届三中全会在北京举行。图为胡锦涛同志作重要讲话。

西部大开发战略提供了指导方针。

同年，胡锦涛同志赴内蒙古自治区考察时指出，欠发达地区要善于从本地实际出发，扬长避短、因地制宜，坚持有所为、有所不为，科学地制定区域发展战略，培育和发展既具有市场竞争力、又具有区域特色的优势产业和产品，培育和壮大特色经济。要坚持可持续发展，下大力气把生态环境保护好、建设好，合理开发和节约使用各种自然资源，实现资源的永续利用和自然生态系统良性循环。他要求中央有关部门和发达地区要进一步加大对欠发达地区的支持，促进区域经济协调发展。

在2003年的中央经济工作会议上，胡锦涛同志提出，要促进区域经济协调发展，积极推进西部大开发，有效发挥中部地区的综合优势，支持中西部地区加快改革发展，振兴东北地区等老工业基地，鼓励有条件的东部地区率先基本实现现代化，逐步形成东中西经济互动、优势互补、协调发展的新格局。

2003年新一届政府成立当年，温家宝总理两次召开西部地区开发领导小组会议。2004年3月19日至20日，国务院召开西部地区开发工作会议，温家宝总理出席大会并讲话。这次会议之前，中央在区域经济协调发展上，提出了振兴东北地区等老工业基地、促进中部地区崛起、鼓励东部地区加快发展等新的战略构想。对此，西部地区有的同志在思想上产生了一些疑虑，甚至有些失落，担心这会影响西部大开发战略的实施。为了解除这些疑虑，他在会上提出西部大开发要坚持“三个不”：实施西部大开发的战略绝不会动摇，对西部大开发支持力度不会减弱，西部地

◎2003年6月10日，温家宝总理主持召开新一届国务院西部地区开发领导小组第一次全体会议，并作重要讲话。

区经济社会发展步伐不会放慢。这次会议达到了进一步统一思想、提高认识和部署工作的预期目的，取得了良好效果。

2007年10月，党的十七大召开，胡锦涛同志在报告中将深入推进西部大开发作为推动区域协调发展的重要任务，并提出缩小区域发展差距，必须注重实现基本公共服务均等化，引导生产要素跨区域合理流动。

西部大开发从明确开发目标、部署重点任务，到发挥政府和市场的双重作用，合理界定开发范围，规划开发空间布局，明确开发重点任务，以及启动重大工程建设，无不体现出中央领导的宏观视角和深谋远虑。开发之路日渐清晰，各项工作随之有效展开。西部大开发成为实践“三个代表”重要思想和贯彻落实科学发展观的生动篇章。

二、开发目标逐步完善

江泽民同志提出了“经济繁荣、社会进步、生活安定、民族团结、山川秀美”的西部大开发的二十字目标。如何分阶段、分领域落实这一战略目标，这是当时重点研究的问题。在开发进程安排和衡量标准的设定上，都经过了一个认识逐步深化的过程。

既要有紧迫感又要准备长期艰苦奋斗

西部大开发开始后，对大开发需要多长时间，存在不同的看法。一种看法是，只要政策力度足够大，短时期内西部地区发展就能赶上来。有一位台商写过一本书，反映了当时这种观点，书名就是《西部大开发十年可成》。他的理由是，我们今天坐着喷气式飞机，带着手机、计算机等高科技产品来开发西部，这与美国当年骑着马去开发是不一样的。网络时代新经济给西部发展带来了机遇，只要我们利用好西部的优势资源特别是人力资源，西部地区就会在生活水平、知识和收入三个方面赶上东部地区。可以说，他是典型的乐观派。

明显的悲观派似乎没有，对开发前景的忧虑倒是有的。记得西部大开发之初，我在北京会见香港企业家李泽楷，向他介绍我们正在制定“十五”西部开发总体规划。他希望为西部大开发作些贡献，并提议由他资助，聘请国外著名专家作些研究。后来他推荐了美国经济学家萨克斯。半年之后，萨克斯提交了一份中期研究成果。结论是，世界上绝大部分经济发达地区基本上集中在沿海200公里范围内。因此，他把西部大开发称作“水往高处流”的工程，认为实施起来会很困难，如果要做，只能做基础设施建设和人才开发。后来，萨克斯又多次到中国西部地区调研，想法有所改变，特别是对打通亚欧大陆桥颇感兴趣，认为新疆到欧洲比到东部沿海近，可以向西开放。

西部大开发之初，广大干部群众充满热情，希望一下子把西部发展起来；同时又感到千头万绪，不知从何着手。这种矛盾情绪在当时十分普遍。江泽民同志注意到了这种现象，在2000年6月召开的西北五省区党建工作和西部开发座谈会上对大家说，各级党委和政府一定要把人民群众的积极性引导好、保护好、发挥好，使之成为西部大开发的强大动力。他引用《老子》中的“天下难事，必作于易；天下大事，必作于细”这句

◎2000年6月，陪同江泽民同志赴宁夏、甘肃调研。

话。他强调，西部地区面貌的根本改变，需要许多代人持续努力，不可能毕其功于一役。我们必须充分做好长期艰苦奋斗的思想准备，同时又要有只争朝夕的精神。他说，在整个西部大开发的实施过程中，都要坚持立足当前、着眼长远、量力而行、逐步推进的方针。

我们在西部大开发推进过程中贯彻了这个方针，既有长远蓝图，又制定阶段性的目标和任务，并且使每个阶段的目标相互衔接，稳步前进。每年都有年度计划，主要是着眼于制定和完成近期目标，同时，又连续制定了“十五”、“十一五”两个五年规划，明确五年、十年和中长期发展目标。在编制年度计划和五年规划之间、西部开发规划和全国总体规划之间、地区发展规划和行业产业规划之间，注意统筹兼顾，搞好衔接，使西部开发的规划大都能得到很好的落实。

强调西部地区全面发展

制定经济社会发展规划，一般都要提出GDP总量和增长速度目标。但是在西部开发规划中，却没有出现GDP指标，这是经过慎重考虑的。

GDP是用来衡量、监测经济活动的总量指标，在所有统计数据中最受瞩目，曾被许多经济学家誉为“20世纪最伟大的发明之一”。但是GDP也有一定的局限性。由于统计的是“按市场价格计算”的产品，没有交易的产品是不算在GDP内的，譬如，环境有没有变差，资源有没有被掠夺性开采，这里面的代价是多少，GDP反映不出来。同时，GDP统计的是“生产活动的最终成果”，对非生产活动，如教育、卫生、文化、社会福利、公共服务等社会发展的内容，也不能完全反映出来。而这些没有反映的内容，很多恰恰是需要解决的问题。还有，GDP统计的是“在一定时期内”生产活动的成果，一般来说是按年度或季度计算。各级政府在任期内提高GDP水平，是否牺牲了长期利益，是否考虑了可持续发展，则很难考量。在实际工作中，GDP还有着经济以外的含义，包括地区排队、政绩考核，等等。

当时，西部一些地区考虑到GDP的增长，谋划了一批加工业投资项目。国家计委收到各地报来的很多申请，希望国家加大这方面投资力度。地方发展经济的积极性是值得肯定的，按照同等优先的原则，对于有条件的地方，应当采取措施，鼓励其加快发展。但是我们也注意到，过去国家一有大的政策出台，经济建设往往出现一哄而上的现象，又是圈地，又是上项目，热闹一阵子，弄不好就留下一个烂摊子。历史上几次有过这种现象，教训也很深刻，现在又露出了这种苗头。

从当时的客观条件来看，实现江泽民同志提出的西部大开发二十字目标，需要我们在经济、社会、生态等各个方面全面发展，单纯追求GDP增长是远远不够的。为了把地方的积极性引导到全面发展上来，对西部地区已经出现的大上加工工业项目的热潮应当降降温。在规划指标的选择上，我们考虑，是否可以不提出GDP目标，以免各地盲目追求增长速度，忽视可持续发展，使生态环境进一步恶化，或上一些没有市场和竞争力的项目。

2000年11月，温家宝副总理在听取国家计委关于“十五”西部开发总体规划的汇报后，肯定了我们的想法。他认为，用5年至10年遏制东西部差距扩大的趋势，用20年时间做到差距明显缩小，这个难度已经很大。规划可以不提经济增长指标，在整体上体现加快发展就可以了。

经过多方论证和认真测算，最终我们在“十五”西部开发总体规划中提出了一个5年、10年和50年的战略安排。

到2005年，水利、交通、能源、通信等领域一批重大基础设施建设项目建成投产或开工建设，基础设施落后的状况明显改善。重点治理地区生态环境恶化的趋势初步得到遏制，污染防治有明显进展。产业结构调整取得明显进展，经济增长的质量显著改善，经济效益不断提高。科技创新能力得到加强，九年义务教育基本普及，人才队伍壮大，人才素质提高，城乡居民文化卫生等公共服务水平明显提高。城镇基础设施状况显著改善。国有大中型企业基本建立现代企业制度，非公有制企业比重较大幅度上升。农村贫困人口温饱问题基本解决，居民生活达到小康水平，与中部、东部地区人均收入差距扩大的趋势初步得到控制。

到2010年，有步骤有重点地推进开发，力争使西部地区基础设施和生态环境建设取得突破性进展，科技教育、特色经济和优势产业有较大发展，改革开放出现新局面，人民生活进一步改善，为深入推进西部大开发奠定坚实基础。

到21世纪中叶全国基本实现现代化时，也就是新中国成立一百周年之际，从根本上改变西部地区相对落后的面貌，显著地缩小地区发展差距，努力建成一个经济繁荣、社会进步、生活安定、民族团结、山川秀美的新的西部地区。

这个规划虽然没有对东西部在缩小GDP差距方面提出具体要求，但在更广阔、更全面的领域体现了缩小东西部发展差距的要求。

把改善民生作为开发的根本目的

20世纪末，我国提前实现邓小平同志提出的“三步走”战略的第二步战略目标，人均国内生产总值将近1000美元，人民生活总体上达到小康水平。但是东西部发展差距仍然较大，大部分贫困人口分布在西部。

1999年，在中央扶贫开发工作会议上，江泽民同志提出，下个世纪继续开展扶贫开发，要首先解决剩余贫困人口的温饱问题，巩固扶贫成果，使已经解决温饱的人口向小康迈进，同时在稳定解决温饱的基础上，全面推进贫困地区经济社会发展。这项工作，必须同我们对下个世纪整个经济发展战略的考虑结合起来，同加快中西部地区建设、缩小东西部地区发展差距，实现共同富裕的目标结合起来。

江泽民同志的重要讲话精神，是与我们党全心全意为人民服务的根本宗旨和共同富裕的社会主义根本原则相一致的。在认真学习江泽民同志的讲话后，我们进一步认识到，必须把解决民生问题作为西部大开发的根本目的，让西部广大人民群众享受到大开发的成果。

在研究确定西部大开发范围、目标、项目、政策时，我们始终把改善民生作为一条重要原则。为了尽快解决西部农村贫困人口的温饱问题，使人民生活早日达到小康水平，我们坚持“抓两头”：一头抓关系西部大开发全局的重大工程，办了一些多年想办而没有办成的大事；一头抓关系群众切身利益的中小项目，办成不少改善基层生产生活条件的实事，让人民群众得到更多实惠。

越是在经济相对困难的时候，就业问题就显得越发突出。在西部大开发过程中，国家把就业放在解决民生问题的首位，千方百计扩大就业。通过利用扩大内需、增加投资建设重点工程项目的时机，创造了更多的就业岗位。重点解决好农村人口转移和劳务输出问题，增加农村居民非农产业收入。加强职业培训，提高失业人员就业能力、工作能力，为他们营造良好就业环境。

着力解决西部地区贫困人口生活问题。国家投资和政策向贫困地区倾斜，更多地采取开发式扶贫。重点解决民族地区、边疆地区和山区贫困农牧民的温饱问题。对一些不具备生存条件的地方，有步骤地实行异地安置、生态移民和扶贫开发。

加快完善教育、医疗等有关基础设施和装备，扩大覆盖范围，为老百姓提供方便，做好关系群众切身利益的工作，解除他们的后顾之忧，不断提高社会保障水平。

西部地区各族群众亲身感受到了西部大开发所带来的实际利益，中部和东部地区人民也从开拓市场的机遇中获得收益。实施西部大开发战略，成为我们党在新的历史时期的“德政工程”、

“民心工程”。

注重基本公共服务均等化

西部大开发之初，我们在设计发展目标的时候，就很重视公共服务。在2000年西部地区开发会议上，我提出，应当提高西部地区人民享有社会基本公共服务的水平，适当集中财力和物力，帮助贫困落后地区发展教育、科技、文化和体育事业，解决基本医疗服务。在这方面，政府应当而且可以有所作为。《“十五”西部开发总体规划》提出，西部大开发的目标之一是公共服务水平明显提高，使各族人民都能享受基本的公共服务。

党的十六大以来，党中央提出了科学发展观、构建社会主义和谐社会以及建设社会主义新农村等一系列重大战略思想和重要决策，强调社会的公平公正，强调以人为本，强调人的全面发展。党的十六届五中全会通过的中央“十一五”规划《建议》提出，按照公共服务均等化原则，加大国家对欠发达地区的支持力度。

2005年召开的国务院西部地区开发领导小组第三次会议，研究了西部开发“十一五”规划。我在发言中谈到，制定西部的中长期规划应当贯彻中央精神，把公共服务均等化纳入西部大开发的目标体系。政府有责任、有义务帮助西部地区的人民群众在享受公共产品和服务上逐步达到东部地区的水平，满足他们在上学、出行、看病、通信等方面的基本需求。

随后通过的西部开发“十一五”规划明确提出，未来五年要“在基本公共服务均等化上取得新成效”，制定了到2010年教育、文化、医疗等公共设施方面的发展目标，主要包括：“两基”

（即基本扫除青壮年文盲、基本普及九年义务教育）攻坚计划全面完成，20户以上已通电自然村实现通广播电视，农村饮水安全问题得到缓解，适宜地区户用沼气普及率明显提高，农村电网改造的续建配套工程基本完成，所有乡镇通沥青（水泥）路以及具备条件的建制村基本实现通公路，新型农村合作医疗基本覆盖全体农民，城镇居民社会保障覆盖面进一步扩大，省会城市和有条件的地级市建成比较完善的城市社区卫生服务体系，城乡居民人均享有的基本公共服务与东中部地区的差距逐步缩小。

在保护中开发和在开发中保护

从发达国家和我国东部地区发展的经验看，在工业化过程中先污染后治理、先破坏后恢复，付出的代价很大，教训很深刻。西部大开发战略一经提出，很多专家、学者、“两会”代表和委员就提出建议，应当防止西部大开发变成“西部大开挖”。国外也担心中国的西部大开发会破坏生态环境，很多外国记者向我提问时都表达过这种担忧。

在西部大开发之前，西部地区本身的生态环境和资源破坏问题就很突出。主要是：水土流失严重，荒漠化面积不断扩大，环境污染加剧；一些地方对矿产资源无序开发、乱采滥挖，造成了资源的浪费。西部地区是我国重要矿产资源接续地。矿产资源大都具有不可再生性，用一点就少一点。西部地区是长江、黄河等大江大河发源地，这里的生态环境很脆弱，一旦遭到破坏，恢复的难度很大。

西部地区生态环境好坏和资源保护程度，直接关系到我们整个民族的生存发展和子孙后代的福祉。只有保护好环境，西部经济才能持续发展；而经济发展上去了，才能更有效地保护环境。因此，西部大开发把生态环境保护和建设作为切入点，力争以较少的资源和环境代价支撑经济持续快速发展，也就是在保护中开发、在开发中保护。这正是我国西部大开发的一个重要特点。

首先是加强生态建设和环境保护，从一开始就是西部大开发的重点。注重保护修复自然生态，实施了一批生态保护和建设重点工程。在这些工程中，将生态效益与经济效益相结合，以生态效益为主，采取生物、工程和农艺等多种措施，进行综合治理。针对环境污染的突出问题，强化工业污染源防治，加强城镇和重点旅游景区污水、垃圾处理等环保基础设施建设。推行清洁生产，发展循环经济。发展生态农业，减轻农村面源污染。改善能源结构，大力推广使用天然气和低硫煤。治理旅游城市和风景名胜区的环境污染。

其次是强化资源合理开发、节约保护和综合利用。把水资源的节约保护放在重要位置。按经济区域和流域水系实行统一规划和管理，在大江大河上中游建设了一批大中型水利工程，科学合理地开发利用水资源。对西部优势矿产资源，坚持保护和开发并重。加强重要矿产资源集中区的调查评价和勘查工作，重点开发比较优势明显、市场前景好的矿产资源，提高产品加工深度和利用水平。开展循环经济试点，鼓励发展高效生态经济。规范矿山开采秩序，提高资源回采率，综合利用废渣和尾矿等工业废物。落实保护耕地基本国策，管住总量、严控增量、盘活存量，推进国土整治，强化土地整理。

划分主体功能区是西部大开发中资源环境保护的一个尝试。国家“十一五”规划提出，按照各个区域资源、环境承载能力和发展潜力，将国土空间划分为优化开发、重点开发、限制开发和禁止开发四类主体功能区，实施不同的区域政策。西部开发“十一五”规划按照这一思想，提出了不同主体功能区的功能定位和发展方向。应当说，这对于优化国土空间开发格局、加快转变经济发展方式、促进区域协调发展有益探索。

此外，国家还加强了古城、古镇、古村等文化遗产和自然景观的保护，使西部很多地方成为弘扬中华传统文化、倡导生态文明的生动课堂。

三、政府市场双轮驱动

处理好政府与市场的关系，在西部大开发中十分关键。2000年是实施西部大开发战略的第一年，当年在成都召开的首届西部论坛，其主题就是“政府与市场”。这也从一个侧面反映了各方面对这个问题的关注。

从发达国家的经验来看，对欠发达地区的开发离不开政府强有力的推动和支持。东西德合并后，德国通过转移支付对东部地区投入大量资金。日本为开发北海道，建立了专项财政预算，不断加大资金支持。苏联开发西伯利亚时制定了很多优惠政策。我们是社会主义国家，共同富裕是社会主义的本质特征，对开发西部，国家更应给予有力的资金和政策支持。

当然，我们开发西部是在社会主义市场经济条件下进行的，与“一五”、“二五”和“三线”建设时期相比，资源配置方式、经济运行机制都发生了深刻变化。政府推动不等于包揽一切，不能再搞“一平二调”、“大而全、小而全”，更不能一哄而上。一方面，要充分发挥市场在资源配置中的基础性作用，鼓励多种所有制经济参与西部大开发，把企业培育成西部大开发的主体；针对西部地区商品市场、要素市场发展滞后的状况，应当下大力气培育市场，搞活流通，加强市场管理，维护市场秩序，创造一个统一开放、竞争有序的市场体系和环境。另一方面，政府要切实履行好职能，把主要精力放在创造良好的政策环境上，着力搞好规划，制定政策，完善法规，加强服务，集中国家财力，加大政府投入，带动社会投资。最终，通过深化改革，扩大开放，建立起完善的市场体系，促进西部地区培育并形成自我发展能力。

国家投入向西部倾斜

西部地区经济不发达，基础较差，自有财力较弱，如果国家不给予支持，西部大开发很难有效推进。

2000年10月，国务院出台的《关于实施西部大开发若干政策措施的通知》（国发[2000]33号）中规定，提高中央财政性建设资金用于西部地区的比例，国家政策性银行贷款、国际金融组织和外国政府优惠贷款尽可能多安排西部地区的项目。对国家新安排的西部地区重大基础设施建设项目，其投资主要由中央财政性投资基金、其他专项建设资金、银行贷款和利用外资解决，不留资金缺口。水利、交通、能源等基础设施，优势资源开发和利用，有特色的高新技术及军转民技术产业化项目，优先在西部地区安排建设。之后，《国务院办公厅转发国务院西部开发办关于西部大开发若干政策措施意见的通知》（国办发[2001]73号），就加大对西部地区建设资金投入力度又作了具体规定。

按照我国的投资体制，国家投资项目的资本金构成，包括中央投资、地方配套和企业自筹三部分。一些地方为争取中央投资，在申报项目时承诺了配套资金，但等项目批准后，配套资金往往到不了位；有的地方搞“一女多嫁”，用一笔资金承诺多个项目。这样，项目实施后，往往由于资金不足，形成半拉子工程。考虑到西部地区这种情况比较突出，有一种意见认为，今后中央定的西部地区项目资本金全部由中央拿，地方不要再配套了。我们研究认为，西部地区大都是“吃饭”财政，安排项目时，应当尽量减少地方需要配套的资金，中央多给些支持。但是中央的投资也是有限的，如果资本金全由中央拿，项目就会建得少，搞不好有的地区还会躺在国家身上。让地方参与进来，有利于调动他们的积极性，建设中遇到的一些具体问题也容易得到解决。因此，我们提出，西部地方配套的项目资本金，从以前的40%左右，降低到20%—30%。这个建议为国务院

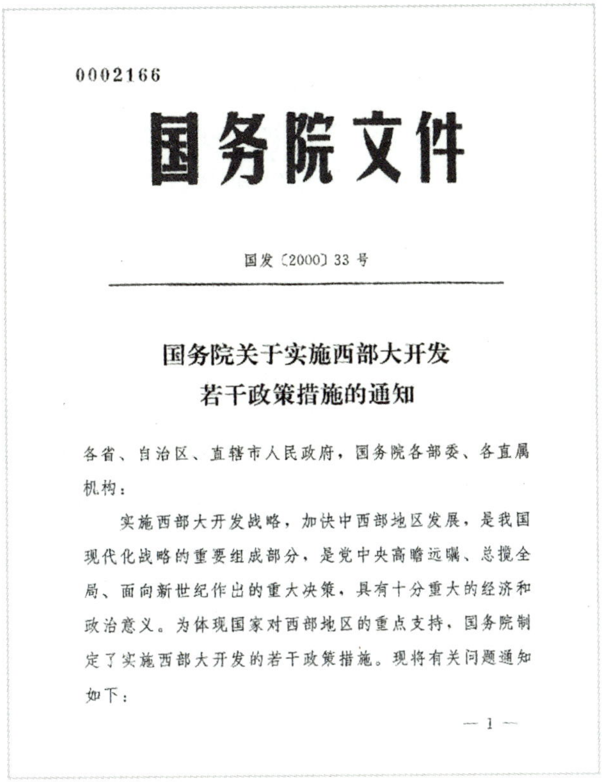
0002166

国务院文件

国发〔2000〕33号

国务院关于实施西部大开发若干政策措施的通知

各省、自治区、直辖市人民政府，国务院各部委、各直属机构：

实施西部大开发战略，加快中西部地区发展，是我国现代化战略的重要组成部分，是党中央高瞻远瞩、总揽全局、面向新世纪作出的重大决策，具有十分重大的经济和政治意义。为体现国家对西部地区的重点支持，国务院制定了实施西部大开发的若干政策措施。现将有关问题通知如下：

— 1 —

◎2000年10月，国务院印发《关于实施西部大开发若干政策措施的通知》（国发[2000]33号）

所采纳。

西部大开发开始后，结合实施积极的财政政策，发行长期建设国债，国家在西部地区项目建设上给予了大力支持，进行了大规模投入。1998年至2002年国债投资6600亿元，用于西部地区的投资为2100亿元。其中，1998年和1999年，用于西部地区的国债投资为490亿元，占全国的24.5%；实施西部大开发战略后，2000年至2002年用于西部的国债投资为1610亿元，占全国的比例提高到35%，增加了10.5个百分点。五年间西部地区国债项目总投资规模约10000亿元，这样算来，1元国债资金带动了4元社会资金的投入，包括地方、部门、企业配套投资和银行贷款，有力地促进了西部地区国民经济和社会事业全面发展。

西部大开发过程中，国债资金的使用方向主要有三个方面：一是基础设施建设。包括青藏铁路、西电东送、西气东输、八条公路主干线、无电乡电力设施、骨干水利枢纽工程、通县油路、农村贫困人口饮水工程以及一批城市基础设施项目。二是生态环境保护工程。包括退耕还林、宜林荒山荒地造林、天然林保护、防护林建设、自然保护区、京津风沙源区治理、天然草场建设等工程，城市的污水、垃圾处理设施项目等。三是科技教育等项目建设。包括改善农村中小学办学条件、重点高校教学设施，西部企业技术进步和产业升级项目，西部特色产业，民族地区经济建设等。

在扩大中央财政建设性资金和国债资金投资的同时，中央财政也加大了对西部财政转移支付和税收支持的力度。西部大开发头五年，中央财政对西部地区的财政转移支付累计达3328亿元，占同期全国的44%，其中一般性转移支付和民族地区转移支付规模为833亿元，占同期全国的45%。在农业、社会保障、教育、科技、卫生、计划生育、文化、环保等专项补助资金的分配方面，也注重向西部地区倾斜。中央安排西部地区财政转移支付加上专项补助合计约5000亿元。国家还制定并实施了一系列旨在促进西部地区经济社会发展的税收优惠政策，涉及所得税、增值税、关税、耕地占用税、农业特产税等多个税种。

通过积极引导金融机构改进金融服务，加大了对西部经济发展的金融信贷支持力度。金融机构在西部地区的各项贷款余额从1999年的1.63万亿元增加到2004年的2.95万亿元，年均增长12.6%。银行加大了对西部地区基础产业建设的信贷投入，重点支持铁路、主干线公路、电力、石油、天然气等项目建设。对投资大、建设期长的基础设施项目，根据项目建设周期和还贷能力，适当延长贷款期限。国家开发银行新增贷款逐年提高用于西部地区的比重，扩大以基础设施项目收费权或收益权为质押发放贷款的范围。农村电网改造贷款和优势产业贷款中金额较大的重点项目，由农业银行总行专项安排和各商业银行总行直贷解决。

制定优惠政策吸引社会资金

随着我国社会主义市场经济体制的初步建立，体制环境和过去已有很大不同。西部大开发仅仅依靠政府的投入是不够的，要靠政府和市场两个“轮子”驱动。在1999年10月西宁召开的“十五”计划思路西部地区座谈会上，我谈到，由于市场在资源配置中的基础性作用不断扩大，生产经营和投资的利益驱动强化，企业作为市场主体的作用增强，政府运用行政手段动员和组织经济资源的领域逐步缩小，能力相对减弱。因此，西部大开发要适应新的经济体制的要求，转变观念，解放思想，大胆创新，按照市场经济的要求，调整思路，充分发挥市场配置资源的基础性作用。政府要通过培育市场、规范市场，理顺分配关系，建立各种激励机制，吸引资金、技术、人才等生产要素进入西部地区。

西部大开发中，国家陆续出台了一批推动国内外社会资金流向西部的政策，其中税收优惠最具含金量。政策规定，对设在西部地区国家鼓励类产业的内资企业和外资企业，在一定期限内，企业所得税减按15%的税率征收。对在西部地区新办交通、电力、水利、邮政、广播电视等企业，企业所得税实行两年免征、三年减半征收。对在西部地区新办高新技术企业，经国家有关部门认定后，企业所得税实行两年免征、三年减半征收。对为保护生态环境，退耕还生态林、草的特产品收入，在十年内免征农业特产税。

出台所得税减半征收政策时，有关方面进行了多次讨论。有些同志认为，税制改革的方向应当是在全国范围内统一税率，不宜按地区制定差别税率。也有的同志担心，对西部的减免税政策，会削弱中央财政组织收入的能力。我们认为，税制改革是一个过程，当时全国企业所得税率并不统一，西部地区可以在一段时间内实行特殊税收优惠。从国外开发落后地区的经验来看，美国开发西部，日本开发北海道，意大利开发南部地区，无一不是在税收上采取了一些特殊政策。另外，税收优惠每年减少财政收入也就是二三十亿元，但可以吸引更多的企业到西部投资，这样税基大了，会进一步增加财政收入。

为了制定税收优惠政策，我几次与财政部门负责同志通电话商量，王春正、李子彬两位同志也多次与财政部、国家税务总局进行沟通。经过反复研究，在财政部门的大力支持下，西部地区企业所得税实行15%的优惠税率。这一政策对吸引东中部地区企业、港澳台企业和外资企业到西部地区投资发挥了很大作用。

为改善投资的软环境，国家还出台了土地和矿产资源优惠政策。对西部地区荒山、荒地造林种草及坡耕地退耕还林还草，实行谁退耕、谁造林种草、谁经营，谁拥有土地使用权和林草所有权的政策。及时提供并保障经济建设用地，使用国有未利用地，可以免缴土地补偿费。培育矿业权市场，促进探矿权、采矿权依法出让和转让。西部地区在集体林权制度改革方面，也较早进行了探索。促进非公有经济发展，国家制定了鼓励政策。除法律有特殊规定外，凡对外商开放的投资领域，国内各种所有制企业均可进入。鼓励个体、私营等非公有制经济主体以独资、合资、合作、特许权等多种方式投资。

扩大对内对外开放

为吸引外资投向西部，国家出台了扩大外商投资领域、拓宽利用外资渠道、大力发展对外经济贸易的相关政策。

在扩大外商投资领域方面，鼓励外商投资西部地区的农业、水利、生态、交通、能源、市政、环保、矿产、旅游等基础设施建设和资源开发，以及建立技术研究开发中心。扩大西部地区服务贸易领域对外开放，将外商投资于银行、商业零售企业、外贸企业的试点扩大到直辖市、省会和自治区首府城市。允许西部地区外资银行在条件成熟时逐步经营人民币业务。允许外商在西部地区依照有关规定，投资电信、保险、旅游业，兴办中外合资会计师事务所、律师事务所、工程设计公司、铁路和公路货运企业、市政公用企业和其他已承诺开放领域的企业。

在拓宽利用外资渠道方面，我们积极扩大西部地区以BOT（即“建设—经营—转让”）方式利用外资的试点，开展以TOT（即“移交—经营—移交”）方式利用外资的试点。全国最初两个BOT试点项目都在西部地区，一个是广西的来宾电厂B厂，另一个是成都第六水厂。允许外商投资项目开展包括人民币在内的项目融资。支持西部国家鼓励和允许类产业的企业通过转让经营权、出让股权、兼并重组等方式吸引外商投资。鼓励在华外商合资企业到西部地区再投资，其再投资项目外资比例超过25%的，享受外商投资企业待遇。对外商投资西部地区基础设施和优势产业项目，适当放宽外商投资的股比限制。积极争取多边、双边赠款优先安排西部地区项目。

在大力发展对外经济贸易方面，我们进一步扩大西部地区生产企业对外贸易经营自主权，鼓励发展优势产品出口、对外工程承包和劳务合作、到境外特别是周边国家投资办厂。实行优惠的边境贸易政策，在出口退税、进出口商品经营范围、进出口商品配额、许可证管理、人员往来等方面，适当放宽限制，促进周边区域经济技术合作健康发展。对从西部地区重要旅游城市入境的海外旅游者，根据条件实行落地签证和其他便利入境签证政策。

对于西部地区来说，对内开放的重要性不亚于对外开放。在防止重复建设和禁止转移技术落后和污染环境项目的前提下，国家采取有力措施，支持东部、中部地区企业到西部地区以投资设厂、参股入股、收购兼并、技术转让等多种方式进行合作。加强东部和西部的对口支援，进一步加大对西部贫困地区、民族地区的支援力度。

四、开发范围合理确定

西部大开发战略提出后，如何合理界定“西部”的范围，是首先遇到的一个必须解决的问题。范围划得过大，重点不突出，效果也不明显；范围划得过小，起不到开发的作用，解决不了区域发展不协调的问题。经过充分的研究论证，我们在界定开发范围时，以传统的西部概念为基础，综合考虑地理位置、行政区划、经济发展水平、民族分布等因素，适当扩大了传统的西部范围，使西部大开发的政策惠及全国28.9%的人口和71.5%的陆地面积。

新中国成立之初，全国被笼统地划分为沿海和内地两大区域。习惯上说的东、中、西部地区，是1986年六届全国人大四次会议批准的“七五”计划中确定的。东部地区包括北京、天津、河北等12个省区市，中部地区包括湖南、湖北等9个省区，西部地区包括四川、贵州等9个省区。1997年八届全国人大五次会议通过设立重庆直辖市的决定，西部地区也就自然变成了包括重庆在内的10个省区市。

当时，大家对西部范围的划分看法不尽一致，主要有五种意见：一是仍按“七五”计划以来界定的西部地区十省区市的范围考虑。二是在西部十省区市的基础上，增加内蒙古和广西两区的西部地区，即内蒙古的包头市、乌海市、伊克昭盟、巴彦淖尔盟、阿拉善盟，以及广西的百色地区和河池地区。三是西部十省区市加上内蒙古和广西两区。四是西部十省区市加上内蒙古、广西两区以及湖南湘西、湖北恩施等少数民族自治州。五是将中西部地区笼统看作西部地区。

在研究西部范围的过程中，不少地方特别是中部省区，要求将本地纳入西部大开发的范围，享受西部大开发的优惠政策。如山西省提出，黄土高原水土流失严重，十年九旱，又是老工业基地，污染严重，包袱多，生态和生存环境不断恶化。湖南省则提出，湘西地处武陵山区，与贵州山水连接，自然环境相同，又是民族地区，希望能列入西部大开发的范围。湖北省提出，鄂西地区十分困难，也应享受西部大开发政策。

一次有位内蒙古自治区副主席找到我，转交了自治区党委书记刘明祖和主席云布龙的信。他们反映，内蒙古大部分蒙古族群众生活在蒙东，约占全区蒙族人口的80%，如果只将蒙西纳入规划范围，他们感到压力很大。从民族团结的角度看，他们的意见是值得考虑的。当时广西的主要负责同志也提出，把广西纳入西部大开发范围的要求。广西在改革开放之初，列入沿海地区，但是从地处西南边陲、经济发展水平不高和民族数量较多的角度考虑，广西很大程度上与西部地区特征相近。这个范围之争，背后蕴藏着积极的因素，那就是大家都渴望发展，盼望着能抓住西部大开发这个机遇。

在这种情况下，我们认真学习领会中央领导同志有关讲话精神，与中西部的省份及有关部委多次交换意见，使认识逐步统一。西部大开发的范围，应保持西部地区十省区市的划分不变。考虑到内蒙古和广西两个民族自治区，以及湘西、鄂西两个民族自治州的地理位置和经济发展水平与西部地区接近，对内蒙古、广西两个自治区和湘西、鄂西两个自治州，可以考虑比照执行有关政策。这样既保持了政策的连续性，也考虑了民族地区的实际情况，西部大开发的区域不至于扩大太多，避免开发的重点过于分散。

2000年4月，在“十五”计划重点调研课题汇报会上，我代表国家计委把西部大开发范围的想法向中央领导同志作了汇报。同年6月，朱镕基总理主持召开国务院西部地区开发领导小组第一次会议。会上把西部大开发范围的几种方案都摆了出来，经过充分讨论，会议决定，西部大开发的范围为“10+2”，即重庆市、四川省、贵州省、云南省、西藏自治区、陕西省、甘肃省、宁夏回族自治区、青海省、新疆维吾尔自治区和内蒙古自治区、广西壮族自治区。考虑到带动民族地区发展的需要，会议还确定，对湖南省湘西土家族苗族自治州、湖北省恩施土家族苗族自治州，比照西部大开发的有关政策予以照顾。后来，吉林省延边朝鲜族自治州也纳入了参照享受西部大开发有关政策的范围。黑龙江省大兴安岭地区、海南省原黎族苗族自治州的六个县和湖南

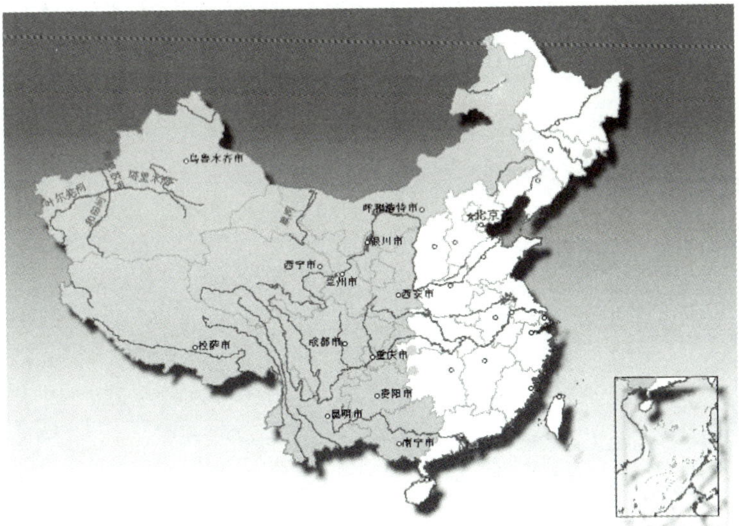

◎西部大开发范围示意图

省张家界市的一区一县等在一定程度上享受西部大开发政策。

五、空间布局点线面结合

实施西部大开发战略后不久，有一次我到瑞典访问，在哥特兰岛，ABB公司介绍他们的风电设备时，展示了一些幻灯片，第一张就是从卫星上拍摄的地球夜景照片。一位专家解释说，从太空看地球，白色是灯光密集的地区，也是经济发达地区；黑色是灯光稀少的地区，也是经济落后地区。他指着中国版图对我说，你看，东部沿海地区是一条白色地带，中部有一些白色区域，而这一大片都是黑色的，就是你们要开发的西部。

那段时间，西部各地都在制定雄心勃勃的规划。我想，在可以预见的十年到二十年中，西部大开发要达到什么水平？是把

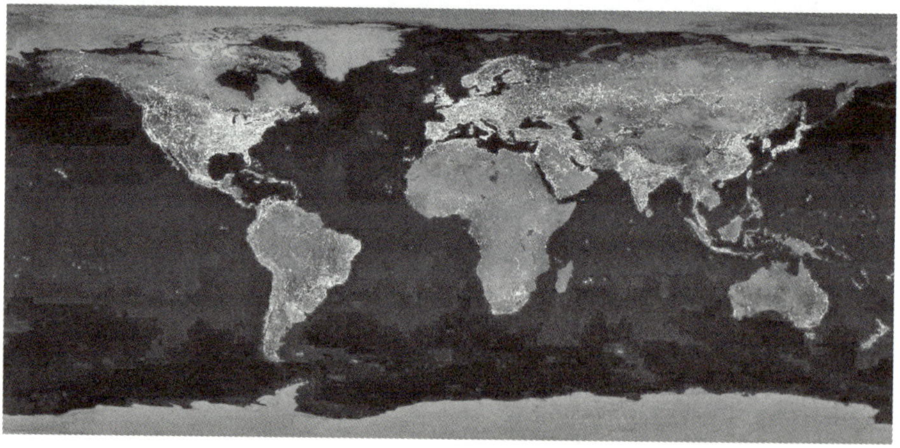

◎从太空看地球夜景

整个西部夜景都变成一片白色吗？肯定不现实。西部地区幅员辽阔，开发不可能全面铺摊子，也不可能所有地区都齐头并进，必须突出重点，有所侧重。国家的财力、物力是有限的，应当避免“撒胡椒面”。况且，西部是全国生态安全屏障，许多地方是禁止开发和限制开发的区域。在西部大开发的空间布局上，还是要讲究章法，梯次推进，应当以重点地带和重点地区为主。

从历史上看，西部经济比较发达的地方也相对集中，主要分布在大江大河周边地区。铺开中国地图，可以清晰地看到，在西部与中部、东部之间形成沟通作用的通道，实际上聚焦在黄河、长江和珠江这三条江河的脉络上。无论是人流、物流还是信息流，大都是因循这三条江河的路径。在这三条大通道周边，则分布着一些平原地区，历史性地成为相对富庶之地。

因此，当时作出的初步设想是，要选择经济基础较好、区位优势明显、人口较为密集、沿交通干线的一些地区和枢纽城市作为西部大开发的重点区域。经过反复论证，最终形成的西部大开发空间布局思路是：依托亚欧大陆桥、长江黄金水道、西南出海通道等交通干线，发挥中心城市的集聚功能和辐射作用，以线串点，以点带面，点、线、面相结合，实行重点开发，促进西陇海兰新线经济带、长江上游经济带、南（宁）贵（阳）昆（明）经济区的形成，在这些交通干线上重点发展一批城市，带动周围地区和农村发展。同时，要加快民族地区经济和社会全面发展。

2000年4月，中央听取“十五”区域经济发展总体思路汇报时，国家计委把西部大开发的空间布局思路提了出来，得到中央领导的肯定。后来这个空间布局思路写进了“十五”西部开发总体规划，成为国家安排工程项目和资金的一个重要依据，也是地方制定发展规划的重要指导。

西陇海兰新线经济带

西陇海兰新线经济带主要是指亚欧大陆桥沿线我国境内西段，东起陕西潼关，西至新疆博乐市，主要包括西安、兰州、乌鲁木齐、呼和浩特、包头、银川、西宁、宝鸡、咸阳、嘉峪关、金昌、白银、石河子等城市，是西北地区最发达的经济核心区。

改革开放以后，沿大陆桥的铁路、公路以及光缆干线建设都取得了显著进展，基础原材料工业、航空航天和高新技术产业有较强的实力，在发展外向型、资源型经济方面具有明显优势。

这一地区存在的主要问题是：产业结构层次偏低，主要是以第一产业为主，农业劳动投入高、产出效率低，阻碍了农村剩余

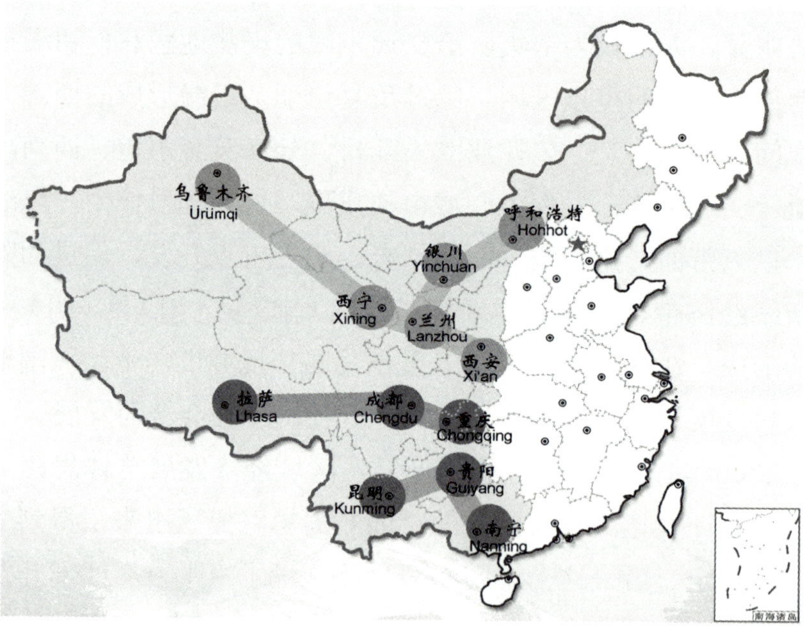

◎西部大开发经济区（带）示意图

劳动力转移与经济结构升级；基础设施建设比较滞后，投资环境不理想；城镇化水平较低，而且城际之间距离远；国有经济所占比重较高，其他所有制经济发展水平较低；以资源或资源密集型产业为主，重工业占全部工业比重过高，工业技术含量不高；人口出生率较高。

国家规划在“十五”期间，西陇海兰新线经济带的发展目标是，沿亚欧大陆桥，以陇海兰新铁路、连云港至霍尔果斯公路等交通干线为依托，发挥西安、兰州、乌鲁木齐、呼和浩特、银川、西宁等中心城市的枢纽作用，充分利用其经济技术基础较好的条件，支撑西北地区开发。积极发展具有优势的能源、有色金属、石油化工和旅游业，以特色农产品为主要原料的轻工、食品、医药行业，以及有优势的生物工程、电子信息、航空航天、新材料等高新技术产业，推进传统产业调整升级，加快发展服务业，增强中心城市的综合经济实力和科技创新能力。借助交通干线连接城镇的便利条件，加快发展陕西关中地区、甘肃兰州白银经济区、新疆天山北坡经济区及库尔勒地区、宁夏沿黄地区、青海东部及格尔木地区、内蒙古河套地区、“三西”能源重化工基地。通过建设西电东送、西气东输、生态环境建设等重大工程，加强与东部、中部地区的经济联系，促进生产力合理布局和生态平衡，推动同中亚地区的经济技术交流合作。

长江上游经济带

长江上游经济带东起重庆万州，沿长江到重庆市区后分为两支，一支沿长江到宜宾，一支沿成渝线和宝成线向北至成都和绵阳。该经济带上包括的主要城市有重庆（含万州、涪陵、江津、永川、合川）、成都、绵阳、德阳、资阳、内江、泸州和宜宾等，总面积20万平方公里，总人口8640万，是人口最多、涉及地域面积少、连接省级行政区域最少的经济带。

这个经济带基础条件最好、相对优势明显。城镇体系相对完善，既有重庆、成都两个特大城市作为经济带的一级中心城市，又有合理分工的二、三级中心城市，为区域整体产业合理分工和协调发展提供了好的条件。该区域拥有优良的装备工业基础和科技力量。绵阳是国家重要的国防军工基地，聚集着大量重要领域的高层次人才，特别是航空航天积累的资产和人才优势，其他行业难以比拟。高科技产业优势明显，像成都、绵阳的高新技术开发区，工业增加值占所在城市工业增加值的比重较高。

该经济带存在的主要问题是环境灾害较多和区域合作不够。城市和社会抵御灾害能力没有随着经济发展而增加，大规模人类活动在高风险地区扩展，增加了环境灾害发生的概率。工程型缺水问题突出，水土流失、滑坡、泥石流、酸雨严重。重庆和四川内部的经济联系和分工相对完善，但重庆和成都的合作有弱化趋势，在城市定位上有趋同表现，城市发展空间方向也偏离成渝城市带主轴。

针对这些情况，国家规划“十五”期间长江上游经济带的发展目标是，沿长江黄金水道，以长江航道、上海至成都公路、沿江铁路等交通干线为依托，发挥重庆、成都等中心城市的枢纽作用，支撑川渝地区开发。积极发展交通、商贸、金融、信息等综合服务业，加快发展食品、装备制造、电子、生物制药、旅游等产业，充分发挥现有工业基础的作用，加速国防科技工业调整、改革和发展。发挥农业优势，推进农业产业化经营和现代化进程。充分利用沿江、沿路的区位条件，促进市场发育。加快发展成渝地区、攀（枝花）成（都）绵（阳）地区、长江三峡地区。通过建设西电东送等重大工程，扩大与长江中下游地区的经济技术交流合作。

南贵昆经济区

南贵昆经济区西起昆明，沿贵昆线和黔贵线经贵阳至柳州和南宁，再到广西沿海地区。该经济区主要包括昆明、贵阳、柳州、南宁、曲靖、六盘水、安顺、钦州、北海、防城港等城市。该经济区具有特殊的气候和地貌特点，形成了独特的自然风光和生物体系，植物资源和矿产资源非常丰富。

长期以来，南贵昆经济区经济社会发展速度较慢，主要是城市规模等级体系不合理，缺乏全国意义上的中心城市和对该地区具有较强经济辐射能力的特大城市。在产业方面，南贵昆经济区产业结构单一，尤其是经济在很大程度上依赖于单一产业的发展，第三产业落后，农村贫困面较大。三省区贫困人口总数超过1000万，占全国贫困人口总数的1/4。喀斯特山地水土流失引起的石漠化问题非常严重。许多地方的土壤被冲蚀殆尽，岩石裸露，石漠化面积发展很快，而且很难恢复，直接威胁着农民生存。

国家规划“十五”期间，南贵昆经济区的发展目标是，沿西南出海通道，以南昆铁路、重庆至湛江公路等交通干线为依托，发挥南宁、贵阳、昆明等中心城市的枢纽作用，支撑滇黔桂地区的经济开发。加快城市基础设施建设，进一步完善城市功能，大力发展交通、商贸、旅游等产业，改造提高机械、电子、航空工业，加快利用水能、有色金属、磷矿石、煤炭等资源，建设西南地区水电开发和东输工程，积极开发热带、亚热带生物资源。加快发展广西南（宁）北（海）钦（州）防（城港）地区、贵州贵阳附近地区、云南昆明附近地区。加强同我国华南地区以及东南亚地区的经济联系，扩大经济技术交流合作。

西藏、新疆等民族地区

西部大开发政策范围内的民族地区主要包括新疆、宁夏、西藏、广西、内蒙古5个少数民族自治区和湖南湘西、湖北恩施、吉林延边3个少数民族自治州，土地总面积占国土面积的46%，总人口占全国人口的8.4%。民族地区总体发展速度略高于全国平均水平，但不同民族区域之间非常不均衡，内蒙古、广西发展比较快。

民族地区大都自然资源丰富，有大量耕地、天然草场，石油、天然气、水能等能源资源，有色金属、稀土等矿产资源储量较大，拥有独特的自然风光和民族文化，也具有发展边贸的地缘优势。但是，从总体上看，民族地区经济发展落后，西部大开发之初人均GDP均低于全国水平。第一产业比重较高，外向型经济不发达，部分地区贫困问题突出，生态环境极其脆弱，人口增长过快，受教育水平较低。

“十五”西部开发总体规划提出，要加快民族地区经济和社会全面发展，重点支持民族地区扶贫开发、牧区建设、民族特需商品生产、边境贸易和经济技术合作、民族教育和民族文化事业发展。推进兴边富民行动。注意支持人口较少民族的发展。进一步增强民族团结，维护社会秩序稳定，为发展创造良好的环境。继续实行全国对口支援西藏自治区的特殊政策，增强西藏自我发展的能力和后劲。新疆维吾尔自治区要以优势资源转化为基础，发展特色经济和优势产业，积极发展与中亚地区的经济贸易合作。发挥新疆生产建设兵团在西部大开发中的重要作用，不断提高建设兵团的开发能力。加大对内蒙古自治区、宁夏回族自治区、广西壮族自治区和西部其他民族地区经济社会发展的支持。对中部地区民族自治州，比照西部大开发的有关政策予以照顾和支持。

随着西部大开发的深入，我们对空间布局的认识也在不断深化。“十一五”期间，国家将三大经济带（区）的发展，具体落实到发展成渝、关中—天水、环北部湾（广西）等重点经济区，使之成为带动和支撑西部大开发的战略高地。

成渝经济区主要依托重庆和成都两个特大城市，重点发展重大装备制造、高技术、水电、特色农副产品生产加工、天然气化工、特色旅游产业，加快建设长江上游生态屏障。

关中—天水经济区主要依托西安、咸阳、宝鸡、天水等城市，重点发展高技术、装备制造工业、航空航天工业、现代农业和特色旅游产业，加快建设西（安）咸（阳）经济一体化示范区。

环北部湾（广西）经济区主要依托南宁、北海、钦州、防城港等城市，联接周边广东、海南等地区，重点发展临港型产业，集聚发展大型炼油、石化和林浆纸一体化工业基地，探索建立泛北部湾次区域经济合作机制。

同时，国家重点鼓励南贵昆、呼（和浩特）包（头）银（川）、兰（州）西（宁）等区域依托交通干线，加快形成有特色的城市带。推进城市圈、资源富集地区、重点边境口岸城镇、民族地区加快发展。为解决西部边境地区边民生产生活面临的特殊困难和问题，实施“兴边富民”工程。

此外，国务院还批准了《西藏自治区“十一五”（2006—2010年）规划项目方案》，中央加大投资力度，在西藏建设180个项目，项目总投资将超过1000亿元。2007年9月，国务院出台了《关于进一步改进新疆经济社会发展的若干意见》，提出了一系列支持新疆发展的政策措施。

第五章

重点突破：夯实西部发展基础

一、基础设施建设适度超前
二、生态环保成为切入点
三、产业发展聚焦特色优势
四、人才开发列入重点工作
五、科技教育增强后劲

西部大开发是一项宏大的系统工程，工作内容纷繁复杂，各项任务不可能齐头并进，必须分清先后主次，抓住关键环节和瓶颈制约，先期予以突破。

西部大开发起步时，针对交通不便、水土流失严重、人才不足、科教落后等问题，把工作重点放在具有基础性、公共性的领域，包括基础设施建设、生态环境保护、科技教育、人才培养和民生问题。在发展环境有所改善后，又适时提出发展特色优势产业，在改革开放中增强自我发展能力。经过十年的努力，西部地区的薄弱环节得到很大改善，为长远发展打下了坚实基础。

一、基础设施建设适度超前

从发展基础设施着手，这是世界上许多国家开发欠发达地区经济的一条带有普遍性的经验。从我国西部的情况看，交通设施落后，妨碍了与外部的人员交流和物资流通。能源资源产业水平不高，资源没有得到合理开发和有效利用。水利设施薄弱，水资源利用和江河防洪抗灾能力普遍偏低。通信设施缺乏，扩大了与发达地区的信息鸿沟。城市基础设施陈旧，直接影响了城市功能的发挥。

江泽民同志十分关注西部地区的基础设施建设。1999年11月，他在中央经济工作会议上强调，西部大开发要重点抓好交通、通信、能源等基础设施建设，尤其要把水资源的合理开发和有效利用放到突出位置。在西部大开发之初的两年，朱镕基总理也就西部地区基础设施建设作出很多重要指示。国家计委和有关部门认真贯彻落实中央指示精神，将西部基础设施作为重点，先行建设，适当超前，每年开工一批重大项目。2002年1月24日，江泽民同志主持中央政治局常委会议，专门听取西部大开发重大基础建设项目进展情况。我代表国家计委汇报了青藏铁路、西气东输、西电东送这三个标志性工程，中央领导同志对工程顺利实施表示肯定。实践证明，加强基础设施建设，极大地改善了西部地区的发展环境，为增强西部的自我发展能力创造了条件。

多种运输方式协调发展

按照现代物流理论，一个国家和地区运输能力的发展，大致可以分为四个阶段：第一阶段是初级阶段，主要表现为公路、铁路、水路、航空等不同运输方式各自独立地运行与发展；第二阶段是综合运输体系逐步形成阶段，主要表现为各种运输方式通过互联互通的联运方式结合在一起；第三阶段是运输一体化阶段，各种运输方式的节点集合形成运输中心，运营功能、组织结构和产权等逐步实现一体化；第四阶段是综合运输体系与经济发展、能源利用、环境改善、土地使用等实现高度协调和一体化发展。

西部大开发之初，东部地区总体上达到了第二阶段，具备了向第三阶段迈进的物质基础。西部地区基本上处于第一阶段，路网密度较低，只有全国平均水平的一半；高等级公路比重更低，连接东西部以及省区之间的交通通道不畅；通达深度不够，不通公路的乡镇占全国的85%；铁路、民航也很薄弱。

“要想富，先修路。”这是东部地区摆脱贫困的重要经验。2000年初召开的西部地区开发会议把交通作为基础设施建设的一项重要任务进行了部署。同年7月，在西部大开发交通建设工作会议上，国务院副总理吴邦国强调，要扎扎实实地把西部公路等交通基础设施搞上去，为实施西部大开发战略当好先行。

对于将交通基础设施建设作为西部大开发重点，国家的态度是明确的，各方面也有共识。但是，落实到具体建设项目上，还存在一些争议。

一是适当超前问题。有些高等级公路、铁路、支线机场在规划的时候，有关方面以物流量、客流量小为理由，提出不同意见。但是，规划设计交通设施，不能静态地考虑问题，需要有发展的眼光，为未来留出空间。实践证明，西部发展速度之快超出预料，不留足余量会很被动。譬如，连通西安到南京的西宁铁路，是东西部之间的一条新通道，规划的时候有关方面预计客流量不足，不太赞成修建。铁路修成后，满足了客流增长的要求。后来，单线不够用，又规划修建复线。咸阳老机场设计客流量200多万，地方提出扩建到700多万，有关方面认为规模搞太大了。结果项目建成当年，客流量超过了700万，满足了需求。

二是投资方式问题。西部大开发开始的时候，东部地区交通设施已经有了长足发展，在投融资上积累了很多有益的经验。高等级公路普遍实行贷款修路、收费还贷，民航进行市场化改革，都取得了良好成效。因此，很多同志认为，西部地区交通基础设施建设应当完全市场化，由社会投资。应当说，交通基础设施建设引入多元投资主体，走市场化建设和运营的道路，这是改革的方向。但在大开发之初，西部很多交通设施的投资回报不会很高，还不能完全做到市场对资源进行有效配置，需要政府通过加强投入进行引导，否则不利于调动各方面投资和建设的积极性。

“十五”期间，交通建设是西部大开发第一要务。总的目标是，以公路建设为重点，加快铁路、机场、内河航运建设，扩大西部与东部、西南与西北的联系，实现通江达海，完善综合交通运输网络。

公路重点建设国道主干线和西部大开发干线公路，形成以大城市为中心、中小城市为支点的路网骨架，打通西南出海通道，

◎2000年提出的西部大开发干线公路示意图

加强干线路网和农村公路建设。主要是建设“五纵七横”国道主干线的西部路段，全面建成“三纵两横”国道主干线的西部路段。建设八条西部省际公路通道。加强国道、省道公路改造，改善通地（州）县公路条件，实施乡村公路通达工程，实现贫困地区、旅游景区、资源开发区与干线路网的连接，提高路网通达深度和服务水平。同时，加强国防、边防公路建设。

铁路重点建设内外大通道，扩大铁路路网，改造现有线路，提高干线质量、运输能力和运行速度。主要是强化西北至华东陆桥通道，建设西安至南京、启东通道，扩大昆明、成都至上海通道，打通沿江通道，沟通包头至柳州通道，增加西南出海能力。增强铁路煤炭运输能力。完成一批铁路扩能、改造和电气化项目，对相关枢纽进行改造。建设青藏铁路以及西北和西南出境铁路。开工建设郑州至西安等客运专线。

机场主要是以完善枢纽、发展支线为重点，形成以枢纽机场为中心的放射性航空网络。完善成都、西安、昆明、乌鲁木齐等区域性枢纽机场，改扩建兰州、重庆等干线机场，新建攀枝花、九寨沟等一批支线机场。

“十一五”期间，交通建设仍然是西部大开发的重点。公路建设继续实施国家高速公路网西部路段项目，建成“五纵七横”国道主干线西部地区路段和西部大开发八条干线公路，加快推进“油路到乡”和“公路到村”建设工程。铁路全面推进西部区际干线、煤运通道建设，组织实施一批通达珠三角和环渤海地区通道、西北与西南地区通道和沿边境对外国际运输通道以及大型铁路枢纽建设等重大工程，扩大路网覆盖面，完善路网结构。民航建设优化民用机场布局，提高机场密度，以促进旅游资源开发、改善边远地区交通条件和加强国防交通为重点，新建和扩建一批机场。

能源优势变为经济优势

我国能源资源分布广泛但不均衡。煤炭资源主要赋存在华北、西北以及西南部分地区，水力资源主要分布在西南地区，石油、天然气资源在东、中、西部地区和海域都有蕴藏，而主要的能源消费地区则集中在东部沿海经济发达地区。能源资源赋存与消费地域存在明显不一致。大规模、长距离的北煤南运、北油南运、西气东输、西电东送，在相当长的时期内是中国能源流向的显著特征和能源运输的基本格局。开发西部地区能源资源，是将资源优势转化为经济优势的重要途径，不仅可以为西部发展提供动力和产业基础，也有利于保障国家能源安全。

“十五”和“十一五”期间，国家注重发挥资源优势，优化能源结构，重点推进西电东送、西气东输工程，开发并推广能源节约和综合利用技术，提高能源利用效率。

电力工业发展的重点是，调整电源布局，大力发展水电，加强电网建设，推进全国联网。国家陆续安排开工建设龙滩、公伯峡、小湾、构皮滩、瀑布沟、溪洛渡、向家坝等大型水电站。在陕西、内蒙古、宁夏、贵州建设大型坑口电站。根据西部水电开发的进度，逐步完成我国北、中、南三条从西到东跨区域高压互联电网的建设，并完善网架结构，这也是西电东送的输电架构。其中，北部通道实现黄河上游水电、“三西”地区火电向华北、山东送电；中部通道以三峡送电为龙头，实现四川、华中向华东以及广东送电；南部通道实现西南地区水电及火电向广东送电。继续加快城乡电网建设和改造。因地制宜地发展小水电、沼气、风能、太阳能、地热能等可再生能源。同时，搞好农村电气化和能源建设。

石油天然气开发的重点是，加大勘探力度，提高石油天然气探明储量。加快油气管道建设，提高管道运输能力。逐步建设塔里木、柴达木、陕甘宁、川渝地区石油天然气生产和外输基地，推进塔里木至长江三角洲、柴达木涩北经西宁至兰州、重庆忠县至湖北武汉、鄂尔多斯至华北、川气东送输气管线及其用气工程建设。推进西部原油（成品油）管道、阿拉山口至独山子原油管道及其炼厂扩建工程建设。开展国家石油储备二期独山子、兰州项目建设，保障我国能源安全。

煤炭开发建设的重点是，调整和优化煤炭结构和建设布局，突出优质煤炭资源开发。主要的安排是，加快在建大型煤炭项目建设和老矿区转产与技术改造步伐，做好一批优质动力煤矿区开发的前期工作。继续实施和完善西煤东运和北煤南运。加速开发和推广应用洁净煤技术，加强洗选煤厂配套建设。建设煤炭液化示范工程。积极开发利用煤层气资源。

把能源优势转化为经济优势，关键是壮大能源相关产业，延长产业链，适当增加当地加工量，提高能源资源的利用效率。考虑到东中部地区产业发展需要坚实的能源接续基地，这就应当处理好西部能源外送与就地加工的关系。主要思路是，一是加大一次能源的外送力度，包括煤炭和石油天然气，保证东中部地区发展需要，特别是民用需要。二是在有条件的地区鼓励二次能源转化，将西部地区丰富的水能、煤炭转化为电或油，增加产业附加值。2004年，在部署大型煤炭基地建设时，强调在具备条件的地方建设坑口电站。加快建设神华集团在鄂尔多斯的煤炭直接液化生产线，加紧准备陕西榆林和宁东煤炭间接液化生产线。三是根据当地经济发展情况和需要，适当安排能源加工项目。主要是石油化工项目以及煤化工项目，比如在新疆、陕甘宁等地建设炼油、乙烯、化肥等项目，在陕西、内蒙古、宁夏等地推进煤化工等项目。这样逐步延伸产业链条，既可以发挥能源资源优势，又能满足东部地区和本地区经济发展需要，同时还有利于拉动就业、增加财政收入，从而增强西部地区自我发展能力。

促进水资源合理开发利用

水是经济社会发展的必要条件。西部地区水资源分布极不均匀，西北地区干旱少雨，生态环境脆弱，有水则绿洲，无水则荒漠；西南地区山多地少，田高水低，水资源开发利用难度大。

我们在研究规划时提出，水利是西部地区经济社会发展的命脉，要把水资源开发利用和节约保护放在西部地区基础设施建设的首位。为了合理利用西部水资源，应当打破行政区域、部门的局限性，按流域水系实行水资源的统一规划、合理调配，做到统筹兼顾、综合配置，实现水资源可持续利用。

西部大开发十年，水资源的合理开发与利用始终是重要内容。

在流域水资源保护方面，“十五”和“十一五”期间重点安排保护并合理开发长江上游、黄河上中游等流域水资源，实施塔里木河、黑河流域综合治理等工程。在缺水地区严禁新上高耗水项目，下决心淘汰现有不合理的高耗水企业。

在水资源综合开发与利用方面，“十五”期间兴建黄河沙坡头、嫩江尼尔基、岷江紫坪铺、右江百色等大型水利枢纽，“十一五”期间安排云南青山嘴、甘肃九甸峡、新疆喀腊塑克等大型水利枢纽建设。在缺水地区建设蓄、引、提等中小微型水利工程，重点解决水资源不足和农村人畜饮水困难问题。

在节水工程建设和管理方面，“十五”、“十一五”期间安排以节水为中心的大型灌区配套和技术改造，完善灌区工程设施，推广渠道防渗、管道输水、喷灌、滴灌等实用节水技术。我们十分注意学习国外在这方面的先进经验。譬如，以色列60%的国土位于干旱地区，缺水少地，但通过运用科学技术，以色列建成了高度发达的现代农业，在中东的沙漠上创造了奇迹。2000年4月，我陪同江泽民同志访问以色列时，他专门指示，要考察节水灌溉和旱作农业。以方安排我们参观佐哈尔农业实验站。这个实验站建在死海南端的内盖夫沙漠中，气候炎热干旱，土壤盐碱度高。江泽民同志参观后说，我国西北地区尤其是甘肃、青海、新疆等省区的土质与这里类似，气候条件也相似，以色列的这些旱作农业技术可供我国学习。后来，我们从以色列学习了相关技术和做法，在西北地区的农业实践中发挥了作用。江泽民同志后来到新疆考察工作的时候，还特意询问这些节水灌溉技术的应用情况和效果。

信息化缩小数字鸿沟

不同国家、地区、行业和社会主体之间，由于对信息、网络技术的掌握程度不同，形成了数字鸿沟。江泽民同志指出，信息技术是经济增长“倍增器”、发展方式“转换器”和产业升级“助推器”。提高国民经济信息化水平，是发展中国家实行赶超战略，缩小与发达国家经济差距的有力手段。西部地区地处内陆，无论是在本地区内还是与中部、东部、国外都存在通信不畅、交通不便的问题。利用信息技术，可以使人们的活动突破对传统交通手段的依赖，扩大西部地区民众的社会交往和信息交流，拓展产业发展的市场空间。因此，加强通信网络建设，提高信息化水平，是西部地区缩小与发达地区差距、实现跨越式发展的重要基础条件。

“十五”期间，西部通信和信息化建设主要着眼于以下几个方面：一是建设基础传输网，重点加快沿亚欧大陆桥、长江水道、贵阳至昆明、呼和浩特至南宁“三横一纵”宽带传输网的建设，继续完善和建设省区内光缆、微波和卫星通信等干线传输网，加快用户接入网的建设。二是发展通信信息业务网，继续发展固定电话网特别是农村固定电话网，加快发展移动电话。三是加强邮政网络建设。四是提高广播电视覆盖率，逐步解决新通电行政村及自然村通广播电视的问题。

“十一五”期间西部通信和信息化建设又增添了新的内容，包括提高西部农村，和边远地区的网络覆盖率，加强重点城市宽带通信网、数字电视网建设，逐步开展新一代移动通信和下一代互联网建设。落实邮政体制改革方案，组织实施西部地区邮政基础设施建设。大力支持西部统一政务网络和重点电子政务系统建设，对国家电子政务工程实施西部地区补贴政策；积极推动西部地区现代远程教育、农村综合信息服务、电子商务公共服务平台发展，促进西部地区信息化建设加快发展。同时，继续提高西部地区的电话、电视普及率。

改善城市基础设施

1999年10月，我在青海开会期间，省领导向我介绍，西宁市中心有一座在建的高架路桥，因为资金跟不上，工程不得不停下晒太阳，造成城市内交通拥堵。当时给我的印象，西宁虽是省会城市，感觉还不如东部有的县城。到重庆调研时看到，嘉陵江的两岸还有大片的棚户危房，污水横流，垃圾遍地。2002年3月，在延安考察，宝塔山管理部门向我反映，由于缺少资金治理，宝塔山面临滑坡的危险，宝塔有可能倾覆倒塌。西部大开发之前，西部城市大都设施落后，类似的情况在西部还很多。

城市是一定区域内的经济、政治、文化中心，对周边地区具有明显的集聚、辐射和带动作用。城市基础设施水平的高低，直接决定了城市功能的发挥，以及对周围区域的影响力。按照我国财政体制，城市基础设施建设事权在地方，而西部地区财力很弱，基本是“吃饭”财政，改造城市基础设施的能力较差。城市道路失修，供排水、供热、供气设施简陋、覆盖面小，很多城市甚至没有污水、垃圾处理设施，严重影响了城市功能和人居环境。

西部大开发开始后，国家将西部城市基础设施建设列为开发重点之一，不断加大中央财政对西部城市建设的投资力度，国债资金投向了西部地级市甚至一些县和县级市。“十五”和“十一五”期间，通过中央预算内投资、长期建设国债等方式，加强城市基础设施建设。重点是完善城市功能，加快城市道路系统建设与公共交通建设，搞好特大城市的快速交通建设，提高城市集中供热和燃气普及率，大力发展交通、商贸、旅游等产业。

国家对西部地区水污染防治设施投资补助比例高于东部地区，支持西部地区城镇供排水设施及管网、污水处理、垃圾处理等市政公用设施的建设与改造。针对一些城市污水、垃圾处理设施建好后出现闲置的现象，国家要求合理制定收费标准，把污水处理、垃圾处理的收费落实到位，防止已经建好的处理设施因费用不到位而不运行。在增加政府投入的同时，强调城市污水、垃圾等处理设施的建设和运营都要引进市场机制，实行企业化、专业化、市场化运作，提高建设质量和运营效率。

西部大开发十年，是新中国历史上城市污水垃圾处理设施建设最集中、规模最大、成效最好的时期，西部地区的污水处理率和垃圾处理率得到极大提高。这方面重庆在西部有一定的代表性。2001年三峡水库即将建成，为保护库区水质，中央决定建设一批库区核心地带的污水、垃圾处理设施。根据规划，到2010年重庆将建设48座城市污水处理厂和34座城市垃圾处理厂，总投资约117亿元，国家安排了59亿元投资补助，其中对库区贫困县的补助比例达到84%。但是一些污水垃圾项目刚建成的时候，由于收费较低，不能弥补运行成本，出现了“建而不运”的问题。为了解决这个问题，重庆市想了很多办法。他们建立了污水垃圾处

◎重庆市万州区加快污水处理厂建设步伐，力保长江水质。图为三峡库区万州明镜滩污水处理厂，该厂处理后的污水排放标准达到国家一级。

理收费制度，并逐步提价到位，做到应收尽收。实行财政补贴“兜底”制度，按照“保本微利”的原则，对运行经费缺口实行财政补贴。采取市场化与行政手段相结合的方式，加强污水收集管网建设。积极引导社会资本进入，以BOT的方式建设垃圾焚烧发电厂，以受托经营的方式引入外资建设和经营污水处理厂。截至2009年底，重庆市污水日处理能力达到217.7万吨，垃圾日处理能力超过1万吨，基本实现了县城以上污水、垃圾处理全覆盖。全市城市生活污水和垃圾处理率分别达到76%和89%，为三峡库区生态环境保护作出了贡献。

城市道路和公共交通体系建设是城市基础设施建设的另一项重要内容。国家鼓励优先发展城市公共交通，先后支持建设重庆、成都、西安等重点城市快速轨道交通设施。被称为“山城”的重庆，道路崎岖，高低起伏。为解决市民出行困难，国家批准建设了重庆轻轨项目，并作为西部大开发第一年十大重点项目之一，整个线路设车站18座，总投资43亿元。这使重庆成为西部首个拥有轨道交通的城市，有效缓解了沿线交通紧张的矛盾。

西藏贡嘎机场改扩建和拉贡公路的修建也很具有代表性。贡嘎机场坐落在壮丽的雅鲁藏布江南岸，是世界上海拔最高的民用机场之一。西部大开发战略实施后，国家投资近3亿元进行改扩建。经过两年多的施工，新扩建的贡嘎机场正式投入使用。但机场至拉萨要绕山而行，距离较远，路况不理想。为缩短运距、改善运输条件，在国家的支持下，2003年4月在拉萨到贡嘎机场之间开工建设两座公路桥和一条隧道。2005年8月，拉贡公路建成通车，拉萨至贡嘎机场98公里的里程减少至53公里，单程行车时间从1个半小时缩短至50分钟左右，改善了进出拉萨的交通条件。

为改善西部城镇居民住房条件，国家对西部财政困难地区廉租房建设给予资金支持。截至2008年，中央对西部地区住房保障资金补助总额达259亿元，接近全国的一半。

二、生态环保成为切入点

西部大开发之前，西部地区生态环境总体恶化趋势明显。全国水土流失面积367万平方公里，西部地区约占80%。全国每年新增荒漠化面积2400多平方公里，大都在西部地区。西部地区草地沙化、退化、碱化面积逐年增加，很多城市污染严重。我国大江大河的源头很多在西部，西部的生态环境问题还会通过大气环流和江河水系循环，影响到中下游地区，对中华民族的生存和发展构成严重威胁。

1998年特大洪水以后，中共中央、国务院印发了《关于灾后重建、整治江湖、兴修水利的若干意见》，提出了“治水必先治山，治山必先兴林”的思路，要求全面停止长江、黄河流域上中游天然林采伐，森工企业转向营林管护。当年，天然林保护工程开始在我国重点国有林区进行试点。

1999年8月到9月，朱镕基总理先后到陕西、云南、四川调研，重点考察西部地区生态环境治理情况。他说，保护天然林资源，加强生态建设刻不容缓。要把停止天然林砍伐同退耕还林还草、治理荒山荒地结合起来。他提出，一是由于禁伐天然林造成的地方财政减收，国家予以补偿。二是妥善安置森林职工。三是调动广大群众的积极性。对退耕还林的农民认真落实扶持政策。四是在生态环境脆弱地区，实行飞播造林，结合人工造林，实行乔、灌、草结合。

2000年，国务院批准有关部门上报的《长江上游、黄河上中游地区天然林资源保护工程实施方案》、《东北、内蒙古等重点国有林区天然林资源保护工程实施方案》。之后，国家林业局、国家计委、财政部下发通知，开始全面实施天然林保护工程。工程分为两大部分：一是在长江上游、黄河上中游地区的4.5亿亩天然林全面停止采伐，对其他4.6亿亩森林、未成林造林地实施封山育林，对工程区内的宜林荒山荒地加快造林种草。二是在东北、内蒙古等重点国有林区，调减751万立方米木材产量，同时调整森工企业战略方向和经营结构，加大对4.95亿亩森林的保护力度，妥善安置分流人员。

西部的生态治理重点规划了六大工程，除天然林保护工程外，还包括退耕还林，退牧还草，京津风沙源治理，“三北”、长江、珠江等防护林体系建设，小流域治理。从地域上看，这六大工程涵盖了从黄河上中游、长江上游、珠江上游到“三北”地区，以及西部天然草原区。

在黄河上中游地区，对坡耕地逐步实行退耕还林，保护天然林资源，大力植树种草，恢复和增加植被。综合治理小流域，加强川地和缓坡地农田基本建设，逐步恢复和改善生态用水状况。

在长江上游地区，开展小流域和山系综合治理以及农田基本建设，实施封山育林、飞播造林和坡耕地退耕还林，恢复和扩大林草植被。停止天然林砍伐，加强营林管护。重点营造水土保持林、水源涵养林和人工草地。禁止滥垦乱伐和过度利用自然资源，坚决控制人为的水土流失。在珠江上游加强生态建设，推进黔桂滇岩溶地区石漠化综合治理。

在“三北”风沙综合防治区，采取综合措施，在有条件的地区大力植树种草，增加林草植被。以风沙区为对象，把大中城市、厂矿、工程项目周围地区作为重点，加强林草植被保护，采取生物治沙、工程治沙、建立农田保护林网等措施，减轻风沙危害。对北京、天津附近的风沙源和水源进行重点治理和保护，建设环京津地区生态屏障。

在西部天然草原区，保护好现有草原植被，搞好草原鼠害防治，制止草场过牧，禁止草原开荒种地。实行围栏、封育和轮牧、休牧。青藏高原冻融区以保护现有的自然生态系统为主，加强天然草场、长江黄河源头水源涵养林和原始森林的保护。严禁毁林毁草和滥采乱挖。

对环境污染的治理，在西部大开发中也得到了高度重视，国家投入巨资，花大力气来抓。注重从源头抓起，推行清洁生产，防治工业污染。重点治理城市污染源。加快建设沿江城市污水处理厂和城镇垃圾处理场，保护三峡水库水质。推进沿黄河各省、自治区水污染的防治。大力推广使用天然气和低硫煤，治理西部地区重点城市大气污染。禁止东部、中部地区淘汰的生产设备、落后工艺技术和污染严重的项目向西部地区转移。

三、产业发展聚焦特色优势

在西部发展产业问题上，国家从一开始不鼓励、不投资搞加工工业，到后来引导各地大力发展特色优势产业，经过了一个审慎决策的过程。这一实践为全国优化产业结构进行了有益探索。

西部大开发之初，很多同志还没有跳出传统的思路，说到发展，首先想到的就是上一批加工工业项目。不少地方提出了一大串项目单子，国家计委收到了大量这方面的申请，这反映了西部地区渴望发展的迫切心情。但是，如果这种投资冲动不能得到很好的引导，很可能会造成新一轮的重复建设和粗放式发展。而且按照投资体制改革的方向，各级政府投资应当主要用于关系民生改善、国家安全和市场不能有效配置资源的经济和社会领域。

朱镕基总理曾说过，最担心、最不愿看到的是搞加工工业低水平的重复建设，这会给西部地区经济发展带来更大的困难。国务院其他领导同志也多次强调，加工工业不能一哄而上，避免发生新一轮重复建设。

西部大开发推进了一段时间后，2003年，随着经济形势的变化，西部的产业发展问题再次被提上日程。我到西南、西北进行了两次调研，重点考察几个问题，一是西部现在开始促进特色产业加快发展是不是时候，二是西部发展特色产业有哪些优势，三是西部发展特色优势产业需要国家给些什么政策。

◎2003年7月26日，在宁夏银川主持召开西北六省区西部大开发座谈会。

通过调研，我形成了一些看法。从大的形势看，经过一段时间大规模的基础设施和生态环境建设，西部地区投资环境已经有了改善。国家宏观调控政策从抑制通货紧缩的趋势变为防止通货膨胀，全国市场供求形势也开始发生变化，大多数商品供过于求的局面有所缓解，能源原材料甚至出现短缺，价格上涨，为西部地区产业发展提供了空间。可以说，加快西部地区产业发展具备了一定条件。如果西部特色产业发展不起来，资源优势就难以转化为经济优势，人民生活就不能得到改善，基础设施建设项目就难以发挥效益，生态环境建设成果也很难巩固，西部大开发的最终目标就无法实现。一些项目国家放在东部是锦上添花，而放在西部则是雪中送炭。现在提出发展西部地区特色优势产业，是及时的，也很有必要。

2003年12月，国务院西部地区开发领导小组召开第二次会议，我将两次调研的情况作了介绍，并提出相关的建议，得到大家的赞同。

温家宝总理在2004年3月国务院西部地区开发工作会议上指出，西部地区要依托各类资源优势，大力发展特色经济和优势产业。同时他又指出，要防止盲目投资和低水平重复建设。随后，国务院出台了进一步推进西部大开发的若干意见，明确要求把加快西部地区特色优势产业发展作为西部大开发的一项重要内容。

经过有关部门大量调研和反复论证，2006年5月，国务院西部开发办等六部门制定并印发了《关于促进西部地区特色优势产业发展的意见》，系统提出了发展西部地区特色优势产业的总体思路、发展重点以及政策措施。在这份文件中，能源及化学工业、重要矿产开发及加工业、特色农牧业及加工业、重大装备制造业、高技术产业、旅游产业被确定为西部地区六大特色优势产业，国家将给予相应的优惠政策进行扶持。这些经过反复遴选论证、最终确定的重点产业，充分体现了西部的地方特色和资源优势。

四、人才开发列入重点工作

在“一五”、“二五”和“三线”建设时期，大批知识分子和干部奔赴西部地区，有的是从沿海地区内迁的，有的是从大专院校毕业分配的。他们为西部的建设奉献了自己的才华和青春，成为各条战线的骨干力量。应当说，西部地区积聚了不少人才。然而进入20世纪90年代以后，西部建设中人才缺乏的问题却变得十分突出，出现了人才老化和闲置的现象，人才流失也比较严重。

在研究西部大开发政策时，人才问题引起了中央领导同志的高度关注。2000年6月，我随江泽民同志在宁夏、甘肃考察，参观了宁夏小巨人机床有限公司和吴忠仪表公司。这两个公司规模并不很大，但产品质量和销路都不错，关键是吸引了一批技术、管理方面的优秀人才。江泽民同志在后来的座谈会上指出，西部大开发，人才是关键。西部地区在考虑发展思路、制定发展规划时，都要制定人才规划和政策措施。解决人才问题，既要立足当前，又要着眼未来；既要注重使用现有人才，又要重视培养后备人才；既要积极吸引国内各地和从国外回来的优秀人才，又要充分发挥本地人才的作用。要创造良好的用人环境，吸引和鼓励优秀人才在西部大开发的舞台上大显身手。江泽民同志针对当时一度出现过的人才向东部地区流动的所谓“孔雀东南飞”现象，在一次会议上还说过：我相信，有党的政策的正确引导，有西部地区建设前景的吸引，“孔雀西北飞”的日子会重新到来的。

过去我们在人才政策上比较强调服从组织分配，提倡奉献和牺牲精神，这是党的优良传统，对鼓励人才投身西部建设发挥了很大作用。随着改革开放的深入，人才工作的观念也在发生变化，确立人才资源是第一资源的思想，克服见物不见人和重使用轻培养的倾向，关心人才、爱护人才、用好人才，鼓励人才脱颖而出，成为人才政策的重要内容。中央组织部提出，坚持用事业留人、用感情留人、用适当待遇留人，充分利用本地人才，积极引进外来人才。在西部大开发中，国家制定了一系列有利于引进人才、激励人才、用好人才的政策。

成立西部人才开发协调机构

党中央、国务院作出西部大开发战略决策后，中央领导同志和中组部非常重视西部人才开发。关于西部大开发的中发［2000］2号文件讨论稿中，原本没有人才这一部分。在中央讨论时，中组部部长曾庆红专门提议加上了人才开发的内容。后来他又指出，“西部开发，人才为先”，落实中央西部大开发的战略决策，一定要依靠一支富有创新能力的高素质干部队伍。

2000年初，国务院西部开发办成立的时候有三个组，即综合组、农林生态组和经济社会组。这三个组都可以与国家计委各司局的职能衔接，便于相互协调、开展工作。国务院西部开发办没有组织人事方面的职能，人才协调工作如何开展，我和西部办几位副主任进行研究，提出了西部办临时设立人才协调组的方案，对协调组的任务、组成方式、后勤保障等问题形成了初步意见。因为是临时机构，也没有正式编制，在组成方式上，只好从各个部委借调人员。当时考虑，可由中组部一名干部任组长，国家计委一名干部任副组长，人事部、教育部、科技部等部门各派一名得力干部参加，在国务院西部开发办办公。

2000年5月22日，中组部干部调配局局长李建华到国家计委商谈为西部大开发提供组织人事保障事宜。李子彬同志将设立人才协调组的想法与他进行了沟通。他回去汇报后，得到了曾庆红同志的肯定。5月27日，中央领导批准了中组部与国务院西部办商定的方案。7月25日，国务院西部办向各部委发函抽调人员，组成了临时的人才协调组。人才协调组的成立效率非常高，说明当时大家对西部大开发人才问题的重要性是有共识的。

人才协调组主要承担四个方面的工作：一是组织协调东部地区和西部地区之间的干部、人才流动计划的制定和实施。二是提出有利于西部地区吸引人才、留住人才，并鼓励人才到西部地区创业的政策。三是组织和协调中央各部门、各大专院校、科研院所等为西部大开发提供智力服务和人才支持工作。四是加强对西部地区各级干部和科技人员的培训工作。

人才协调组成立后，即着手制定《西部地区人才开发十年规划》。经过一年多的努力，这个规划经党中央、国务院批准实施。规划提出四个方面的任务，包括加强领导人才队伍、当地人才队伍建设，吸引国内外优秀人才，以及通过培训和继续教育全面提高各类人才素质等。

随着人才开发工作的深入，我们越来越感到需要有一个常设机构来组织、协调实施人才开发规划。2001年3月，国务院西部开发办向中央编办申请编制，获得批准后在西部办增设人才开发与法规组。由中组部牵头成立的中央西部地区人才开发协调小组，主要负责人才开发工作的组织领导，落实人才开发规划中的干部交流计划。中央编委批准中央西部地区人才开发协调小组设立办公室，设在中组部。

出台人才开发政策措施

在西部地区人才开发中，做得最实在、最有效的就是西部领导干部队伍建设。这与中组部的重视和支持是分不开的。有一次参加西部开发座谈会，在会议休息时，我与中组部副部长张柏林谈起西部地区领导干部队伍建设问题，一致认为，应当从东部和中央机关多选一些有经验的同志到西部去工作。

在中组部的推动下，西部大开发前三年，中央机关和东部地区向西部省区市交流副省级以上领导干部36名，其中包括8名省级领导干部。第一批派去很多中央机关的干部，国家计委也抽调了得力干部，孙小系、包克辛同志分别去了甘肃和贵州。自2001年以来，中组部从中央国家机关、中央企业和高等院校选派了三批573名干部到西部地区挂职锻炼。进一步加大干部援藏、援疆工作力度，为西藏选派了三批2479名援藏干部，为新疆选派了三批2817名干部援疆。这些派往西部的干部，给当地带去了发达地区的发展经验和新的思想观念，为西部大开发作出了贡献。经过多年历练，很多同志都走上了更重要的领导岗位。与此同时，中组部会同中央统战部和国家民委，选派西部地区和其他民族地区干部到中央国家机关和经济相对发达地区挂职锻炼。2000年至2009年，为西部地区和其他民族地区培养了4100多名干部。

为鼓励人才到西部去，国家制定了一系列政策。在社会主义市场经济条件下开发西部，良好的福利待遇是吸引人才的重要方面。为此，国家建立了艰苦边远地区津贴和西部地区附加津贴制度、特殊岗位津贴制度，提高医疗保健津贴标准。支援西部工作的各类人才可以不迁户口，来去自由，保留原单位工作关系。改善西部地区高层次人才工作和生活条件。

高层次人才难求、难留，是西部大开发面临的挑战之一。在中组部、人事部等部门的协调推动下，国家对到西部地区从事科技开发的人员、具有较高水平的教育工作者和管理人员，在工资待遇和生活、工作条件等方面打破常规，给予特殊的优惠政策，在各方面给予倾斜。高层次人才在西部地区工作期间，可照常晋升职务、评聘专业技术职务、调整工资。建立了人才吸引机制和激励机制，在股权、期权和知识产权入股等方面也进行突破。国家对西部地区进行基础研究、应用研究和科技成果推广应用，在政策和资金上都给予一定支持。对科技人员到西部地区兴办科技型企业，在体制和政策上采取更加灵活的措施。

人才建设撑起西部蓝天

国以才立，政以才治，业以才兴。人才问题始终是关系党和国家事业发展的关键问题。《西部地区人才开发十年规划》印发后，各部门和地方都积极行动，很快加大了西部地区人才开发的力度。

中组部与多个部门合作，实施了一系列人才开发计划。包括与中科院共同组织了“西部之光”人才培养计划；与团中央一起，从中央国家机关和部分国有重要骨干企业及所属科研院所、高等院校，组建博士服务团到西部地区挂职锻炼，服务一年左右，10年来已选派1000多人；与国务院有关部委和中央党校、国家行政学院等单位制定培训计划，举办各种类型的专题研究班，如西部地区领导干部班、西藏班、新疆班和新疆生产建设兵团班，培养领导人才。仅2000年到2003年，就培训县处级以上党政领导干部近7000人。人事部也开展了西部地区骨干公务员的对口培训，组织“高级专家西部行”。西部从省级到县级的领导干部几乎培训了一遍。

同时，通过开展西部地区高层次专业技术人才专题研究、少数民族科技人才特殊培养、西部地区千名学科带头人工程等工作，促进对西部地区专业技术人才和企业经营管理人才的培训。团中央与科技部、民进中央共同实施“青年星火西进计划”。国家外专局实施了“智力西进”工程。教育部利用“春晖计划”，组织在美、英、法、德、日等国家的我国留学人员中的优秀人才，到西部地区参与大开发。水利部、交通部、建设部、环保总局等部门都将培育西部地区人才纳入到重要工作中。国际机构和双边援助机构与有关部门合作，开展人才培训。世界银行与国务院西部开发办合作实施了西部远程培训网的建设，到目前项目基本覆盖了西部地区主要地级以上城市。这些工作对于促进西部地区经济社会发展和科技进步，培养高素质复合型人才，都起到了很好的作用。

通过几年努力，西部地区的科技人才开发和智力支持取得了显著进展。同时，随着特色优势产业的发展，西部人才流失情况也得到缓解。西部人才队伍的扩大、人才素质的提高，撑起了西部大开发的蓝天，为西部大开发提供了源源不断的活力和血液。

五、科技教育增强后劲

追求长期经济增长是各国政府宏观经济政策的目标，这些目标有的能实现，有的则很难做到，背后的原因究竟是什么？早在上世纪60年代，诺贝尔经济学奖得主舒尔茨和加里·贝克尔就提出了人力资本理论，认为人力资本对经济增长有重要作用。到80年代，以美国经济学家罗默和诺贝尔经济学奖得主卢卡斯为代表的一批经济学家提出了“新经济增长理论”，认为技术进步、人力资本投资和知识积累是经济长期增长的源泉。有些经济学家还认为，所有资本中最有价值的是对人本身的投资。很多发达国家的发展历程证明了这一点。应当说，科技教育整体水平滞后，是制约我国西部经济社会发展的重要因素。

发挥科技带头作用

新中国成立以后，国家在西部布局了许多科研院所、大专院校和军工企业。但是在西部大开发之前，不少科研院所资金投入严重不足，设施设备老化，高素质科技人才大量流失，科技成果转化能力较弱，机制僵化，缺乏活力。整个西部地区研发经费支出仅占全国的1/6，专利申请数量、高技术产业增加值等重要指标占全国比重都很低，新品开发、科研成果转化为生产力等方面也都比较落后。

西部大开发凸显了科学技术这个第一生产力的重要性。为充分发挥科技的引领和带动作用，科技部在2000年出台了加强西部大开发科技工作的若干意见，国家计委、国务院西部开发办等有关部门也采取了一系列推动西部地区科技振兴的政策措施。首先，国家设立的各项科技基金、科技计划经费等专项经费向西部地区倾斜。重点围绕西部生态环境和基础设施建设、产业结构调整等方面的关键共性技术攻关及产业化，加大倾斜支持力度。加强西部地区科技能力建设，加强对国家重点实验室、工程中心、野外观测台站等科研基础设施和基础数据库、生物种质(基因)资源库、科技信息网络等科技基础性建设的支持。

其次，加强西部科技能力建设，依托西部大开发重点工程和重大关键技术需求，支持建设一批国家重大科技基础设施和产业技术试验设施。为增强科技成果转化能力，国家计委设立西部高技术产业化专项，支持西部地区有潜力的新技术成果转化利用。

第三，动员全国的科技力量，与西部地区进行科技合作，带动西部地区提高科研水平。国家还积极支持西部地区高技术产业化基地建设，形成一批具有明显优势和特色的航空航天、电子信息、新能源、新材料、生物医药等新兴产业聚集地。建设一批国家重点实验室、国家工程技术研究中心、高新技术产业化基地等。通过这些支持，西安、成都、兰州等老科研基地增强了活力，科技优势对经济社会发展的支撑作用不断加强。

提高劳动者素质

在很多发展中国家，劳动力数量优势没有变成劳动力资源优势，其中重要的原因是劳动者素质不高。西部的干部们说“治穷先治愚”，西部的群众自己也说“要打工，读初中”。今天我们提高劳动者的技能，就是提高他们明天的收入，提高整个社会的效率。十年树木，百年树人。发展的硬环境可以在较短时期内得到改观，但是提高劳动者素质的周期却要长得多。因此，大力发展教育事业在西部大开发之初就越发显得迫切和重要。

办学条件差、入学率低、教学水平不高，是西部地区教育的主要问题。2000年末，全国“两基”人口覆盖率已达到85%，西部地区平均只有70%多，有的地方连一半也不到。因此，西部大开发在教育问题上，重点应当保证儿童和青少年均能获得基础教育，为成人提供终身教育，从而不断提高劳动者素质。

教育部出台了扶持西部地区教育发展的十大措施，与国家计委、国务院西部开发办共同出台了一系列提高人口素质的政策。重点是加快普及义务教育，促进义务教育均衡发展，着重解决好贫困地区、边远地区和民族地区义务教育普及率低和贫困家庭孩子上学难的问题。加快改善办学条件，特别是在地广人稀的牧区和山区办好寄宿制学校，落实对农村义务教育阶段学生的“两免一补”（免杂费、免课本费、补助寄宿学生生活费）政策。同时，大力发展高中阶段教育，逐步提高入学率，办好普通高中，加快发展职业教育，多为西部培养一些中等职业技术人才，提高在职职工、中学毕业生和城镇失业人员的就业能力、工作能力、职业转换能力和创业能力。积极推进高等教育发展，支持西部地区高等学校办好一批重点专业和学科。

为此，国家采取的具体措施包括：一是增加资金投入。“十五”期间，安排专项资金，实施第二期“国家贫困地区义务教育工程”，主要用于支持西部地区发展义务教育，同时适当降低地方政府配套比例。按照李岚清副总理的指示，实施西部“一省一校”工程。2000、2001年安排13亿元，用于西部重点高校教学楼、图书馆、实验室和部分学生宿舍建设。2001年安排9亿元用于西部本科院校校园网建设。

二是扩大招生规模。增加西部地区高校招生特别是定向招生的数量，逐年增加中央部属高校在西部地区的招生数量，扩大东、中部地区高校在西部地区的招生规模，提高西部地区应届高中毕业生升学比例。对贫困地区中小学教师定期进行培训。鼓励和支持西部地区发展多种形式的社会办学。

三是实行教育对口支援。组织东部发达省市各选择一批条件较好的学校，对口支援西部一个省区市贫困地区学校，帮助受援地区的中小学。实施西部大中城市对口支援所在省区市贫困地区学校工程，促进西部地区义务教育的发展。东、中部地区高校对口帮助西部地区高校发展所需学科专业、培训师资、建设实验室。国家继续提供经费支持，利用内地教育资源，办好内地西藏班、内地高校少数民族预科班、内地新疆高中班，直接帮助西部地区培养人才。

四是加快教育信息化建设。逐步使中国教育科研网和中国教育宽带多媒体网络连接西部所有高等学校、具备条件的中等职业学校和中小学。创造条件逐步在西部地区中小学推广计算机和信息技术教育。通过多种方式，支持西部地区学校增加信息技术教育设备，建设西部地区远程教育体系。

繁荣保护西部文化

受经济发展水平的制约，西部地区公共文化设施建设普遍落后，不能适应新形势下经济、社会发展和社会主义精神文明建设的需要。“六五”计划时期国家就提出“县县有图书馆、文化馆，乡乡有文化站”的目标。西部大开发前，这一目标一直没有实现。已有的文化设施大多数面积狭小，设施破旧简陋，缺少必需的经费和设备，不能坚持开展正常文化活动。一些偏远地区，广播电视还不能全部覆盖。物质文明建设和精神文明建设，是我国现代化建设不可分割的两个方面。西部大开发不仅是经济上的大开发，也是一次文化上的大开发。

西部大开发中，国家采取了多种措施，大力发展文化事业，保护、发掘和整理民族民间文化，加强对历史遗迹和文物的保护。实施“村村通广播电视”工程和“西新工程”，扩大广播电视覆盖面。建设一批图书馆、文化馆、文化站等农村基层文化设施，重点实施了全国文化信息资源共享工程、送书下乡工程、流动舞台车工程、农村电影放映工程，在中心城市逐步建设具有地区特色和民族特色的博物馆，推动西部地区影视创作和民族语言电影译制工作，加强农村电影放映。加强非物质文化遗产保护，积极支持西部地区具有鲜明特色的民族文化项目列入联合国科教文组织“人类非物质文化遗产代表作”和“急需保护的非物质文化遗产名录”，通过建立专题博物馆、民俗博物馆、专题展厅和传习所，传承和发扬优秀民族、民俗文化。

保护文物也是对繁荣保护西部文化具有重要意义的重大举措。西部是中华文明的重要发源地，各族人民创造了光辉灿烂的古代文化，留下了丰富珍贵的文化遗产。但由于经济发展水平滞后，西部地区文物保护工作基础薄弱，从业人员缺乏，盗窃、盗掘文物现象时有发生。为切实加强文物保护工作，2008年8月，国务院办公厅专门下发通知，对西部文物保护工作进行全面部署。重点加强西部文物调查、评估和公布文物保护单位等基础性工作。要求基本建设项目前期立项、论证、选址、施工等工作时，必须充分保护文物，对遭到耕作破坏严重或埋藏较浅的大型遗址，可列入退耕还林（草）的重点目标。有计划、有重点地发展各具特色的专题博物馆。加大对盗掘、盗窃、非法交易和走私文物等违法犯罪活动的打击和防范力度。

第六章

退耕还林：
再造西部秀美山川

一、下决心解开生态恶性循环之结

二、退耕还林试点先行

三、进入全面实施阶段

四、综合效益日渐明显

上世纪80年代，中国乐坛曾经流行过一阵“西北风”。最早在国际上获奖的电影也有许多描写西部的故事，色调大都以灰黄色为主。银屏上经常出现风尘滚滚的镜头，给人视觉造成很大的冲击。在这些作品中，人们看到了西部的粗犷、豪迈，生活在这里的人们表现出的坚韧、勤奋，同时也给人荒凉、闭塞、落后的感触。至今我还记得那时的一首歌：我的故乡并不美/低矮的草房苦涩的井水/一条时常干涸的小河/依恋在小村周围/一片贫瘠的土地上/收获着微薄的希望/住了一年又一年/生活了一辈又一辈……这些作品在很大程度上反映了西部地区由于生态恶化带来的后果。

其实，我国西部不少地方历史上曾经水草丰盛、林木繁茂。只是在长期自然和人为双重作用下，才渐渐沦为不毛之地。进入新世纪以来，我们在西部大开发中实施了退耕还林工程，这项新中国成立以来投资规模最大、造林数量最多、涉及范围最广、效果最为显著的重大生态工程，在世界上也属罕见。地肥水美、秀丽山川在可以预料的未来将会再现于西部的广袤大地。

一、下决心解开生态恶性循环之结

在西部大开发之前，西部地区水土流失和土地沙化、水灾旱灾十分严重，每年因上游水土流失而进入长江、黄河的泥沙量达到20多亿吨。到20世纪末，西部地区水土流失面积约占全国的80%。广大农村地区靠广种薄收来维持生计，把越来越多长满树和草的地方变成了耕地，却未能填饱肚子，走向富裕，反而陷入越垦越穷、越穷越垦的恶性循环。将坡耕地退耕还林，遏制水土流失和土地沙化，进而恢复生态，这是解决西部生态问题的根本性措施，也是西部地区广大干部群众的多年愿望。

特大洪水敲响警钟

1998年夏季，我国长江发生了全流域性大洪水，嫩江、松花江也出现了超历史纪录的特大洪水。这次洪水影响范围广、持续时间长、洪涝灾害严重，给人民生命、财产造成巨大损失。据统计，全国29个省区市农田受灾面积2229万公顷，成灾面积1378万公顷，死亡4150人，倒塌房屋685万间，直接经济损失达到2551亿元。

党中央、国务院直接领导了这场惊天动地的抗洪抢险斗争。江泽民同志在抗洪抢险的每个关键时刻都及时作出重要指示，并

◎1998年8月13日，江泽民同志冒着酷暑亲赴湖北省长江抗洪第一线，指导抗洪抢险斗争。图为江泽民同志在洪湖市乌林镇亲切慰问抗洪一线军民。

亲临湖北、湖南、江西、黑龙江等第一线考察指导工作，慰问抗洪军民和受灾群众，指导救灾和恢复生产、重建家园工作。在长达两个多月的抗洪抢险斗争中，广大军民团结奋战，顽强拼搏，特别是30万人民解放军和武警官兵，积极响应党和人民号召，发挥了不可替代的重要作用，抵御了一次又一次的洪水袭击，保住了大江大河大湖干堤的安全，保住了重要城市的安全，保住了重要铁路干线的安全，保护了人民生命财产的安全，取得了抗洪抢险斗争的全面胜利，创造了在特大洪水情况下将受灾损失减少到最低限度的历史奇迹。

分析这场罕见洪水灾害的成因，气候异常、降雨集中是直接和重要因素，但更与我国国土生态环境长期遭受严重破坏息息相关。之前，由于对坡地过度开垦，森林滥砍乱伐，水土流失问题日益严重，长江流域洞庭湖、鄱阳湖等几大湖泊的泥沙淤积不断增加。泥沙的60%以上来自上中游开垦的坡地，仅四川、重庆每年流入长江的泥沙就达5.33亿吨。陕西每年流入黄河的泥沙达5亿吨以上。云南、贵州、内蒙古、甘肃、宁夏的水土流失也相当严重。这次洪水灾害敲响了生态保护的警钟，使我们对生态保护的认识有了新的提高。

几代人的夙愿

我们党在领导经济工作中很早就认识到，应当保护植被，减少开荒种地，有条件的地方应当退耕还林。早在新中国成立前夕的1949年4月，晋西北行政公署发布的《保护与发展林木业暂行条例（草案）》就规定，已开垦而又荒芜了的林地应该还林。森林附近已开林地，如易于造林，应停止耕种而造林，林中小块耕地应停耕还林。

新中国成立后的1952年12月，由周恩来总理签发的《关于发动群众继续开展防旱抗旱运动并大力推行水土保持工作的指示》中要求，由于过去山林长期遭受破坏和无计划的陡坡开荒，使很多山区失去涵养雨水的能力，应在山区丘陵和高原地带有计划地封山、造林、种草和禁开陡坡，以涵蓄水流和巩固表土。1957年5月，国务院第24次全体会议通过的《中华人民共和国水土保持暂行纲要》提出，原有坡耕地在规定坡度以上的，若是人少地多地区，应该在平缓和缓坡地增加单位面积产量的基础上，逐年停耕，进行造林种草。

改革开放以后，党和政府在发展农村经济时，并没有忘记保护生态，在粮食问题还没有根本解决的情况下，提出了减少坡耕地的政策。1985年1月，《中共中央、国务院关于进一步活跃农村经济的十项政策》中规定，山区25度以上的坡耕地要有计划有步骤地退耕还林还牧。口粮不足的，由国家销售或赊销。

然而，20世纪90年代以前，由于全国粮食比较紧缺，退耕还林的设想始终难以实施。进入20世纪90年代，粮食综合生产能力有了明显提高，粮食总量出现了略有富余，这就为开展退耕还林提供了较好的条件，实施退耕还林有了前所未有的机遇。

1998年10月，党的十五届三中全会通过了《关于农业和农村工作若干重大问题的决定》，提出禁止毁林毁草开荒和围湖造田。对过度开垦、围垦的土地，要有计划有步骤地还林、还草、还湖。

退耕还林十六字方针

党中央、国务院在1998年大洪水以后，决心搞好灾后重建、整治江湖、兴修水利，指示国家计委提出政策措施向中央汇报。在制订和研究政策过程中，曾经出现了两种不同的意见：一种认为，江河泛滥是由于水利设施不足，应当把主要精力放在修坝筑堤、兴修水利设施上；另一种观点则认为，水患的主要原因是水土流失，江河湖泊泥沙淤积，降低了调洪蓄水能力，主张采取恢复生态措施，根治水患。

国务院领导同志和国家计委、水利部等有关部门的同志深入灾区进行调研，并广泛听取地方和专家的意见，认识基本趋于统一。大家认为，要杜绝水患，修坝筑堤是治标，生态治理是固本，只有将固本和治标相结合，才能从根本上杜绝水患。国家计委将这些建议上报党中央、国务院，很快得到了中央领导同志的肯定。1998年10月20日，中共中央、国务院印发了《关于灾后重建、整治江湖、兴修水利的若干意见》。其中提出灾后重建的三十二字综合措施，摆在首位的就是“封山植树、退耕还林”。《意见》提出：“积极推行封山植树，对过度开垦的土地，有步骤地退耕还林，加快林草植被的恢复建设，是改善生态环境、防止江河水患的重大措施。”这一文件的出台，标志着实施退耕还林已被提到党和政府工作的重要议事日程。

1999年，朱镕基总理先后到西南、西北地区，主要考察生态环境，研究天然林保护和退耕还林的政策措施。8月5日，他到了陕北，看到为建立新中国作出重大贡献的革命老区到处是荒山秃岭，心里非常难过。他动情地对当地负责同志说，别在山上开荒

◎1999年8月，朱镕基总理在陕西省考察治理水土流失、改善生态环境工作时，与延安宝塔区柳林镇农民群众交谈。

了，要种树，退耕还林，把“兄妹开荒”变成“兄妹造林”！他还说，你把原来的坡耕地绿化了，我运粮来给你。你要维护、管护这片林地，将来还可以围绕林地搞副业生产。在陕西调研中，朱镕基总理对实施退耕还林政策措施作了较为系统的指示。他指出，治理水土流失，要坚决实行退耕还林，停止新的毁林毁草开荒，做到树上山、粮下川。要封山绿化，保护植被，发展林草业及相关产业，开展多种经营，开辟新的增收门路。退耕地的坡地造林，可以实行个体承包的办法，把造林任务承包到户、到人，谁造林、谁所有、谁受益。建立健全责任制，明确造林权益，落实管护措施。对造林种草所需苗木、种子和用具，国家给予适当补贴，个人保种保活。对退耕并达到造林要求农户的口粮，在一定年限内，由国家采取以粮代赈、无偿提供的办法解决，以调动农民退耕还林的积极性。这些内容，被总结为“退耕还林、封山绿化、以粮代赈、个体承包”的退耕还林十六字方针。这个方针后来不断完善，形成了退耕还林的一整套政策。

西部大开发战略的切入点

1999年夏秋之际，国家计委正在按照中央的要求，研究西部大开发的具体思路。在朱镕基总理从西部调研生态环境回来不久，一次我在人民大会堂参加他的外事活动时，利用会见前的一段时间，和国家计委副主任李荣融一道，就退耕还林问题向他作了简要汇报。我们建议，将退耕还林纳入到西部大开发战略中来，并作为启动阶段的一项重要任务。他对这个建议表示赞同，并说退耕还林是实施西部大开发战略一个很好的切入点。

2000年1月，中央批准了国家计委关于实施西部大开发战略的初步设想，即中央2号文件。实施退耕还林等生态建设工程被写入这一文件，提出了“长江流域5年初见成效，10年大见成效；黄河流域10年初见成效，20年大见成效”的奋斗目标。同年，退耕还林被宣布为西部大开发十大新开工工程之一。至此，退耕还林不仅是根治长江、黄河水患的关键措施，也成为实施西部大开发战略的重要内容，具有了双重意义。

中央2号文件丰富和完善了退耕还林的政策措施，将“退耕还林（草）、封山绿化、以粮代赈、个体承包”细化为三个方面：一是国家向退耕农户无偿提供粮食。补偿数量根据农户退耕面积、当地实际平均单产和还林还草情况综合确定，原则上要有利于鼓励农民积极退耕。补偿年限根据实际情况，需要几年补几年，防止砍树复耕。二是国家向农民无偿提供种苗。三是实行个体承包。引导和支持退耕后的农民治理荒山荒坡，并把植树种草和管护任务长期承包到户到人，按谁种树、谁管理、谁受益的原则实行责权利挂钩。

关于退耕还林（草）的指导原则，文件要求“全面规划、分步实施，突出重点、先易后难，先行试点、稳步推进”，并明确了五项具体要求：一是因地制宜，分类指导。按照不同地区的地理环境和气候条件，确定相应的目标任务，宜林则林，宜草则草。二是积极引导，做好群众工作。通过深入调查研究，制定符合实际的实施方案，把退耕还林还草变成农民的自觉行动。三是坚持生态效益与经济效益相统一。不仅要确保农民近期粮食需要，也要保证农民的长远生计，要同农村经济发展、农民脱贫致富结合起来，切实解决好群众最为关心的吃饭、烧柴和增收等实际问题。四是依靠科技进步，按自然规律办事。选择适宜的树种草种，实行科学种植和管理，生态林和用材林、经济林、薪炭林要合理搭配，乔木灌木有机结合，采用先进实用的种苗繁育和栽培管护技术，提高退耕还林的科技含量。五是试点先行，分期分批逐步展开。

二、退耕还林试点先行

1999年，根据国务院要求，国家计委会同财政部、国家林业局、国家粮食局等部门，在四川、陕西、甘肃率先启动了退耕还林示范试点工作，当年完成退耕造林572万亩、宜林荒山荒地造林100万亩。从此，一个关系中华民族未来生存和发展的伟大工程拉开了序幕。

从“要我退”变为“我要退”

经过半年多的准备，在2000年1月召开的西部地区开发会议上，国家林业局局长王志宝把退耕还林（草）试点示范安排向与会代表作了介绍。会上对试点示范的原则、任务和补助标准等问题进行了认真讨论。3月，在吸收会议代表意见和总结三省试点经验的基础上，国家林业局和国家计委联合发出通知，正式启动退耕还林还草试点示范工作。试点范围包括长江上游（以三峡库区为界）的云南、四川、贵州、重庆、湖北和黄河上中游（以小浪底库区为界）的陕西、甘肃、青海、宁夏、内蒙古、山西、河南、新疆（含生产建设兵团）13个省区市的174个县（团、场）。试点期间，国家向退耕户无偿提供粮食补助，标准为长江上游地区150公斤/亩，黄河上中游地区100公斤/亩。同时国家给退耕农户适当现金补助，按每亩退耕地每年补助20元安排。

开始，一部分基层干部听说国家实行“以粮代赈”的政策搞退耕还林，还心存疑虑。他们认为，有的农民连饭都吃不饱，怎么可能搞退耕还林，是不是上面在哄我们？面对社会上对政策措施的疑虑，国家计委、国家林业局和地方政府协调并组织做好退耕还林的宣传发动工作，通过新华社、人民日报、中央电视台、中央人民广播电台等中央和地方媒体，广泛进行宣传教育，同时利用报告会、政策宣讲团等多种方式，宣传退耕还林的重大意义和政策措施，使国家退耕还林政策逐步做到家喻户晓。与此同时，尽快兑现补助款项，让广大群众及时感受到退耕还林带来的实惠。2000年，国家林业局对四川、陕西、甘肃三省1999年退耕还林还草和造林种草进行了确认，报经国务院同意，及时兑现了相应的政策补助。仅陕西吴旗县（后改名为吴起县）一次性退耕25度以上坡耕地就达到155.5万亩，成为当年西部地区完成退耕还林任务最多、享受政策补助最多、成效最为显著的典型。广大农民亲眼看到了退耕还林政策带给他们的实惠，退耕还林工作由“要我

◎甘肃省成县张榜公布退耕还林钱粮兑现农户名单。

退”变成了“我要退”，甚至“抢着退”。

退耕还林试点展开后，试点地区各级政府精心组织，有关部门密切配合，使试点工作进展顺利，总体上收到了预期的效果。据国家林业局统计，1999年至2001年三年试点期间，20个试点省区市共完成坡耕地退耕还林1767万亩，宜林荒山荒地造林1646万亩，造林成活率达到国家规定标准，粮款补助基本兑现到户。

及时解决苗头性问题

退耕还林试点工作虽然总体进展顺利，但由于点多面广，情况复杂，试点中也出现了一些新情况、新问题。主要是对退耕还林还草工作的复杂性、艰巨性、长期性认识不足，对退耕还林政策的理解存在一定的偏差。一些地区由于试点范围偏大，工作衔接不够，种苗供需矛盾突出，树种结构不够合理，经济林比重普遍较大。还有的地区由于严重干旱以及管理粗放，造林成活率较低。这些问题如不及时解决，将会使这一利国惠民工程难以为继。2000年6月，江泽民同志到甘肃定西九华沟考察和调研生态治理情况时告诫我们，

◎甘肃省静宁县采用集雨水平坑铺膜方法退耕还林，大大提高了树木的成活率。

已经退耕还林的地方，造林成活率是关键。要落实政策，因地制宜，加强管护，该补种的地方一定要及时补种。

2000年6月，朱镕基总理主持召开了国务院西部地区开发领导小组第一次会议。王志宝同志汇报了退耕还林试点工作情况和存在的问题。鉴于试点过程中出现的新情况，朱镕基总理决定召开一次中西部地区退耕还林工作座谈会。这次会议于7月举行，朱镕基总理针对存在的问题强调，退耕还林还草要全面规划，分步实施，先行试点，稳步推进，有计划、分步骤地进行。务必注重实效，切忌一哄而起，一哄而散。不求快、但求好，确保质量。他要求各地认真总结和检查前一阶段试点工作，落实好中央确定的有关政策。要充分尊重农民意愿，绝不能搞强迫命令和“一刀切”。什么地退，什么地不退，退耕后是种草还是种树，种什么林草品种，都要进行科学论证，听取农民和专家的意见。搞好粮食和现金补助是实行退耕还林还草政策的核心，一定要合理确定对退耕农民粮食、现金补助的年限，需要多少年就补多少年，绝不能让农民利益受损，要让农民放心。

在这次会议上，我代表国家计委和国务院西部开发办，着重谈了试点工作需要处理好的四个关系：一是处理好试点示范与全面推进的关系。在试点阶段，要在工程规划、种苗准备、科技保障、技术培训方面作好准备，也要在粮食储运、种苗供应、现金补助等政策兑现方面做细致的工作。二是处理好生态效益和经济效益的关系。退耕还林还草涉及到广大农民的当前收入和长远生计，包括吃、烧、花、用等问题。一定要处理好生态与生计的关系，即国家要“被子”（植被）和农民要“票子”的关系。要防止注重经济目标、忽视生态目标，也要防止注重生态目标而放松经济目标。三是处理好退耕还林与退耕还草的关系，坚持“宜树则树，宜草则草，宜乔则乔，宜灌则灌”。四是处理好政策引导与群众自愿的关系，使农民群众认识到退耕还林还草，不仅能改善生态环境，而且能使自己受益，从而自愿加入到退耕还林还草中来。

根据座谈会讨论的情况，国家计委和西部开发办向国务院报送了做好退耕还林还草试点工作的建议。2000年9月，国务院印发了《关于进一步做好退耕还林还草试点工作的若干意见》，提出了六个方面33条规定，主要内容是：一是实行省级政府负总责，目标、任务、资金、粮食、责任五到省。二是落实好粮食、现金、种苗补助，在农业税、财政转移支付、土地承包权等方面给予支持。三是健全种苗供应机制，确保种苗和质量。加强种苗基地建设、种苗质量检疫检验，做好种苗调剂工作。四是依靠科技进步，合理确定林草种植结构和植被恢复方式。五是加强建设管理，做好前期设计工作，落实项目管理制度，明确管护责任。六是严格监督检查，确保退耕还林工程质量。国务院的这些规定有力地保障了退耕还林还草试点工作的健康发展，对指导地方做好退耕还林试点工作发挥了重要作用。

总结三年试点工作经验

经过三年的工作，退耕还林试点和天然林保护工作取得明显成效，积累了宝贵经验。2001年8月，朱镕基总理在贵州考察时指出，要在总结试点经验的基础上，适当加快步伐。同年10月，他在国务院西部地区开发领导小组第二次全体会议上提出，退耕还林是增加农民收入、扩大农村需求的直接措施，要抓住粮食库存较多的有利时机，加快实行退耕还林，开仓济贫。2002年初，国务院决定全面启动退耕还林工程，将范围扩大到25个省区市和新疆生产建设兵团。

全面推开退耕还林工程，对国家计委和国务院西部办的组织实施工作是一个巨大考验。李子彬同志带队到西部调研，总结各地开展退耕还林的经验，并提出了具体的实施方案。2002年1月10日，为落实国务院决策，国务院西部办召开了退耕还林工作电视电话会议，总结了退耕还林还草工作的经验，针对存在的问题，提出了2002年退耕还林工作的任务和要求。

在事关国计民生的重大决策和实施过程中，必须全面、科学地考虑到问题的各个方面，严格监管工作过程中的各个环节，防止出现带有倾向性的偏差和失误。因此，在这次电视电话会上，我对三年试点工作的经验作了总结，强调退耕还林要注意五个问题。

一是把退耕还林和农民吃饭、增收以及地区经济发展结合起来，解决好农民当前生计和长远发展问题。比如，四川省雅安市探索出的林草套种、林药间作等长短结合的模式，实行“公司+农户”、“工厂+基地”的新机制，既增加了绿色植被，改善了生态环境，又增加了农民收入。内蒙古自治区乌兰察布盟从1994年开始把生态建设与农牧民吃饭、增收和地方经济发展紧密结合起来，六年中退耕还林还草1200万亩，林草覆盖率由1994年的30%提高到2000年的40%。在全盟耕地减少一半的情况下，粮食总产量却得到稳步提高，农牧民人均收入由1994年的745元提高到2000年的2003元。乌兰察布盟的做法不仅为退耕还林还草工作提供了成功的经验，同时也为北方干旱、半干旱地区，特别是对降雨量在300毫米以下地区的植被恢复提供了宝贵经验。

二是把退耕还林和农田基本建设结合起来，保证农民的基本口粮田，巩固退耕还林成果。各地在退耕还林工作中，进一步加强了川地、缓坡地农田基本建设，尤其在干旱、半干旱地区加强了农田水利等基础设施建设，提高了粮食单产，不仅有利于保证农民的吃饭问题，解决农民后顾之忧，而且有利于陡坡地退耕还林，也有利于“树上山，粮下川”目标的实现。

三是把退耕还林和生态移民结合起来，实施封山绿化。内蒙古、四川、云南、广西、贵州、宁夏等省(区)积极开展移民试点，取得了较好的成果。从2001年开始，国家已安排资金，推进这项工作。实践证明，实行生态移民、封山绿化，“迁一户人，退一片地，封一片山”，不但保护了生态环境，也改善了广大农民生存条件，有利于实现脱贫目标。

四是把退耕还林和发展农村能源结合起来，解决农民的生活用能问题，保护生态环境。按全国森林资源调查，农村能源的薪柴消耗占全国森林资源消耗的40%，有的山区要占50%—70%。在黄河上游、长江上中游地区停止天然林采伐之后，农村能源消耗成为森林资源消耗的主要方面。西南地区在发展沼气、节柴灶、小水电、太阳能、风能等方面已经取得一些成功的经验。尤其是发展沼气，投入少，见效快，不但解决了农民上山砍柴，边退耕边砍树的问题，也改善了人居卫生条件，还增加了有机肥，促进了种植业发展，是一举多得的好事。

五是把退耕还林与封山禁牧、舍饲圈养结合起来，在改善生态环境的同时，促进畜牧业发展。传统的畜牧业放养方式，不仅对林草植被造成严重破坏，而且随着山地林草退化，承载力大幅度下降，畜牧业的发展受到极大制约。实行封山禁牧、舍饲圈养，提高了荒山荒地、天然草场的可饲灌木和草的生长量，在个体承包机制的推动下，使畜牧业成为农民广泛参与的重要产业，有利于促进畜牧业的协调发展。陕西省吴起县、内蒙古乌兰察布盟实行封山禁牧、舍饲圈养，较好地解决了林牧之间的矛盾，林草植被迅速恢复，畜牧业也得到了很大的发展。

这次会议是退耕还林全面推进的动员会，标志着这一工程的实施进入一个新的阶段。

三、进入全面实施阶段

为了达到预期成效，我们在退耕还林实践中注意不断总结经验、发现问题，对政策措施进行适当的调整，确保“退得下、稳得住、能致富、不反弹”。国务院有关部门按照职能分工，各负其责，做了大量工作。国家计委和国务院西部开发办及时完善政策规划、协调安排年度计划。财政部调拨资金，加强资金管理，保证补助资金使用安全和及时兑现。国家林业局作为工程实施主管部门，在工程管理组织、规划设计、检查验收以及向农户兑现政策等方面做了大量细致的工作。

规范退耕还林政策

为确保退耕还林工程的质量和进度，亟待建立健全相关政策、管理制度、法制法规。2001年底，朱镕基总理在中央经济工作会议上提出，依法规范退耕还林活动，要抓紧制定退耕还林法规。2002年1月，国家计委、国务院西部开发办会同财政部、国家林业局、国家粮食局印发了《关于下达2002年退耕还林任务计划的通知》。3月，国家计委、国家林业局印发了《关于下达2002年退耕还林工程中央预算内专项资金（国债）投资计划的通知》，使退耕还林有了充足的政策保障。

2002年1月，国务院西部开发办、国家林业局着手起草退耕还林条例，成立了条例起草小组，由我任组长。起草小组在3月份拿出了征求意见稿，分别向国务院有关部门和地方政府征求意见。起草组人员还到八个省区市，对试点工作中的情况进行了广泛深入的调研，并召开专家座谈会，对一些重大问题进行充分论证。3月底4月初，朱镕基总理在山西考察工作时指出，退耕还林“林权是核心，给粮是关键，种苗要先行，干部是保证”。起草组在起草条例时全面贯彻了这一指示精神。5月，条例送审稿报请国务院审议。随后，朱镕基总理签发国务院令，颁布《退耕还林条例》。

这个《条例》共7章65条，全面总结和完善了退耕还林以来的建设模式、运行机制、管理制度、政策措施，明确了退耕还林的职责分工以及规划计划管理、管护与检查验收制度、资金和粮食补助制度、退耕还林配套措施和法律责任。这个条例的发布使退耕还林进入了依法管理的轨道。

协调解决管理经费问题

退耕还林工程直接面向千家万户，工作内容复杂，管理任务繁重，需要有相应的前期工作经费和工程管理费用作保障。但由于种种原因，退耕还林工程前期工作费用一直难以全部落实，随着工程建设的不断推进，县级前期工作费用和工程管理费用短缺的矛盾越来越突出，工程建设的质量和成效受到了不同程度的影响。

对于是否给地方拨付工作经费，有些同志认为，国家下决心退耕还林，是帮助地方搞生态建设，国家投入了大量人力物力，地方政府有责任配套安排工程的工作经费。但实际情况是，大部分退耕还林工程区属于贫困地区，地方财政捉襟见肘，很多县靠财政转移支付过日子。工程管理部门没有经费来源，要么挪用其他资金，要么“掏空家底”，甚至借债开展工作。如果不解决好经费问题，退耕还林工作就可能受阻。

2002年国家计委首先拨付2000万元作为中央和省一级主管部门所需的部分前期工作费用。同年9月，我在西部办主任办公会议上，与有关部门商议，并报国务院批准：“退耕还林前期工作费用由中央政府按每亩1元补助，同时要求省级地方政府按每亩2—3元予以配套，在上报计划时必须落实。”经费问题的顺利解决，保证了中央、地方投入更多的精力，组织实施好退耕还林。

不断改进补助办法

2003年，受全球性自然灾害的影响，国际粮价出现上涨。国内粮食连续几年减产，个别城市粮价上涨。同时，由于多年粮食补助，有些退耕农户的口粮余粮过多，出现将国家补助粮卖掉换取现金的现象。国家发展改革委、国务院西部开发办和有关部门经过调研，提出了进一步完善退耕还林粮食补助办法的意见。经国务院西部地区开发工作会议讨论后，国务院办公厅下发通知，要求从2004年起原则上将向退耕户补助的粮食实物改为现金。2004年7月，国务院有关部门联合发出通知，对退耕还林粮食补助改补现金后有关财务处理办法提出了明确要求。粮食补助办法的完善，减少了兑现环节，兑现进度比以前大大加快。农民也能根据需要购买符合自身要求的口粮或用于其他消费，消除了退耕农户倒卖多余补助粮食的现象。绝大多数基层干部和退耕农户对“粮改现”是比较满意的。

国家调减了退耕还林任务，安排退耕地造林1000万亩、宜林荒山荒地造林5000万亩，分别比2003年减少4050万亩、550万亩，退耕地造林任务比原规划减少了70%多。由于任务的大幅调整和植树造林需要提前整地、备苗等特殊性，加之2004年退耕还林计划下达较晚，各地退耕还林的积极性高，绝大多数省区出现了超计划退耕的现象，很多地方农民退耕还林后拿不到国家政策补助，造成了一定的社会问题。为此，有关部门及社会相关人士纷纷向中央提出适当增加退耕还林指标、解决遗留问题的建议。

◎2003年8月，考察云南嵩明县大哨乡退耕还林工程。

为妥善解决这一问题，国务院西部开发办主任办公会议决定，对2004年经国家林业局组织核实的超计划面积作为2005年计划任务下达，2005年退耕地造林计划重点解决2004年超计划问题，除适当考虑京津风沙源治理、三峡库区绿化带建设等少数改善生态环境非常必需的退耕还林外，不再新增任务。这一决策较好地解决了2004年超计划遗留的问题，保护了广大退耕农民的利益和退耕还林的积极性。

强调“五个结合”方针

将退耕还林和农田基本建设、农村能源建设、生态移民、后续产业发展、封山禁牧、舍饲圈养等配套措施相结合，是退耕还林试点工作中各地区创造出来的宝贵经验。退耕还林工程全面推开时，国家就要求搞好各项配套措施建设。国务院两次下发通知，要求把退耕还林还草与扶贫开发、农业综合开发和水土保持等政策措施结合起来，对不同渠道的资金统筹安排，综合使用。2002年江泽民同志在六省区西部大开发工作座谈会上强调，要认真搞好天然林保护、防沙治沙和退耕还林等重点工程，注意把退耕还林还草与农田基本建设、农村能源、生态移民、农牧业结构调整结合起来。但是，到了2005年，一些地区出现了退耕农户长远生计缺乏保障、后续产业尚未形成、农村替代能源发展迟缓等现象。针对这些问题，国务院有关部门开展大量调查研究，并形成了政策建议。

2005年4月，为保障退耕农户的长远发展，进一步巩固退耕还林成果，国务院办公厅下发通知，明确了“五个结合”的方针，即把退耕还林工程与基本农田建设、农村能源建设、生态移民、后续产业发展、封山禁牧舍饲等配套保障政策结合起来。具体措施包括：大力加强农田水利基本建设，建设高标准基本口粮田；继续加强农村能源建设，保护林草植被；积极推进生态移民，从根本上改善生产生活条件；加强后续产业发展，努力增加农民收入；加大封山禁牧和舍饲圈养力度，保护生态环境。

“五个结合”的出台促进了退耕还林工程的顺利实施，巩固了已取得的成果。各项配套措施的落实，大大改善了工程区的生产、生活条件。内蒙古自治区将退耕还林与生态移民、扶贫开发结合起来，优先安排自然条件和生存环境恶劣地区的农户退耕还林并实行异地搬迁，退耕农户生产、生活条件得到了显著改善。宁夏结合退耕还林工程的实施，狠抓基本农田、沼气、生态移民、后续产业、交通等配套措施建设，区域内的农村面貌有了很大变化。

研究制定后续政策

退耕还林后能不能有后续政策，这对于能否保持退耕还林成果至关重要，这方面历史上曾有过深刻的教训。

宁夏西吉县退耕后出现反复的例子，给了我们许多启示。1980年8月，经中国政府与世界粮食计划署协商，确定了在宁夏西吉县通过种植树木和牧草来防止风沙侵蚀和促进发展的项目。项目主要内容是，帮助西吉县将82.5万亩贫瘠耕地改为49.5万亩林地和33万亩草地，在50.25万亩荒山坡和不毛之地植树15万亩，种植牧草35.25万亩。世界粮食计划署承担粮援等费用2400万美元，中国政府承担工资、种苗等费用1600万美元，时间为5年。1982年3月项目正式生效，称为“2605”项目，同年4月开始实施。1988年，项目通过世界粮食计划署官员的终期验收。该项目使西吉县树草植被增加，水土流失得到一定程度的治理，也大大缓解了用材和燃料、饲料的不足，在当时取得了很大的成功。但四五年后，由于对生态建设缺乏长期奋斗的准备，后续政策没有跟进，生态治理成果得不到巩固，西吉县的人工林面积骤减至23万亩，成果丧失大半。

2002年到2007年是我国退耕还林工程大规模实施、稳步推进的时期。在调研中我们发现，退耕还林在实施过程中面临一些突出的矛盾和问题：一是退耕补助到期后，部分农民生计存在困难，有些退耕农户收入不稳定。有10%左右的退耕农民基本口粮田不足，缺少增收途径。二是巩固成果的长效机制不健全，相当一部分退耕农民的收入主要依靠阶段性政策补助，自我发展的能力很低。这些问题必须认真对待并及早解决。宁夏西吉的教训告诉我们，退耕还林工程如果不解决好巩固成果问题，一旦发生砍树复耕，将使国家投入前功尽弃、历时多年的退耕还林成果荡然无存。

党中央、国务院对制定退耕还林后续政策十分重视。胡锦涛同志多次到西部地区考察退耕还林。每次他都详细询问退耕还林后农民口粮、收入、补偿款等落实情况，充分肯定退耕还林工程成效，并作出重要指示。2006年春节期间，他在陕西省看望慰问干部群众时，到延安市安塞县沿河湾镇碟子沟村视察了退耕还林现场，嘱咐当地负责同志要坚持不懈，巩固成果，争取经过一段时间的努力，使延安的山川更加秀美，农民的生活更加富裕。2007年春节期间，他在看望慰问甘肃的干部群众时，又视察了定西市响河梁退耕还林示范基地，看到远近山梁上都已种上了树木，他十分欣慰，要求下更大的力气，继续推进天然林保护、退

◎2006年1月27日至29日，胡锦涛同志在陕西省延安市看望慰问老区人民。图为胡锦涛同志在安塞县沿河湾镇侯沟门村向广大干部群众致以新春祝福。

耕还林、退牧还草、防沙治沙等工作，努力遏制生态恶化趋势，实现人与自然和谐发展。

2006年4月，国务院西部地区开发领导小组第四次会议召开，会上听取了国务院西部开发办的汇报。温家宝总理强调，要“巩固成果，确保质量，完善政策，稳步推进”。会议责成国家发展改革委牵头，会同国务院西部开发办、财政部、国家林业局等有关部门和单位，进一步统筹研究“十一五”退耕还林工作的政策措施。

在充分调查研究的基础上，国家发展改革委会同国务院西部开发办、财政部、国家林业局等部门，向国务院上报了《关于完善退耕还林政策的请示》。2007年4月，财政部也提出了《关于退耕还林后续政策的意见》。对这些方案进行研究后，我认为，这些退耕还林后续政策的考虑总体可行，但应当与基本农田建设、农村能源建设、后续产业发展等工作结合起来，统筹考虑，才能稳住和巩固成果。温家宝总理赞成我的意见，并指出关键在于采取综合措施，解决退耕农户的长远生计问题。

国务院副秘书长张平先后三次主持召开会议，听取并协调有关地方和部门的意见。2007年6月，温家宝总理主持召开国务院常务会议研究决定，延长退耕还林政策补助期，即现行补助期结束后，中央财政在一定时期内继续对退耕农户给予适当补助，要抓紧制定延长退耕还林补助资金的使用办法。

2007年7月下旬，我在北京主持召开了延长退耕还林补助政策座谈会，与25个有退耕还林工程任务的省区市和新疆生产建设兵团主管退耕还林工作的负责人，国家发展改革委、国务院西部开发办、财政部、农业部、国务院研究室、国家林业局的负责人，以及地方发展改革委、财政厅、林业厅（局）负责同志，一起研究如何落实国务院决策的问题，对延长退耕还林补助期的主要政策进行反复讨论。通过座谈，与会同志对党中央、国务院的决策和一些政策措施统一了认识，加深了理解。会后，国务院根据会议讨论研究的意见，下发了《关于完善退耕还林政策的通知》，也就是国发［2007］25号文。

这次完善退耕还林政策的要点：一是现行退耕还林补助政策期满后，中央财政安排资金，继续对退耕农户给予适当的现金补助，长江流域及南方地区每年每亩耕地补助105元，黄河流域及北方地区每年每亩耕地补助70元。其中，还生态林补助8年、还经济林补助5年、还草补助2年。二是中央财政安排一定规模的资金，作为巩固退耕还林成果专项资金，主要用于西部地区、京津风沙源治理区和享受西部政策的中部地区退耕农户的基本口粮田建设、农村能源建设、生态移民等方面，并对特殊困难地区倾斜。三是每亩退耕地每年20元生活补助费，继续直接补助到户，并与管护任务挂钩。四是中央财政按核实的还林还草面积，核定各省的巩固退耕还林成果专项资金总量，从2008年起按8年集中安排，逐年下达，包干到省。实施退耕还林工程并完善补助政策，涉及退耕总人口1亿多人，造林总面积4亿多亩，中央总投资4000多亿元，前后将延续20多年。

按照政策的要求，各地退耕还林工程进入了巩固成果、稳步推进的新阶段。退耕还林工程区有关省区市和新疆生产建设兵团制定了本地区巩固退耕还林成果的专项规划，明确了基本口粮田、农村能源、后续产业发展和补植补造任务。2008年，国家发展改革委批准了25个省区市及新疆生产建设兵团《巩固退耕还林成果专项规划》，总投资1700亿元。目前各地方正在完善措施，认真加以组织实施。宁夏西吉的一幕，不会再重现了。

四、综合效益日渐明显

退耕还林工程已进行了十年，截至2008年底，完成退耕地造林1.39亿亩、荒山荒地造林2.37亿亩、封山育林2700万亩，累计造林4.03亿亩，占同期造林总面积的52%。工程覆盖了25个省区市和新疆生产建设兵团的2279个县级单位，涉及农户3200万、1.24亿农民。退耕还林期间，我每年都去西部进行考察，走遍了西部各省区市，亲眼看到了西部地区生态环境的显著变化，曾经远离的绿色正在大步回归，改变着人们灰黄色和风沙滚滚的记忆。

延安披上绿色盛装

1999年朱镕基总理考察陕北后，延安人民开展了声势浩大的退耕还林行动，13个县全部成了试点县，退耕还林面积达到341.8万亩，占当时全国退耕还林任务的10%。

实施退耕还林几年后，中央领导同志分别到延安考察退耕还林情况。特别是2002年，江泽民同志和朱镕基同志先后到延安，看到昔日的荒山秃岭再也见不到裸露黄土，道道山梁已披上了绿装，他们深感宽慰。我陪同他们实地察看了延安市宝塔区党庄流域治理，亲身体会到退耕还林工程取得的显著效果，也分享了延安人民的喜悦。

党庄流域治理总面积41平方公里，有12个行政村，719户人家，三年退耕还林1.62万亩，流域治理面积达到76%。退耕还林推动了产业调整，拓宽了农民致富的门路，当地农民人均纯收入由1998年的1520元增加到2001年的2013元。延安人民经过三年多的实践充分体会到，退耕还林不仅治理了水土流失，而且是农民增收的一条成功之路。党庄流域治理是延安退耕还林的一个缩影，延安退耕还林又是全国退耕还林的缩影。

退耕还林工程加快了国土绿化进程，使工程区森林覆盖率平均提高了3个多百分点，水土流失和风沙危害明显减轻，有的地方土壤侵蚀模数下降了一半以上，为实现“十一五”规划纲要确定的到2010年全国森林覆盖率达到20%的目标奠定了良好基础。陕西省森林覆盖率由退耕还林前的30.9%增长到37.3%。内蒙古

◎重新披上绿色盛装的延安

自治区鄂尔多斯市林草覆盖率由不到20%迅速提高到2008年的60%。四川省通过实施退耕还林工程，全省年均滞留泥沙0.54亿吨、增加蓄水6.84亿吨，累计减少土壤有机质损失量3646万吨、氮磷钾损失量2083万吨，年均提供的生态服务价值达134.5亿元。贵州省对10个县定位监测表明，年均土壤侵蚀模数由退耕前每平方公里3325吨减少到2005年的420吨，降低了87%。退耕还林工程还使木材蓄积量达到10亿多立方米，一年可生产氧气16.2亿吨，吸收二氧化碳18.3亿吨，相当于300多万辆汽车30年的二氧化碳排放量。

西部地区广大人民群众用辛勤的劳动，一镢头一镢头、一棵树一棵树地创造出了退耕还林的伟大奇迹。他们也为应对全球气候变化作出了重要贡献。

农民收入逐步增加

截至2008年底，退耕农民户均累计得到约5000元的补助，直接增加了农民收入。尤其是西部地区、高寒地区、民族地区和贫困地区，退耕还林补助一定程度上缓解了当地农民的贫困问题。据调查统计，退耕还林补助占退耕农民人均纯收入比重的近10%，西部省区的比重更高一些，有些地方甚至达到40%以上。而且，一些边远地区的退耕农户过去长年吃粗粮，退耕还林以后，许多农户依靠国家补助吃上了细粮，生活普遍得到改善。特别是在一些气候条件较好的地区，退耕后发展的经济林、用材林、竹林、药材等生态经济产业，已经取得了较好的经济效益，成为农民增收的重要途径。贵州省赤水市自2001年开展退耕还林以来，累计种竹46万亩，全市竹林面积达102万亩，从业人员8万人。2005年，全市农民人均纯收入2512元中，有近一半来自竹业。甘肃省陇南市依托退耕还林工程新建花椒、核桃、油橄榄等特色林果基地80万亩，成为当地的一大经济支柱。2005年全市农民人均林果业收入达到236元，比退耕前增长59%，近20万户、80多万农民靠林果业实现了脱贫致富。新疆许多地方在退耕还林中，大力发展林果业，农民收入大幅度增加，有的地方户均达到两亩经济林，亩均收入达到数千元，甚至上万元。

生产方式得到改进

退耕还林为调整农村产业结构提供了良好机遇，许多地方按照可持续发展的要求，探索高效的治理模式和先进的经营机制，培育具有区域比较优势和市场前景好、能替代传统产业的生态经济型产业，为农民增收开辟了新的途径。

随着退耕还林的实施，林果、草畜、棚栽业逐步成为西部许多农村重点发展的产业，当地农民开山种地、粗放经营、广种薄收的传统生产方式已被多种经营、精耕细作、产业化经营的现代农业生产方式替代。过去农民一个冬天靠着墙头晒太阳，现在一年四季围着果园大棚忙个不停。农民们说，退耕还林以来，树栽得多了，地种得少了；技术学得多了，农闲时间少了；钱比过去赚得多了，生活条件比过去好多了。一些原本生态恶劣、经济贫困的地区逐步走上了“粮下川、林上山、羊进圈”的发展道路。

退耕还林不仅改善了生存条件，增强了基层干部和广大农民的生态意识，而且促进了农民思想观念的转变，生产方式由粗放经营向精耕细作转变，大量农民走出山区、沙区，开阔了眼界，拓宽了致富门路。据四川省对丘陵地区的调查，每退耕三亩坡耕地可节省一个劳动力，全省丘陵、盆地周围地区大约有200万个劳动力因实施退耕还林得以转移，年创收约100亿元。

很多基层干部和专家学者认为，退耕还林不仅是一项生态建设工程，而且是一项复杂的社会系统工程，给我国农村带来了一场深刻的变革，对我国经济社会的影响十分深远，是贫困山区、沙区落实科学发展观、构建和谐社会、推进新农村建设的一个很好载体。

林地增加 粮食增产

根据西部土地资源调查评价，西部地区15度以上不宜耕种坡耕地粮食平均亩产111.5公斤，其中长江流域亩产147公斤，黄河流域亩产50.5公斤。按此测算，1999—2006年退耕的1.4亿亩耕地每年减少粮食产量131亿公斤，占2006年全国粮食总产量的2.64%。

在退耕的同时，整理、改造了一部分耕地，加强了基本农田建设，形成了一些高产粮田。通过退耕调整了土地利用结构，促进了农业生产要素的转移和集中，提高了复种指数和粮食单产。退耕还林还改变了区域的小气候，为粮食的丰产丰收创造了条件。很多地方实现了耕地减少、粮食增产、农业增效。

据国家统计局统计，2006年全国粮食总产量比1998年历史最高水平减产148.2亿公斤，6个非退耕还林省市减产205.9亿公斤，而25个退耕还林省区市粮食产量不仅没有减少，反而增产57.7亿公斤。内蒙古赤峰市和乌兰察布市、四川省凉山州、陕西省延安市、甘肃省定西市和陇南市、宁夏南部山区等退耕还林重点地区都实现了地减粮增。同时，通过退耕还林，大大增加了木本粮油、干鲜果品产量，有效改善了食物和营养结构。

回首往事，能够亲身参与筹划、组织退耕还林这项意义非凡的伟大工程，并看到它取得越来越大的成效，我由衷地感到高兴。实践证明，党中央、国务院关于退耕还林的决策和“退耕还林、封山绿化、以粮代赈、个体承包”的方针十分正确。巩固退耕还林成果，不断探索行之有效的政策措施，是我们义不容辞的责任。

第七章

退牧还草：让草原休养生息

草原是地球的“皮肤”，在防风固沙、涵养水源、保持水土、净化空气以及保持生物多样性等方面具有十分重要的作用。我国草原面积广阔，与森林一起构成了陆地生态系统的主体。

长期以来，受人口增长、气候干旱和鼠虫灾害的影响，特别是超载过牧和滥垦乱挖，我国草原出现大面积的沙漠化和荒漠化。有些地方已无草可用、无牧可放。草原的大规模和系统性破坏，不仅影响了西部地区的生存环境，还严重威胁着我国生态安全。

把退牧还草纳入西部大开发之中，对促进草原休养生息，减少水土流失，维护生态平衡和生态安全，促进全面可持续发展，都具有重大意义。

一、广袤草原渴望新生

沙尘暴拉响草原保护警报

我国拥有天然草原60亿亩，占国土面积的42%，其中西部地区天然草原面积约50亿亩，占全国草原总面积的84%。到本世纪初，我国90%的天然草原出现不同程度退化，并以每年3000万亩的速度在扩展，直接导致了江河断流、沙尘暴等自然灾害频繁发生，对国家生态安全构成了严重威胁。

造成草原生态恶化的原因是多方面的，既有自然因素，也有人为因素。由于粗放的牧业生产方式，草原超载过牧现象越来越严重。到2000年前后，全国草原平均超载30%—50%，个别地区高达300%，致使产草量平均比20世纪60年代下降40%—50%。草原畜牧业陷入了草原退化越严重、单位可载畜量越少、超载过牧就越多、草原退化就越加剧的恶性循环。

草原环境的恶化特别是草场沙化，是导致沙尘暴、扬尘及浮尘天气越来越频繁的直接原因。据统计，我国特大沙尘天气20世纪60年代发生8次，70年代发生13次，80年代发生14次，90年代发生23次。

2000年，当人们满怀喜悦迎来新世纪第一个春天的时候，华北地区连续发生了多次沙尘暴或浮尘天气，频率之高、范围之

◎在甘肃河西走廊风沙线上，沙漠化严重，风沙灾害频繁。图为2001年麻黄台村小学的围墙外堆积成丘的黄沙几乎与围墙持平。

广、强度之大为新中国成立以来所罕见。2002年3月14日，沙尘暴在阿拉善地区形成，15日刮至北京地区，历时49个小时。这次沙尘天气由于发生在“两会”期间，成为代表和委员们的热点话题。3月20日沙尘暴再次袭击北京，持续51个小时，此次沙尘暴北京地区总降尘量高达3万吨，相当于人均2公斤。“平沙莽莽黄入天”的景象，引起人们对人与自然和谐相处的深刻思考。

频繁的沙尘暴和沙尘天气，使空气中浮尘和有害物质增多，污染了环境，引发呼吸道疾病、航班铁路延误、水利电力设施破坏等灾害，造成巨大损失。据记载，2002年4月7日至12日，新疆部分地区遭受沙尘暴袭击，农作物受灾面积达8.4万公顷，占春播面积的一半多，果树受灾面积1.47万公顷，损失牲畜6000多头，倒棚圈870个，还引起火灾和人员伤亡。

党中央、国务院对草原生态问题高度重视。1999年，江泽民同志在内蒙古调研时就指出，草原是我国北方的一道天然生态屏障。这里的生态环境如何，不仅关系到各族群众的生存和发展，也关系到华北、西北、东北生态环境的保护和改善，意义和责任十分重大，一定要搞好。国务院在2000年4月至6月连续三次召开会议研究环京津地区生态环境建设问题。这期间，朱镕基总理亲自带队，考察环京津风沙源地区。他明确指出，草原过度放牧是造成土地沙化的重要原因，加强草原生态环境建设已经迫在眉睫，必须采取切实措施加强草原的保护和建设。要抓紧落实草原家庭承包制，对承包草原限定最高载畜量，严禁超载放牧，实行严格的奖惩办法。对在承包草原中出现的掠夺性经营，必须坚决加以制止和纠正。在建立草原监理制度，搞好草原围栏建设，推行牲畜舍饲圈养和禁牧休牧、划区轮牧的同时，加强对草原的养护，大力防治草原病虫鼠害。从2000年开始，国家在北京、天津、河北、山西、内蒙古5省区市75个县实施了京津风沙源治理工程，其中草地治理是一项重要措施。

“禁牧舍饲”带来的启示

2000年前后，一些地方同志反映，牲畜超载直接导致草原退化，修复起来也很困难。一只山羊一年内可造成20亩草地退化、5亩中幼林不同程度损毁，而要恢复这些林草植被，正常年景需要10年以上的时间，即使雨水较好，至少也需要5年以上。

为了保持畜牧业发展和保护生态之间的平衡，缓解人、生态和牲畜之间的矛盾，国家计委、农业部、水利部做了大量调查研究，提出了一些应对措施，实施了天然草原恢复和建设项目、草原围栏项目和牧草种子基地项目。天然草原恢复和建设项目主要内容为人工饲草基地建设、草场建设、围栏改良、鼠虫害灭治、棚圈建设等。草原围栏项目主要内容为围栏封育、围栏轮牧。牧草种子基地项目主要内容为原种基地、良种繁育基地、种草加工厂及种子库、田间水利设施，以及种子质量检测中心等建设。从2000年到2002年，国家投入20亿元资金，在95个县实施草原建设项目，取得了一定成效。内蒙古的实践表明，实行禁牧轮牧、围栏封育、舍饲圈养的措施，对于草原恢复起到了较好的效果，他们把这些措施概括为“禁牧舍饲”。

2002年初，内蒙古自治区向国家计委建议扩大“禁牧舍饲”的试验。我听取了他们的汇报。他们希望能在国家的支持下，在20个旗县200万公顷草原上开展试点，其中包括京津风沙源区内的12个县。试点的主要建设内容是围栏和棚圈、饲草料基地建设。对于建设资金，内蒙古建议，京津风沙源区12个旗县共125万公顷草原围栏所需投资在京津风沙源治理项目中解决，而京津风沙源区外围8个旗县共75万公顷所需投资由国家补助，并希望禁牧舍饲饲料粮由国家财政给予支持。

从汇报的情况看，在这个基础上扩大“禁牧舍饲”范围很有必要，可以为以后草原治理积累经验。而且，这一时期国家陈化粮较多，禁牧舍饲有利于消化一部分存粮，减轻财政压力。通过禁牧、休牧、轮牧与饲料粮补助相结合，辅之以人工草地、基本草场和舍饲棚圈建设等措施，应该有利于解决草原上人、生态和畜牧业发展之间的矛盾，是个一举多得的事情。

当时，退耕还林工程已经实施两年多，并取得了初步成效。我们考虑，是否像对农田退耕还林一样，对西部地区的大草原也实施退牧还草工程。从内蒙古的实践看，退牧还草比退耕还林投入少、见效快、覆盖面广，对西部地区特别是西北乃至北部地区生态改善的作用与重要性并不亚于退耕还林。如果内蒙古的经验证明是可行的，那么就可以在西部有关省区进行推广，实施又一项西部地区重大的生态保护与建设工程。

我就此征求了有关同志的意见。对于工程本身大家多是赞成的，但对政策补助则有不同看法，认为京津风沙源区以外的舍饲圈养需要统筹考虑。饲料粮补助标准要分不同区域有所差别，北部干旱地区沙化严重草原全年禁牧的饲料粮补助，要与半干旱地区沙化严重地区有所区别。这些意见一时还很难统一起来。

草原调研退牧还草

内蒙古禁牧舍饲试验到底怎么样？能否在我国西部草原推广？应该制定什么样的补贴标准？为解决这些问题，我决定去地方进行调研，为制定草原保护的政策措施作些准备。

2002年8月中旬，我带领国务院西部开发办、国家计委的同志来到内蒙古。在自治区党委书记储波、主席乌云其木格的陪同下，我们实地察看了乌兰察布市四子王旗的围封禁牧、生态移民现场，锡林浩特市克什克腾旗贡格尔草原和浑善达克沙地治理示范区，中科院草原生态系统定位研究站、退耕还草示范区、春季休牧示范区、退化草地恢复样地，以及多年生混播人工草地示范区等几个地方，并走进农牧民家里了解情况。

在锡林郭勒盟，我看到在11个旗县、39个苏木、102个嘎查都实行了季节性休牧，涉及牲畜78万头，休牧草场2657万亩。根据草原科技部门的监测结果，休牧区和未休牧区比较，牧草高度平均提高了5—7.6厘米，盖度增加了4.1—22个百分点，鲜草亩产量大幅增加，舍饲牲畜普遍增重，其中每只羊年均增重10%。而且通过舍饲圈养，农牧民的思想观念和经营行为发生了很大转变。在鄂托克荒漠草原和毛乌素沙地以及很多示范区草原，一片葱绿不见尽头，令人欣喜。

在中科院草原生态系统定位研究站，我们参观了围封23年的

◎2002年8月，赴内蒙古自治区调研禁牧舍饲试点效果。

科研样地、禁牧4年的样地、划区轮牧示范区。令人惊讶的是，围封地围栏内外的土层高差竟然有10—20厘米，围封地有着明显的腐殖质土层。工作人员介绍说，围封样地的植物种类和群落地上生物量要远高于未围封草场，而且围封样地丰、欠年份变化幅度也远小于未围封草场。禁牧4年的样地产草量增加了1倍，优良牧草占群落总生物量的90%以上，轮牧区平均产草量也明显高于自由放牧区。这说明，只要措施得当，草原是可以保护好的，毁坏的地方也可以进行适当修复。

为了深入了解给农牧民补贴标准情况，我在锡林郭勒盟调研回来的路上，请当地政府负责同志到我坐的吉普车上详细说说他们那里的情况。他告诉我，每公顷给予82.5公斤饲料粮补助，相当于每亩草场每年补助11斤，这一数字是根据前一时期禁牧舍饲的情况得出的。锡林郭勒盟全盟共有牲畜1520万头只，其中大牲畜100万头，羊1420万只，一般每头大牲畜消耗的饲料相当于5只羊，这样计算下来，全盟的牲畜总数就是1920万个羊单位。一般来说，要维持休牧期间羊的正常生长，每只羊每天要消耗青储玉米3斤、青干草1斤、粮食4两。全盟共有草原面积2.95亿亩，其中可利用草原面积2.67亿亩，平均13.9亩草场供养一个羊单位。如果按每亩草场每年补助陈化粮11斤计算，那么每个羊单位每年可得陈化粮152.9斤，按照每只羊每天消耗4两陈化粮来计算，在这个补助标准下，可供养牲畜的天数为382天。听完他的介绍，我在心里粗略算了一笔账，按照每亩草场每年补助11斤陈化粮，全国治理20亿亩退化草原，以每斤陈化粮0.7元折算，每年共需补助220亿斤，折合154亿元。如果连续补助4年，共需补助880亿斤，约合616亿元。在国家当时的经济条件下，财力是可以负担得起这笔费用的，而且用相对较少的代价治理全国1/3的退化草原也是值得的。

在调研中我还了解到，舍饲圈养能够实现草原恢复和农牧民增收，是条双赢的路。放养不但破坏草原，而且难以增加农牧民收入。在很多半农半牧区，以前牲畜主要是放养，后来国家对舍饲棚圈建设补助了“砖头钱”，很多农牧户都盖起了棚圈。大家逐渐转变了畜牧业生产方式，通过种植玉米并青储作为饲料，牲畜基本都改为圈养。一些农牧民还通过青饲料出售来获得一部分收入，收入增长很快。所谓青储，就是把新鲜饲草、青玉米等饲料在厌氧环境中保存起来，保持青绿植物的青鲜状态，与传统的干草相比，营养更丰富，适口性更好。在纯牧区，牲畜仍然主要是放养，只有依靠多养牲畜来增加收入，但近些年草场退化十分严重，牲畜越多，草场退化越快，牲畜育肥越慢，收入不增反减，有的牧民不得不到农区购买饲料。

调研结束前，内蒙古自治区党委和政府又作了一次系统汇报，请求国家批准内蒙古禁牧舍饲恢复草原生态项目规划。他们计划用5年时间治理3亿亩退化草原，每亩草场需要国家补助饲料粮5.5公斤，围栏基础设施投资3.3元，连续补贴5年以上。我认为他们的意见总体上是可行的。这次到内蒙古草原调研，对推行禁牧舍饲圈养、保护草原和制定国家政策补助标准一事，心里有了底。

回京后，我主持召开国家计委主任办公会，研究退牧还草工程的补助标准，初步匡算了大体投资。9月下旬，我又主持召开了国务院西部开发办主任办公会，讨论西部地区退牧还草工程实施意见，明确了工程建设思路、实施范围，并在补助标准、投资测算以及配套措施上进行了衔接。会议决定，将西部地区退牧还草工程实施意见提交国务院西部地区开发领导小组讨论。

关于这个工程的名称，当时有两个提法，一个是“退牧还草”，一个是“退牧育草”，两个名称都可以涵盖工程的主要内容。在讨论过程中，有专家认为，该工程主要是依靠草原生态的自我修复能力，恢复草原植被，而“育草”带有培育的意思。最终我们采用了“退牧还草”的提法。

二、退牧还草顺势而出

明确退牧还草的思路及目标

2002年10月11日，朱镕基总理主持召开国务院西部地区开发领导小组第三次会议，决定尽快启动退牧还草工程，通过实行围栏禁牧、休牧育草、划区轮牧、舍饲圈养等措施，促进西部天然草原休养生息，逐步恢复草原植被，把草原建成我国北方的一道天然生态屏障，并请有关部门抓紧提出实施方案。

国家计委、国务院西部开发办和农业部经过反复研究和论证，提出了退牧还草工程的总体思路。主要内容是：把草场划分承包到牧户，进一步完善草原家庭承包责任制；实行以草定畜，严格控制载畜量；落实全国草原生态保护建设规划，把退牧还草工程作为全国草原生态保护建设规划的一部分，先行启动；以国家投入带动地方、个人投入，推动休牧与轮牧相结合、放牧与舍饲相结合的生产方式，优化畜草产业结构，恢复草原植被，实现畜牧业的可持续发展。

考虑到国家的财力和草原生态状况，退牧还草工程计划用五年时间，在蒙甘宁西部荒漠草原、内蒙古东部退化草原、新疆北部退化草原和青藏高原东部江河源草原四大片区先期治理10亿亩，约占西部地区严重退化草原的40%。力争使工程区内退化草原得到基本恢复，天然草场得到休养生息，达到草畜平衡，实现草原资源的永续利用，建立起与畜牧业可持续发展相适应的草原生态系统。

确定重点建设内容及补助标准

为了减轻天然草原压力，增加牧区饲草料供给，我们总结各地经验，提出建设草原围栏，实施禁牧、休牧和轮牧，建设人工草场和饲草料基地，推广舍饲圈养。国家基建投资主要用于补助草原围栏建设，要求有条件的地方适当建设饲草料基地，为舍饲圈养创造条件，对不具备舍饲圈养条件的农牧户则实行生态移民。

在补助标准问题上，经过多次研究和实地测算，并征求有关部门、地区以及专家的意见，决定不同区域实行不同的补助标准。蒙甘宁西部荒漠草原、内蒙古东部退化草原、新疆北部退化草原，全年禁牧，每亩每年中央补助饲料粮11斤，季节性休牧按休牧3个月计算，每亩每年中央补助饲料粮2.75斤；草原围栏建设按每亩16.5元计算，中央补助70%，地方和个人承担30%。青藏高原东部江河源草原，全年禁牧，每亩每年中央补助饲料粮5.5斤，季节性休牧按休牧3个月计算，每亩每年中央补助饲料粮1.38斤；草原围栏建设按每亩20元计算，中央补助70%，地方和个人承担30%。饲料粮补助年限暂按5年计算。这样的标准，对于牧民来说是有吸引力的；对国家财政来讲，也是完全可以承受的。

研究提出配套措施

实施退牧还草工程涉及到多个部门，关系到广大农牧民的切身利益，需要推进的改革和完善的制度内容比较多。国务院西部开发办提出了一系列配套措施：一是实行“目标、任务、资金、粮食、责任”五到省（区），省级人民政府对工程负总责。国务院西部办、国家计委、农业部、财政部、国家粮食局等有关部门，参照退耕还林工程部门职责分工，密切配合，共同做好退牧还草工作。二是落实草原家庭承包责任制，把草场划分承包到户，明确草原使用权，核发草原承包经营权证，落实草原生产经营、保护与建设的责任。三是根据不同类型草原的载畜能力，合理确定载畜率，实行以草定畜，严格控制载畜量。四是结合退牧还草工程，积极开展生态移民和农村能源建设。调整畜牧业结构，开发后续产业。国家支持西部的扶贫开发、农业综合开发、水土保持、畜牧业基础设施建设等资金，根据各专项资金的管理要求，进一步向西部地区天然草原退牧还草工程区倾斜。五是依靠科技进步，提高退牧还草的技术支撑，加快草畜品种改良。

受国家投资总规模的限制，退牧还草不可能一下子全面铺开。2003年安排退牧还草计划任务1亿亩，其中禁牧0.4亿亩、休牧0.45亿亩、轮牧0.15亿亩。当时测算需要中央投入14.3亿元，其中饲料粮补助资金2.2亿元（陈化粮4.9亿斤），围栏建设投资12.1亿元。工程在内蒙古、新疆、青海、宁夏、甘肃、四川、云南等7个省区和新疆生产建设兵团开始试点。

西方经济学中有一个经典案例叫“公地悲剧”。讲的是一个小村庄，村里的居民以养羊为主要生活来源，所有居民都可以在村周围的草地上放羊，这块地被称为公地。随着时光流逝，村里的人口增加，羊的数量也在增加，而土地的面积固定不变。畜牧业超过了草地的承载能力，以致最后毁掉了公地。

“公地悲剧”反映了西方经济学的一个原理：当一个人享用公有资源的同时，也减少了其他人享用这种资源的份额。由于这种负外部性，公有资源往往被过度使用。西方经济学家给出的解决方案是，管制每个家庭中羊群的数量，通过对羊征税把外部性内在化；或者拍卖数量有限的牧羊许可证。他们还提出，可以把土地分给各个家庭，每个家庭都把自己的土地用栅栏圈起来，并避免过度放牧。

改革开放以后，我们对农村集体所有的土地实行家庭承包责任制，由农户向村集体承包土地进行经营。这种政策是很成功的，既解决了过去人民公社体制下土地集体经营的效益低下问题，调动了农民群众的生产积极性，又避免了历史上土地私有必然带来的两极分化现象。这种农区的家庭承包责任制也普遍推广到了草原牧区。实践经验说明，退牧还草如果不是建立在草原家庭承包制的基础上，牧民就没有禁牧、休牧和轮牧的积极性，草原退牧减畜也就无从谈起，退化草原恢复也就成了一句空话。因此，在制定退牧还草措施时，我们强调推进草原家庭承包制是退牧还草的先决条件。

2002年12月，国务院西部办起草了《关于启动退牧还草工程建设的请示》，并上报国务院。按照国务院办公厅的要求，后来又就退牧还草工程建设投入资金、补助标准等问题作了补充报告。12月底，国务院同意了我们提出的意见，退牧还草工程形成决议并进入到实施阶段。

三、草原治理付诸行动

五年规划治理十亿亩

2003年伊始，我主持召开国务院西部开发开发办主任会，确定退牧还草工作部门职责分工，研究安排退牧还草工程建设任务。这时，国务院已批准退牧还草工程五年治理十亿亩严重退化草原的建设目标。前两年仍带有试点示范性质，要在实施中摸索经验，制定退牧还草实施办法。随后，国务院西部开发办、农业部召开电视电话会议，对启动退牧还草工程进行全面部署。我在会上特别强调，实施退牧还草工程的关键是，完善草原家庭承包责任制，把草场划分承包到户；实行以草定畜，严格控制载畜量；实行国家、地方和农户相结合方式，多渠道保证资金投入；省级政府要对退牧还草的“目标、任务、资金、粮食、责任”负总责；做好统筹规划，加强综合治理等任务。

◎在退牧还草、生态移民等措施的作用下，宁夏沙漠化土地由退牧还草前的1.65万公顷，减少到目前的1.18万公顷。图为2007年宁夏灵武市白芨滩林场职工在扎草方格治沙。

根据实际情况和地方要求，国务院西部开发办进一步研究了2003年退牧还草建设任务的实施方案。3月，国务院西部开发办会同国家计委、农业部、财政部、国家粮食局下达了2003年退牧还草任务，安排退牧还草围栏建设任务1亿亩，其中禁牧5370万亩、休牧4026万亩、轮牧604万亩，在内蒙古、四川、云南、青海、甘肃、宁夏、新疆等7省区和新疆生产建设兵团的22个地市（州、盟、师）96个县市（旗、团场）实施退牧还草工程。2004年，实施范围扩大到西藏。

2003年7月，我到宁夏自治区盐池县调研时，看到当地利用国家给的政策，实行大范围退牧还草、禁牧休牧，并取得了很大成效，我对他们不等不靠主动作为的做法给予了肯定，并请有关部门增加对该区的退牧还草资金补助。之后，宁夏按照国家的政策要求，在自治区以及盟市范围内实行全区禁牧，都取得了较好的效果。退牧还草试点工作得到了广大农牧民的热烈拥护和支持。

调整完善政策措施

经过两年退牧还草的试点，一些新情况、新问题逐渐暴露出来。譬如围栏建设补助标准偏低，饲草料基地、舍饲圈养等配套建设滞后等。为了扎实、稳妥地推进这项工作，2005年西部开发办向国务院提出了完善退牧还草政策措施的建议。经国务院同意，西部开发办发布了《关于进一步完善退牧还草政策措施若干意见的通知》，对工程相关政策进行了调整和完善。

《通知》要求，延长青藏高原江河源区饲料粮补助年限，按照围栏建设任务的30%安排严重退化草原补播任务，根据围栏建设和补播投资的1%安排工程前期工作费。同时，由于陈化粮已基本消化完毕，从2004年起，将饲料粮补助按照每斤0.45元的标准折算为现金补助。需要继续向退牧还草户提供饲料粮补助的，由省级人民政府仍按原办法组织饲料粮供应，饲料粮调运费用由地方财政承担。

政策调整之后，退牧还草围栏建设、补播草种费和饲料粮资金补助标准为：青藏高原地区围栏建设每亩建设投资25元，其他地区每亩建设投资20元，中央补助70%，地方和个人承担30%。对工程区内部分重度退化草场实行补播，加快草场植被恢复，每亩补助草种费10元。青藏高原地区如全年禁牧，每亩每年补助饲料粮5.5斤，季节性休牧按3个月计算，每亩每年补助1.38斤，补助年限按10年计算；其他地区如全年禁牧，每亩每年补助饲料粮11斤，季节性休牧按3个月计算，每亩每年补助2.75斤，补助年限按5年计算。

◎2008年，内蒙古自治区新巴尔虎左旗农牧民领取退牧还草项目饲料粮补贴。

经过这次政策完善，退牧还草工程建设内容从单一的围栏建设增加到围栏建设与重度退化草原补播相结合，建设标准明显提高。各方面的思想也进一步统一，加大了工程实施力度。2006年安排建设任务1.5亿亩，达到工程实施以来的最大规模，实施范围达到120个县市。至此，退牧还草工程基本涵盖了蒙甘宁西部、内蒙古东部、青藏高原东部、新疆北部四大片区。

扩大范围规划全局

在北方干旱半干旱草原区、青藏高寒草原区退化草原治理取得积极进展的同时，我们又开始研究通过退牧还草工程支持西南岩溶地区草地治理的问题。从2006年起，在贵州、云南两省设立退牧还草工程岩溶地区草地治理试点，安排试点建设任务40万亩。建设的内容主要包括草地改良、围栏封育、人工种草和棚圈建设，但试点地区退牧还草任务不安排饲料粮补助。

2007年，经国务院同意，农业部发布实施了《全国草原保护建设利用总体规划》。规划范围包括内蒙古东部和东北三省的西部退化草原治理区、蒙陕甘宁西部退化草原治理区、新疆退化草原治理区、青藏高原江河源退化草原治理区，涉及到辽宁、吉林、黑龙江、内蒙古、四川、云南、西藏、陕西、甘肃、青海、宁夏、新疆等12个省区和新疆生产建设兵团的279个县（市、旗、团场）。规划范围内草原面积达30多亿亩，其中一半以上严重退化。《规划》提出，到2020年全国草原保护目标是完成草原围栏面积22.5亿亩，发展人工种草面积4.5亿亩。这个规划把退牧还草扩展到西部地区之外，成为全国性的重大生态工程。

四、西部草原渐露生机

退牧还草工程实施两年后，草原面貌发生了显著变化。2004年我再次到内蒙古调研时看到，高速公路两旁出现了一片片茂盛的草场。据自治区同志介绍，由于坚持舍饲圈养，内蒙古项目区草场保护取得了明显效果。以锡林郭勒盟为例，休牧区比非休牧区的牧草平均高出4—9厘米，盖度增加10—30个百分点，鲜草产量每亩最高增加了40公斤。据农业部监测，工程实施三年后，草原植被平均覆盖度提高了10—30个百分点，产草量提高20%—40%以上。甘肃省玛曲县禁牧区草原植被覆盖度由2003年的80%提高到2008年的91%，产草量由每公顷5500公斤提高到7000公斤。云南迪庆工程区植被覆盖度由60%提高到80%。草原涵养水源、防风固沙的生态功能明显增强。

实施退牧还草以来，在内蒙古东部、蒙甘宁西部、青藏高原东部、新疆北部等四大片草原退化严重地区，通过禁牧封育、季节性休牧、划区轮牧和补播草种等方式，天然草原得以休养生息，草原植被明显恢复，给北方的天气也带来了积极影响。根据中国气象局的监测，近年来我国沙尘天气发生的次数呈减少的趋势，2009年春天北京市仅出现过一次沙尘天气。

通过实施退牧还草工程，草原畜牧业生产方式得到根本转变，产业结构得到优化。禁牧、休牧和轮牧措施的实施，有力地促进了牲畜的舍饲，基本结束了粗放的游牧生产方式。到2008年底，除青海、西藏不具备条件外，其余六省区和新疆生产建设兵团已有2700多万羊单位的牲畜从放牧转为舍饲半舍饲。由于实施舍饲圈养，长草短喂，改良种畜，养殖效率大幅提高。同时，由于牲畜膘性不受季节影响，牲畜饲喂时间和成本都大为降低，经营效益显著提升，广大牧民收入节节上升。鄂尔多斯粮食、经济作物、饲料种植比例由2000年的60：37：3 调整到2003年的31：28：41。此外，由于生产方式的转变，减少了人力投入，有更多的农民逐步实现转产，从事农副产品加工、商贸等二三产业，促进了畜牧业的规模养殖和产业结构的调整优化。

退牧还草的实施有力推进了草原家庭承包责任制的落实。草原家庭承包责任制是党在草原牧区的一项基本政策，主要内容是把草场划分承包到户，核发草原使用证，落实草原使用责任和义务。这项政策从上世纪80年代就开始实行，但草原划界需要使用围栏，由于投入不足，一定程度上影响了草原家庭承包责任制的落实。在退牧还草中，通过草原围栏建设，为草原承包责任制提供了条件。退牧还草任务的分配以草原承包为前提条件，为加快落实草原承包责任制起到了促进作用。据统计，到2008年底，西部地区落实草原承包面积33亿亩，占可利用草原面积的

◎国家对位于新疆天山深处的巴音布鲁克草原投资1.5亿元，从2005年开始实施1010万亩天然草原退牧还草项目，对退化草场实施禁牧、休牧、轮牧，共安装围栏4500多公里，围栏草场近600万亩，围栏区内草原植被覆盖率明显提高。

91%以上。

截至2009年底，退牧还草工程中央累计投入资金176亿元，其中基本建设投资116亿元，饲料粮补助资金60亿元。工程区涉及8个省（区）和新疆生产建设兵团的179个县（市、旗、团场），约82万牧户、398万农牧民参加到了这项伟大的历史性工程。退牧还草工程代价小、效果好、带动作用大，按照目前的投资标准，治理22.5亿亩退化草场，全部花费不会超过1000亿元，却能够保护150万平方公里国土的生态环境，相当于我国陆地国土总面积的近1/6，可以说是成效最好的生态工程。同时，加快草原保护，提高对草原保护投入，能够加快草原地区经济社会发展的步伐，从而惠及草原地区的广大牧民和各族群众，这对全面建设小康社会和维护民族团结具有深远意义。

五、草原修复与保护任重道远

尽管退牧还草工程取得了明显的生态、经济和社会效益，但工程实施范围还不广，建设内容不够配套，实施的时间不长，取得的成果尚不稳固。全国草原生态局部明显改善，整体依然恶化的趋势有所遏制，但草原退化、沙化、盐渍化问题还未彻底解决，草原生态治理任务依然相当艰巨。

草原保护是一项长期的系统性工程。科学研究表明，退化草原的恢复需要遵循生态演替规律，恢复过程可能需要十几年，甚至几十年的时间。退牧还草工程实施的六年时间不过是一个短暂开头。如果稍有松懈，禁牧草原被重新放牧利用，势必造成已初步恢复的草原生态再次遭到破坏，就有可能前功尽弃。

当前，需要抓紧研究制定退牧还草工程的后续政策。2008年后，饲料粮补助政策陆续到期，后续禁牧如果得不到补助，势必降低农牧民的生活水平，影响牧区社会稳定。从目前情况看，内蒙古东部和东北三省的西部退化草原治理区、蒙陕甘宁西部退化草原治理区、新疆退化草原治理区的饲料粮五年补助期满后，至少应再延长五年。青藏高原区饲料粮补助期也应该相应延长。同时要把草原围栏、人工草场、饲草料基地、舍饲棚圈等建设结合起来，同步推进，这样才能真正“退得下、禁得了、稳得住”。

对不同草原应当实行不同的治理措施。对于生态恢复之后可以合理利用的草原，在制度上要进行创新，应该采取划区轮牧的方式。对于今后不宜放牧的草原，要逐步建立生态补偿机制，对草原实行永久封禁，并积极推进这些区域的生态移民和农村能源建设。对退牧还草工程区外天然草原也要加大保护力度，因为这些草原也会面临过度放牧的压力。同时，针对建材和人工成本大幅提高的实际情况，要研究提高建设补助标准。考虑到退牧还草区域地方财政比较困难，应该适当提高中央补助的比例，并取消县以下财政配套。

退牧还草工程的进度还应进一步加快。总体来看，退牧还草工程的进展还比较缓慢，2002年底，国务院批准用五年时间治理10亿亩退化草原，到2008年已经进行了六年，仅完成了规划任务的60％。《西部大开发“十一五”规划》提出，2006—2010年规划退牧还草任务7.5亿亩，但2006—2008年仅安排3.1亿亩，全面完成“十一五”规划目标任务还很艰巨。

2007年3月，我访问了太平洋上的岛国新西兰。这个草原面积很小的国家，畜牧业却非常发达，居世界第一位。他们对欧洲的宣传口号是“整个新西兰都在吃草”。在这个牧业王国里，牲畜以现代生物工程技术改良的牧草为食，根据不同畜龄和种群喂养不同的牧草，以满足不同生长期的需要，确保了新西兰肉品的优良品质。虽然我国草原面积居世界第二位，但与新西兰相比，我们的草畜矛盾突出，生产方式落后，经济效益不高，畜产品无论从数量上还是从质量上讲，都还有很大的发展空间。我们一定要把退牧还草工程坚持不懈地抓下去，加快转变畜牧业发展方式，改善西部的生态环境，为全国人民提供源源不断的畜产品，让风吹草低见牛羊的如画景观重新展现在千里草原上。

第八章

三江源保护：为了母亲河源远流长

一、三江源保护升级为国家行动
二、科学谋划生态保护蓝图
三、探索生态保护与牧民致富的双赢机制
四、增水增草增收效果显著

三江源位于青藏高原腹地，因长江、黄河、澜沧江同源于此而得名，每年向下游供水达600亿立方米，被誉为“母亲河的母亲”、“中华水塔”。三江源流域总面积为36.31万平方公里。其中，以高原湿地生态系统为主的自然保护区面积15.23万平方公里，是世界上海拔最高、面积最大、生物多样性最集中、湿地类型最丰富的地区，也是我国最重要、影响范围最大的生态调节区之一，同时也是生态系统最为脆弱的地区。

三江源保护，是从源头上维护我国乃至整个亚太地区生态平衡的一项影响深远的工程，是西部大开发中一个重要的战略举措。三江源保护如何升级为国家行动、三江源生态保护的蓝图如何绘就、增水增草增收的效果如何……这一切都受到国内外的广泛关注。

一、三江源保护升级为国家行动

历史上，三江源区水草丰美、湖泊星罗棋布、野生动物种群繁多，被称为生态“处女地”，在涵养水源、减缓径流、蓄洪防旱、防灾抗灾、维持生物多样性、调节气候等方面有着不可替代的作用，具有强大的生态功能。

◎这是2002年青海三江源金银滩的景象，黄沙已从远方慢慢逼近。

随着全球气候变暖，冰川后退、雪线上升，直接影响了三江源区高原湖泊和湿地的水源补给。人口压力的增加和不合理的生产经营活动，加速了三江源区生态环境恶化。上个世纪末，众多的湖泊、湿地面积不断缩小甚至干涸，沼泽消失，泥炭地干燥并裸露，沼泽低湿草甸植被逐渐向旱生高原植被演变，生态环境变得愈发脆弱。野生动物栖息环境衰退和栖息地破碎化、草地大面积退化十分严重。更为突出的问题是，由于植被与湿地生态系统的破坏，三江源区水源涵养能力急剧减退，导致三大江河中下游广大地区旱涝灾害频生，工农业生产受到严重影响，直接威胁到长江、黄河流域的生态安全。

黄河源头第一县青海省果洛州玛多县，以纯牧业为主，上世纪80年代初曾是全国牧区的首富县。由于自然环境恶化和人为过度开发等因素的影响，该县草地生态环境急剧恶化，草场退化严重，承载力大大降低，导致全县因牧业收入减少而进入贫困状态，而贫困又加剧了对草地的过度开发利用。最终，玛多县陷入了“破坏—贫困—加剧破坏—更加贫困”的恶性循环，曾经的首富县变为全国扶贫开发工作重点县。

三江源地区的生态恶化状况及潜在的后果，引起了党中央、国务院的高度重视及社会各界的广泛关注。同时，地方政府对该地区生态保护与建设工作的认识程度也不断加深。青海省的负责同志说：“青海省经济总量比较小，生态保护任务比较重。在西部大开发中，我们对推动全国经济发展的贡献可能比较有限，但生态保护方面可以作出很大贡献，我们有责任把三江源这块全国生态高原管理好、保护好。”

西部大开发战略实施后，三江源地区的生态保护工作也很快提上了议事日程。2000年5月，青海省人民政府批准建立三江源省级自然保护区，以加强三江源区生态环境建设，抢救性地保护三江源区独特的高原湿地生态系统。江泽民同志亲笔题写了“三江源自然保护区”碑名。在设立省级自然保护区两年后，青海省又向国务院提出了将三江源自然保护区升级为国家级自然保护区的申请。考虑到此项工程对全国生态安全的重要性和迫切性，国务院于2003年初批准了他们的申请。

一些民主党派、社会团体纷纷献计献策，建议国家加大对该地区的支持保护力度，防止生态环境进一步恶化。2003年，九三学社中央主席韩启德与有关部门的同志和专家学者组成考察团，对三江源地区的生态环境进行了调研，提出了“关于加大三江源地区生态保护和建设力度的建议”。中央统战部将这份建议上报党中央、国务院。2003年7月，胡锦涛、温家宝同志分别将韩启德的建议批给了我。胡锦涛同志批示要求“推进‘三江源’地区生态环境保护和治理工作。”温家宝总理批示：“‘三江源’已经国务院批准，列入国家级自然保护区，要抓紧完成总体规划，加强生态治理和保护工作。”为落实好领导批示精神，我认为，必须把三江源区生态保护和建设作为西部大开发的重要任务之一，加快工作进度。同时考虑到，三江源的生态保

◎2000年8月19日，由江泽民同志亲笔题写碑名的“三江源自然保护区”纪念碑在青海省玉树藏族自治州通天河畔正式揭碑。

护和建设，是我国在青藏高原地区开展大规模生态保护和建设的尝试，对于构建青藏高原生态屏障具有重要意义，不仅涉及到环境保护，还要解决当地居民生计，处理好经济发展、人民生活、民族团结与生态环境的关系，是一项综合性很强的工作，需要由综合部门进行协调。基于此，我将三江源地区生态保护和建设的有关工作交给了国家发展改革委和国务院西部开发办，请他们抓紧研究，常抓不懈，确保三江源保护工作扎实、稳步地向前推进。

二、科学谋划生态保护蓝图

战略谋局，规划先行。有一个好的规划，各项工作推动起来，会事半功倍，反之会事倍功半。三江源自然保护区生态保护和建设工程是西部大开发生态保护和建设的标志性工程，规模大，投入高，参与人数多，不仅为三江源区的干部群众所关注，也牵动着青海全省乃至全国人民的心，而且为世界所瞩目。为确保这项工程的顺利推进，2003年9月，我要求国家发展改革委、国务院西部开发办成立规划小组，编制《青海三江源自然保护区生态保护和建设总体规划》。

在规划编制过程中，国内外各大媒体及社会各界人士掀起了关注三江源的热潮，纷纷为三江源生态保护和建设找问题、献计策。2004年11月，新华社《国内动态清样》连续三期对三江源生态恶化的问题进行集中反映。新华社记者采访玉树州治多县、

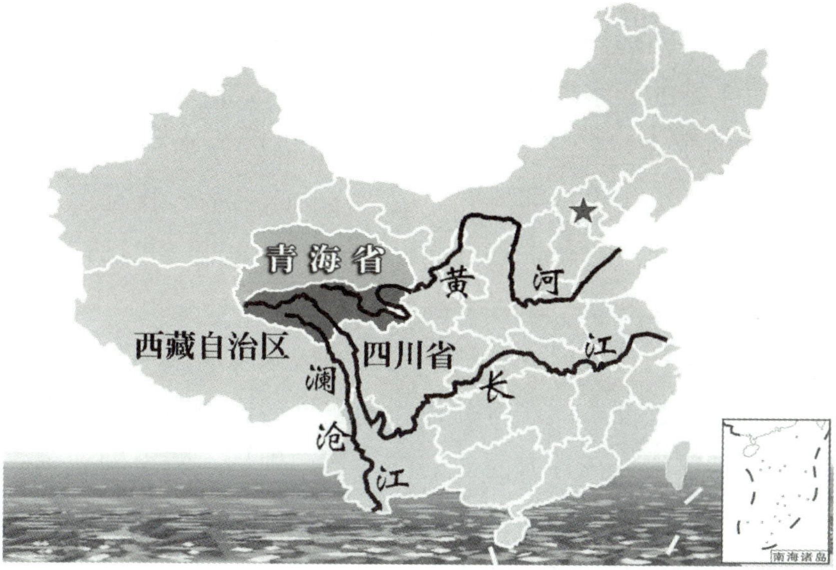

◎三江源自然保护区示意图

杂多县和曲麻莱县时，发现“鼠进人退”的现象十分严重；在海南州共和县，他们了解到共和盆地内自西向东的三条数百公里长的沙带前沿已经跃入龙羊峡库区，直接威胁到电站的正常运营，每年因此造成的经济损失达4700万元；在曾有“千湖之县”美称的玛多县，他们目睹了黄河源头最大的一对“姊妹湖”扎陵湖和鄂陵湖之间首次断流，全县90%以上的湖泊干涸。这些情况使我深感问题严重，必须加快加大规划编制的工作力度，全面谋划三江源地区的生态建设。针对反映的这些问题，我批示要求三江源生态保护应统筹规划，顾及到方方面面，协调推进，确保治理效果。国家发展改革委等有关部门也高度重视，专门召开协调会作了部署。

2004年12月，全国政协委员温克刚向国务院报送了一份题为“三江源和环青海湖地区人工增雨与生态环境监测工作”的调研报告。报告认为，对于三江源这样一个拥有大量冰川、高原湖泊和高原湿地的西部内陆区，持续稳定的雨水补给非常重要。三江源地区有丰富的云水资源，人工增雨潜力大、成本低、见效快，具有显著的生态、经济和社会效益，可以成为水补给的重要途径，建议国家给予重视和研究。看过这份报告后，我觉得他的建议很好，但需要对可行性和适用性作分析。为此，我批转国家发展改革委在制定规划中进行专题研究。

经过大量的调查研究和科学论证，国家发展改革委很快提出规划草案，广泛征求国家有关部门的意见后，中国国际工程咨询公司进行了评估。在各方面共同推动下，规划不断得到完善。在决定正式上报国务院之前，他们先向我作了汇报。我认为这个规划总体上可行，可以提请国务院审议。

2005年1月，温家宝总理主持召开国务院第79次常务会议，审议通过《青海三江源自然保护区生态保护和建设总体规划》，批准实施三江源自然保护区生态保护和建设工程。这是党中央、国务院为保护和改善全国生态环境，实现国民经济和社会可持续发展作出的又一项重大决策。

《规划》的总体思路是，从保护区内退出不合理的生产经营活动，减轻天然草地的生态负荷。妥善安排三江源区牧民群众的生产生活。采取必要的人工治理，促进生态修复。在生态保护和建设的同时，促进转变农牧民的生产方式。实现自然生态和牧业生产相对平衡，生态良好，生产发展的目标。主要措施是：加大退牧还草、退耕还林、生态移民的力度；对草地、湿地、野生动物栖息地进行有效保护；实施游牧民定居，改善农牧民生活条件；实施防沙治沙、鼠害防治、小流域综合治理、黑土滩治理等工程，对生态退化严重区域进行人工修复；加强生产设施建设，科学养畜，提高生产力水平。三江源区生态保护和建设分两步实施，第一阶段从2004年到2010年，第二阶段从2010年到2020年，经过15年的保护与建设，力争基本上扭转整个三江源地区生态环境恶性循环的趋势，保护和恢复源区林草植被，遏制草地植被退化、沙化等高原生态系统失衡的趋势，增加水源涵养量13.2亿立方米，减少流失泥沙1823万吨，人工增雨80亿立方米，黄河径流量增加12亿立方米；提高野生动植物栖息地环境质量；调整产业结构，提高牧民生活水平，实现牧民小康生活。

在之后的三年多里，我多次与青海省负责同志就三江源生态保护和建设工程交换意见，协商解决工程进行中的有关问题。2006年全国“两会”期间，青海省委书记赵乐际和省长宋秀岩专门到我办公室汇报青海省工作。2006年7月，我在格尔木参加青藏铁路建成通车庆典，再次与青海省多位负责同志交换意见。2007年7月，我从拉萨去格尔木。8日早晨，列车到达格尔木车站，我在车上听取了青海省委书记强卫和省长宋秀岩、副省长马建堂的汇报。每次会面，三江源治理都是我们讨论研究的主要内容。对青海反映的在工程实施中遇到的困难和问题，我都请国家发展改革委和有关部门尽可能地协调解决。

三、探索生态保护与牧民致富的双赢机制

2005年8月30日，三江源自然保护区生态保护和建设工程启动大会在青海西宁召开，我出席了会议，国务院副秘书长汪洋以

及国家发展改革委、水利部、农业部、财政部、环保总局、林业局等部门的负责同志参加了这次大会。那天，秋风送爽，气候宜人，正值高原上最好的时节，会场气氛十分热烈。我在讲话中说，党中央、国务院高度重视三江源的生态保护和建设。全国人民对这块土地也十分关心和爱护，青海省各级人民政府和广大农牧民群众，为保护三江源地区的生态环境已经做了不少工作，取得了积极成效，但下一步任务还很艰巨。实施这个规划的意义在于，保护青藏高原的生态环境，维护长江、黄河、澜沧江流域生态平衡，促进人与自然和谐。在规划实施中，要把重点治理项目落到实处，按照自然规律的要求修复生态环境，解决好农牧民的长远生计问题。

为实现三江源自然保护区生态保护和建设总体规划提出的“保护和恢复生态功能，促进人与自然和谐及可持续发展，农牧民生活达到小康”这三大目标，青海省成立专门机构，精心组织规划实施，在没有现成模式和经验可借鉴的情况下，边实践边总结，创造了很多工作亮点，取得了突出成效。

三江源地区告别GDP考核

青海省紧紧围绕“三大目标”，在有效治理生态环境的基础上，努力改善农牧民的生产生活条件，促进生态功能逐步恢复和群众生产生活水平不断提高，努力实现生态保护与牧民致富“双赢”。他们帮助农牧民改变传统的生产方式，积极调整产业结构，培育和发展生态畜牧、藏医藏药、旅游等具有高原特色的绿色产业。同时，把解决好群众的眼前生计与长远发展作为减畜限牧的前提，把退牧还草与小城镇建设、生态移民相结合，在减畜限牧、以草定畜的基础上，有计划地把一部分牧民从草场上迁移出来，进城转产，培训就业，努力转变经济发展方式和群众生产生活方式。

三江源地区的农牧民走农业产业化的道路有许多困难，离开马背和羊群去城里打工也非易事，实现工业项目从无到有则更难。与其带着GDP的压力不停地向牧区和牛羊要产值，倒不如直接摘掉这顶帽子，让他们在三江源的大地上自由呼吸，在保护生态的前提下发展一些适宜对路的产业。生态环境也是竞争力，三江源地区保护了环境，不仅改善了广大群众的生产生活条件，也为发展有优势有特色的产业增强了竞争力。

青海省政府决定从2006年起，对三江源地区不再进行GDP考核，而是把生态保护和建设列为三江源地区各级政府工作的主要考核内容。青海省用改革发展的思路和办法解决生态问题和牧区建设问题，对各地做好生态重点保护区的工作，起到了很好的示范作用。

自然修复与科学治理相结合

在世界屋脊上修复生态环境，是一项非常复杂的系统工程，必须不断深化对这一地区气候、地理、生物变化规律的认识，在生态治理行动中准确把握和科学运用。

三江源的生态保护工程和建设，首先要减少人为活动对生态环境的影响。退牧还草和生态移民工程，是修复三江源自然保护区生态功能的重要措施。截至2009年底，三江源地区为4340万亩退牧还草草地建设了围栏，生态移民近5万人。通过实施围栏封育，再过十年，大部分地区可自然恢复草地生态环境，植被盖度也将有很大提高，起到防治水土流失、防风固沙的作用。

长期的破坏，使三江源地区的生态加速退化，有些区域已经非常严重。对一些重度恶化区域，有必要采取人工干预措施，加快生态恢复。治理黑土滩和人工增雨就是其中的典型案例。

黑土滩是因高寒草甸退化而形成的裸露土地。许多研究认为，这是由于气候暖干化及局部过度放牧、鼠害泛滥所致。在三江源区的1.5亿亩退化、沙化草地中，失去生态功能的黑土滩面积就达7000多万亩。因此，黑土滩治理是三江源生态治理工程的重点和关键。在治理过程中，先是制定了黑土滩退化草地分级标准，查清了退化草地的面积、类型及分布，提出了治理方案，建成了退化草地治理信息系统；然后采用青海畜牧兽医科学院草原研究所培育成功的新草种——“青海草地早熟禾”以对抗黑土滩，并积极推进试点栽培和种子选育工作。野生草地早熟禾经过人工栽培而选育成功的新草种，可在海拔4000米左右的地区完成整个生育期的生长，栽培第二年株高可达70厘米以上。它还具有发达的根茎繁殖能力，草质柔软，产量高，是高寒草甸区放牧的优质牧草，已被中国牧草品种审定委员会审定为野生栽培品种。根据目前推广的进度，到“十二五”时期末，黑土滩将全部换上绿装。

人工增雨是采用人为的办法对一个地区上空可能下雨或正在下雨的云层施加影响，开发云中潜在的降水资源，使降水增加。人工增雨系统包括综合监测、催化作业、信息传输、作业指挥系统和效果评估系统。三江源地区拥有人工增雨的自然潜在优势。为将这一优势转化为现实成果，国家加大了对人工增雨系统项目的投资。《青海三江源自然保护区生态保护和建设总体规划》提出要投资1.88亿元，实施人工增雨工程。截至2009年底，中央和地方下达投资1.6亿多元。其中，已完成工程投资近1.2亿元和相应的建设任务。

人工增雨取得了良好的效果。根据卫星资料提取三江源地区具有代表性的扎陵湖、鄂陵湖来分析实施人工增雨对水资源的影响，结果表明，实施人工增雨后（2005—2009年）较前（2003—2004年）湖泊面积呈明显增大的趋势，扎陵湖、鄂陵湖分别增大了31.76平方公里和49.07平方公里；从2003年到2009年的七年中，湖泊面积最大值均出现在人工增雨实施后的第四年（2008年）。从湖泊面积增大来看，三江源地区人工增雨有效增加了水体面积，对青海高原及下游地区的水利生产和建设储备了良好的给水资源。

在自然条件恶劣的地区开展生态建设，有很多需要解决的难题。对此，青海省先后开展了多项科学研究，并组织推广应用。譬如，三江源地区退化草地恢复机理研究，提出了可持续利用的对策和模式，建立了各类型退化草地人工恢复的示范样板；草畜营养平衡问题研究，提出了以生态保护为重点和以生态保护、畜牧业发展相结合两种类型的合理载畜量；三江源地区适宜栽培草种快速扩繁与加工技术研究，针对三江源地区草种不足的现状，解决了青海扁茎早熟禾、青海草地早熟禾两个牧草原种品种的栽培技术，为根茎型草种的品种扩繁打下了良好基础。

此外，初步建成了三江源生态监测系统、技术保障系统、数据平台和信息传输及评估系统，实现了各部门生态环境基础数据、地理信息、社会经济指标等元素在统一信息平台上的数据兼容，初步建成了一个系统、完整、可比的基础数据信息库。这些工作，为建立三江源生态保护与建设的长效机制奠定了基础。

解决农牧民生计问题

在三江源生态保护与建设工程实施的几年里，我一直关注工程建设的进展情况，对每一份有关三江源的报告、信息都会仔细读，对其中重要的报告和信息提出处理意见，并批转给相关部门。

在各方面报来的材料中，对提高人员素质、解决农牧民生计的反映比较集中。2006年2月，《政协信息专报》刊登了一份“对三江源区生态保护和建设工程的建议”，提出应当加强科学研究、做好工程宏观效益监测与评价、加强项目管理人员和专业技术人员培训。新华社2007年6月的一份内部刊物提出，部分三江源生态移民难以适应新环境，生活比较困难。类似的报告还很多，我都批给国家发展改革委和青海省政府，要求他们加强对生态移民工作的指导，因地制宜，完善政策，解决好三江源移民后续产业发展问题。国家发展改革委会同有关部门和青海省，就这个问题进行了专门研究，对加强科研、监测、培训，特别是发展后续产业，解决农民长远生计问题提出了新的思路。他们采取的措施主要有：

◎图为坐落在青海格尔木市南郊的唐古拉山乡牧民生态移民定居小区，里面的藏式民居整齐美观。

探索后续产业发展途径。青海

省在移民安置区安排县级和乡镇联系干部，协调解决搬迁群众的生活困难和增收发展问题。政府出面牵线搭桥，联系务工机会。为鼓励和扶持生态移民发展后续产业，增加收入，省财政出资并吸收社会资金，建立生态移民创业基金，专门用于生态移民的自主创业，开展多种经营和创办经济实体。

把生态建设项目与牧民增收结合起来。比如，在鼠害防治工程中，三江源区参与此项工程的牧民总人数达到5万余人，约占劳力总数的65%，通过投工投劳获得收入3920多万元。

进一步加强人员培训。重点开展管理人员、专业技术人员和农牧民三个层次的培训。通过集中强化培训、分层次分行业轮训，提高管理人员和技术人员水平，适应工程建设的需要。

这些举措使广大农牧民群众切实感受到了党和政府的关怀，使各族干部群众的生态保护意识普遍增强。牧民群众开始由传统的游牧方式向定居或半定居转变，由单一的靠天养畜向建设养畜转变，由粗放畜牧业向生态畜牧业转变。在保护中发展、在发展中保护的理念逐步树立起来。

四、增水增草增收效果显著

可持续发展的真谛在于尊重自然、与自然和谐共处，一切经济社会活动必须充分考虑自然的承载能力。去过三江源的同志有一个共同感觉，三江源地区经过几年的工程建设，区域生态环境有了明显改善，水源涵养功能有所恢复，增水效果明显。在近几年降水量增多、地面植被恢复和人工增雨的共同作用下，三江源区沼泽、湖泊面积均有不同程度的扩大，河流径流量增加，黄河源头的“千湖奇观”再度显现。

◎现在的三江源保护区内大小湖泊明显增多，野生动物数量明显增加，生态环境得到改善。

草地生态系统得到一定程度的恢复，草地生产力有所增加，增草效果显著。通过退牧还草、鼠害防治、黑土滩治理、沙漠化土地防治等项目的实施，工程区土地退化速度开始下降，鼠害猖獗的势头得到遏制，草地生态压力得以减轻，草畜矛盾得到缓解，局部地区生态环境好转，生态功能开始逐步恢复。

农牧民生产生活条件得到改善，增收能力逐步提高。通过生态移民及相应的社区基础设施建设，加强养畜、农牧民科技培训、农村能源等项目的实施，有效地改善了农牧民的生产生活条件，拓宽了就业渠道。参与退牧还草、退耕还林的农牧民得到了相应的国家钱粮补助。移民社区基础设施建设为生态移民提供了供排水、供电、道路、教育、卫生等基础设施，与迁出区相比，移民生产生活条件得到有效改善，方便了牧民群众就医和子女上学。通过为牧民安装太阳灶和太阳能光伏电源，解决了照明和收看电视难的问题。用能结构更加优化，薪柴和畜粪燃料大为减少，保护了生态环境，增加了草地肥量。牲畜暖棚、贮草棚和饲草料地的配套建设，提高了仔畜繁活率，降低了牲畜严寒期的掉膘程度，降低了成畜的死亡率，提高了防灾保畜能力。

三江源自然保护区的生态保护与建设开了一个好头，已经形成了一个独特的、成效显著的三江源保护模式，这对整个青藏高原乃至全国的生态保护和建设都有借鉴意义。我们把三江源保护工作的主要经验概括为：党和国家重视、各级政府真抓实干、科研力量全程支撑、全社会关心支持、保护区内全民齐抓共管的参与模式；以人为本，以环境为根，以自然规律和科学发展规律为准绳，以实现环境效益、经济效益、社会效益“三赢”为目标的发展模式；科学规划、宣传发动在前，有目标、按计划、分层次组织落实的工作模式。我们相信，在全社会各方面的共同努力下，“中华水塔”将巍然屹立，母亲河水将源远流长。

第九章

青藏铁路：
天路穿越雪域高原

2006年7月1日，是一个让世界为之瞩目的日子。这一天，青藏铁路胜利建成通车，结束了西藏地区不通铁路的历史，实现了几代中国人特别是沿线各族人民梦寐以求的愿望。

青藏铁路建设对于加快两省区经济社会发展、改善各族群众生活、增进民族团结和巩固祖国边防都具有十分重大的意义。在实施这项宏大工程的过程中，我作为青藏铁路建设领导小组组长，参与了青藏铁路格拉段工程论证和建设的一系列决策，亲历了建成世界一流高原铁路的全过程，许多生动的场景至今仍历历在目。青藏铁路谱写了我国铁路发展史上的又一辉煌篇章。

一、中央决定把铁路铺进西藏

铁路进藏的几上几下

上世纪50年代，以毛泽东同志为核心的党的第一代中央领导集体在百废待兴、百业待举的情况下，把改善西藏交通状况，当作发展经济，改善人民生活，巩固国防安全，加强各族人民团结的大事列入重要议程。毛泽东、周恩来、邓小平等领导同志对修建进藏铁路曾多次作出重要批示和讲话。1958年9月，青藏铁路西宁至格尔木段分别在西宁和关角隧道开工。在经历二十多年建建停停的曲折过程后，1979年9月15日，814公里的青藏铁路铺轨到达戈壁新城格尔木。1984年5月1日，经国家验收正式交付运营。

改革开放后，以邓小平同志为核心的党的第二代中央领导集体再次审议修建进藏铁路问题。铁路部门提出了进藏铁路青藏线、滇藏线、川藏线等多种方案。在重点对滇藏线、青藏线方案进行考察比选的基础上，1982年底，铁道部向中央上报了《关于修建进藏铁路线路问题的报告》。但是，限于当时的经济实力和技术水平，特别是对于冻土工程在技术上没有把握，高寒缺氧问题得不到有效解决，加上有的意见认为西藏修铁路不如修公路、搞航空，致使修建进藏铁路的工作再度被搁置下来。

以江泽民同志为核心的党的第三代中央领导集体十分关心进藏铁路建设问题，为此倾注了大量心血。1994年7月，中央第三次西藏工作座谈会召开前夕，西藏自治区负责人向中央领导同志汇报工作，又一次提及修建进藏铁路问题。中央领导听后非常重视，指示铁道部做好相关准备工作。在随后召开的西藏工作座谈会上，江泽民同志指出，要抓紧做好进藏铁路建设的论证和勘查工作。这条意见后来写入了《中共中央、国务院关于加快西藏发展、维护社会稳定的意见》，即中发〔1994〕8号文件。会后，铁路部门再次安排部署进藏铁路方案的论证和规划研究工作，组织有关单位对进藏铁路青藏线、滇藏线、川藏线、甘藏线、新藏线方案进行认真细致的比选。经过深入研究、充分论证和全面评估，提出了修建进藏铁路应首选青藏线方案的建议。

◎1994年7月20日至23日，中共中央、国务院在北京召开第三次西藏工作座谈会。7月20日，江泽民同志看望出席会议的西藏代表，要求"抓紧做好进藏铁路建设的论证和勘查工作"，这一要求后来写进了中发〔1994〕8号文件。

进藏铁路再次提上议事日程

西部大开发战略的全面实施，为加快进藏铁路建设提供了难得的历史机遇。2000年初，在西部地区开发会议召开后不久，西藏自治区党委原第一书记阴法唐向中央报送了《关于青藏铁路复工的情况报告》。温家宝副总理批转给我和铁道部部长傅志寰研究。收到批示后，国家计委组织有关部门进行研究，铁道部也很快将准备好的专题资料报了过来。根据中央领导同志的指示，3月7日，在九届全国人大三次会议记者招待会上，我介绍了当年国家在西部将建设一批大项目，其中包括加快开展进藏铁路等一批重大项目的前期工作。

这年全国“两会”召开后，中央开始酝酿制定国民经济和社会发展第十个五年计划。全国人大代表和政协委员提出的意见和建议中，有相当一部分是关于尽快修建进藏铁路的建议。4月初，江泽民同志在听取党的十五届五中全会文件起草组的汇报时，向参会的铁道部、中国国际工程咨询公司负责人提出了有关进藏铁路的几个问题。

7月，铁道部组织有关部门赴青藏高原进行实地考察和调研，同青藏两省区政府、科研机构、部队、公路等部门座谈，听取两省区负责同志的意见和建议。回京后，铁道部向朱镕基总理呈报了《青藏铁路现场考察报告》。朱镕基总理阅后批转李岚清、吴邦国、温家宝副总理。吴邦国副总理专门听取了铁道部的汇报，要求抓紧论证。

10月，党的十五届五中全会在北京召开。10日这天，江泽民同志来到西南组参加讨论。大家踊跃发言，会场气氛十分热烈。西藏自治区党委书记郭金龙首先提议将修建青藏铁路纳入“十五”计划。郭金龙发言后，江泽民同志点名请西藏自治区党委副书记、人大常委会主任热地发言。热地充满感情地说：“中央提出西部大开发战略非常英明正确，现在的西气东输、西电东送等重大项目已经辐射到十多个省区市，但都辐射不到西藏。所以我们请求中央召开第四次西藏工作座谈会，请求中央尽快修建进藏铁路。进藏铁路对中央来说是几代领导人都非常关心的大事，现在看来以江泽民同志为核心的第三代中央领导集体有望将它付诸实施了，西藏人民盼望了几十年的铁路，现在终于要有着落了！”热地的话音未落，江泽民同志笑着说：“热地同志的思想工作都做到我头上了！”他当即向傅志寰同志询问了进藏铁路前期工作的有关情况，并要求抓紧写一个简明扼要的材料。25日，铁道部将修建进藏铁路的建议送到了他的案头，提出了三条进藏路线的备选方案，包括青藏、滇藏、川藏线。

11月10日晚，江泽民同志给我打来电话。他说，铁道部报来了修建进藏铁路的材料，提出三个路线走向方案，你认为哪个方案比较有把握？现在修进藏铁路条件怎样？我说，项目前期工作已经展开，铁路部门对进藏铁路方案进行了长时期的深入研究和论证比选，他们推荐采用青藏线方案，我认为这个方案是可行的。理由是线路短，投资少，工期短，施工相对容易，准备较为充分。铁道部和中科院等有关部门，三十年来坚持开展高原铁路科学研究和观测试验，过去工程建设遇到的多年冻土和高寒缺氧等问题，现在已经有了一定的技术储备和比较可行的解决办法。青藏线方案需要投资二百多亿元，从我国现有的综合国力和经济实力来看，可以承受。目前我国经济受到了亚洲金融危机的影响，中央决定扩大内需，加快西部地区经济发展，需要有青藏铁

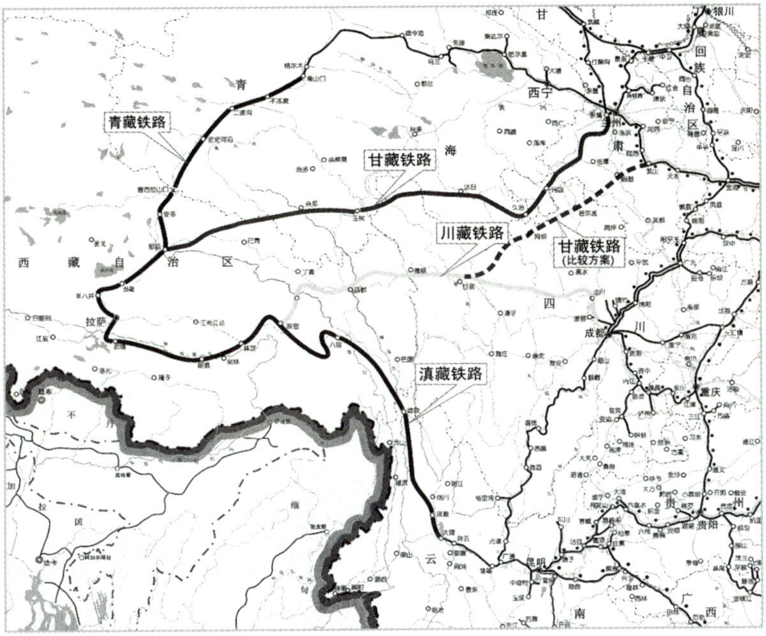

◎进藏铁路方案示意图

路这样的大项目。加上从我国战略安全的角度考虑，修建进藏铁路青藏线，对于促进青藏地区的经济发展，促进民族团结和巩固我国西南边防也具有非常重要的意义。他还询问了一些技术方面的问题，这个电话通了将近一个小时。

当晚，江泽民同志就进藏铁路建设问题作出了长达三页的重要批示："现在看来，修建进藏铁路，从政治、军事上看是十分必要的，从发展旅游，促进西藏地区与内地的经济文化交流看也是非常有利的。""总之，无论从经济发展、政治稳定和国防安全，还是从促进民族团结，更有力地打击达赖集团的民族分裂主义活动考虑，我们都应该下决心尽快开工修建进藏铁路。这是我们进入新世纪应该作出的一个重大决策，一个政治决策，要抓紧考虑。""综合比较下来，第一个方案比较有利，投资少，工

中共中央办公厅

中共中央办公厅

◎江泽民同志关于修建进藏铁路的批示

期短，线路不长，且较为平坦。当然对该方案尚存在的一些问题还要进一步做好研究，尤其要加强对冻土地区的工程地质应用性勘探、研究和试验。对青藏高原铁路的运输、管理、维修模式也应该事先有比较完善的预案。明年要召开第四次西藏工作会议，届时应正式宣布修建进藏铁路，必将对包括西藏广大干部群众在内的全国各族人民带来很大的鼓舞。建议国务院抓紧认真研究一下，总的意向定下来后，责成计委、铁道部尽快完成可行性研究，以便党中央、国务院及时讨论并作出这个战略决策。”

江泽民同志的重要批示明确了修建进藏铁路的方针，将青藏线方案提上了议事日程。

国务院批准青藏线方案

江泽民同志将铁道部的建议批给了朱镕基、胡锦涛、吴邦国、温家宝同志。第二天，朱镕基总理批示：“请国务院领导同志阅，并送各有关部门领导。请培炎同志负责，会同铁道部、中国国际工程咨询公司，抓紧论证，提出方案报国务院。”除吴邦国同志出国访问外，胡锦涛、温家宝等同志相继圈阅了这份文件。我接到批示后，事不过夜，立即要求国家计委有关司会同铁道部等单位，在2001年6月中央第四次西藏工作座谈会召开前，完成青藏铁路建设立项和项目评估工作。

不久，国家计委组织铁道部与中国国际工程咨询公司，就项目可行性与必要性开展了研究。考虑到青藏铁路项目的公益性，对项目的社会效益，包括对西藏地区生产生活资料成本降低，对经济社会未来发展的影响等作了定量分析，并与企业和项目的自身效益作了比较。同时，还对项目工程造价、资金筹措、运营亏损、扶持政策等问题进行了研究。12月10日，我向国务院上报有关青藏铁路建设问题的请示，提出了三条工作建议：一是建议国家计委商铁道部召开论证会，为上报项目建议书作准备；二是建议成立青藏铁路建设领导小组；三是争取于当年12月或次年1月向国务院正式上报青藏铁路项目建议书，并在2001年适当时候，再组织专家进行一次实地踏勘。朱镕基总理同意了我的请示。

2000年12月中旬，国家计委会同铁道部在京召开青藏铁路项目立项报告汇报会。会上传达了中央领导同志的批示，听取了铁道部的汇报，初步审查了项目建议书。我在会上说，建设进藏铁路将成为西部大开发的一项标志性工程，各有关部门和地方要认真领会江总书记批示的精神，从战略高度，从政治、经济、社会、国防的全局来认识建设进藏铁路的必要性和紧迫性，把握好建设时机，通力合作，加快前期工作。这次会议的讨论很热烈，大家一致拥护党中央、国务院关于尽快建设进藏铁路的决策。经过对青藏、滇藏、川藏、甘藏等多个建设方案进行比选，大家赞成采用进藏铁路青藏线方案。

之后，国家计委召开几次主任办公会，讨论项目建议书。认为，新建青藏铁路（全长1142公里，含格尔木至南山口既有线改造32公里）虽地处青藏高原，自然条件恶劣，沿线人烟稀少，高寒缺氧，但线路短，工程量小，投资省，工期短，高原地形起伏不大，前期工作基础较好，可以充分利用既有的青藏线西宁至格尔木段，与其他方案综合比选较为有利。2001年年初，国家计委向国务院报送了《关于审批新建青藏铁路格尔木至拉萨段项目建议书的请示》。

2001年2月8日，国务院召开总理办公会，审批青藏铁路项目建议书。我和张国宝同志代表国家计委在会上作了专题汇报。为了让大家直观地了解青藏铁路沿线的地形地貌，汇报前播放了模拟青藏铁路全线状况的多媒体动画片。与会人员进行了充分讨论。听了大家的发言后，朱镕基总理说，总书记作了重要批示，大家已经做了大量工作，现在看来项目的立项条件已经基本成熟。我们要把青藏铁路作为西部大开发的一个骨干项目，在可研阶段把工作做深做透。会议认为，经过二十多年的改革开放，我国综合国力显著增强，已具有修建青藏铁路的经济实力。通过多年不间断的科学研究和工程试验，对高原冻土地区筑路和养护等技术问题也有了比较可行的解决方案。修建青藏铁路，时机已经成熟，条件基本具备，可以批准立项。会议要求国家计委、铁道部会同有关部门进一步完善建设方案，抓紧做好项目可行性研究工作，力争早日开工。会议决定成立青藏铁路建设领导小组。

第二天，新华社发布了《国务院批准建设青藏铁路》的电讯稿，在国内外引起了强烈反响。西藏自治区人民政府主席列确说：“青藏铁路的修建可以打破西藏的封闭，对西藏的稳定发展有极大的促进。”拉萨市市长洛桑江村说：“西藏是中国唯一不通铁路的地区。希望青藏铁路早日开工，让铁路把更多的现代观念和生活方式带入西藏。”国外媒体也纷纷作出报道，有的认为，在世界屋脊修建钢铁“天路”，将使中国人“出国容易进藏难”的历史一去不返，而处于困境中的世界铁路经济也将受到一次空前的鼓舞。有的认为，青藏铁路的建设使得西藏与中国内地的联系更紧密，由此可能对整个南亚次大陆的地缘战略形势产生深刻影响。也有的媒体担心，修建青藏铁路将对这一地区的生态环境提出挑战。从这时开始，青藏铁路一直是国内外媒体广泛关注的对象。

3月5日，在九届全国人大四次会议西藏代表团讨论会上，胡锦涛同志指出：中央已经决定修建青藏铁路，这无论在经济上还是在政治上都有着十分重大的意义。西藏要主动配合有关部门做好青藏铁路工程的前期工作，力争早日开工建设。同时，要以修建青藏铁路为契机，带动西藏相关产业发展，带动沿线地区开发。这里需要强调的是，国家在还不太富裕的情况下给西藏这么大的投入，确实是很不容易的，一定要倍加珍惜，力争收到最好效益。西藏的自然资源和生态环境得天独厚、非常宝贵，在加快经济发展的过程中要十分注意对自然资源和生态环境的保护，努力实现可持续发展。

在这期间，国家计委会同有关部门，紧张有序地开展可行性研究，建设工地现场前期准备工作也顺利推进。6月20日，朱镕基总理主持召开国务院总理办公会，讨论青藏铁路格尔木至拉萨段工程建设方案。会议对该项目的运量、主要技术标准、设计原则、主要建设方案、环境保护、管理体制和经济评价等方面又进行了深入研究，同意该项目的可行性研究报告和开工申请。批准新建青藏铁路格拉段工程的静态总投资223.8亿元，动态总投资262.1亿元，工程造价增涨预留费27.8亿元，机车车辆购置费9.8亿元，铺底流动资金0.7亿元，建设工期为6年。

6月25日至27日，中央召开第四次西藏工作座谈会，江泽民同志在会上指出："'十五'期间，国家将继续加大对西藏的投入，重点是基础设施建设，国家已决定开工兴建青藏铁路。"朱镕基总理也在讲话中指出："经过充分论证和准备，青藏铁路即将开工。建设这条贯穿青藏高原的铁路大动脉，不仅对加快西藏发展具有重大意义，而且对实施西部大开发战略也有重要作用。"在中央第四次西藏工作座谈会结束的当天，国务院下发了《关于青藏铁路格尔木至拉萨段开工报告的批复》。批复要求，各有关地区和部门要严格按照国家有关规定，落实项目法人责任制、工程招投标制和工程监理制，加强管理，保证工程质量，严格控制工程投资，按期完成建设任务，为西部大开发作出贡献。

钢铁巨龙从这里起舞

中央第四次西藏工作座谈会刚刚结束，2001年6月29日上午，青藏铁路开工典礼在青海省格尔木市南山口火车站和西藏自治区拉萨河畔造耳峰隧道出口同时隆重举行。青藏铁路建设领导小组成员及有关部门和单位的负责同志，以及1.3万多名铁路建设职工和群众代表，分别在两地参加开工典礼。

江泽民同志为开工典礼发来贺信，指出："建设青藏铁路，是党中央作出的一项重大决策，对加快西部地区特别是西藏的经济和社会发展，对造福西藏以及促进各民族的团结互助和共同繁荣，具有重要意义……希望具有艰苦奋斗、敢打硬仗的优良传统和作风的铁路建设大军，发扬‘开路先锋’精神，团结拼搏，科学施工，加强协作，群策群力，优质高效地建成青藏铁路，为中华民族的伟大复兴作出新的贡献！”

◎2001年6月29日，青藏铁路开工典礼在青海省格尔木市和西藏自治区首府拉萨市同时举行，朱镕基总理为工程开工奠基。

我陪同朱镕基总理在格尔木南山口火车站出席开工典礼，典礼由国务委员兼国务院秘书长王忠禹主持。开工典礼首先宣读了江泽民同志的贺信和国务院关于青藏铁路格尔木至拉萨段开工报告的批复，我和铁道部部长傅志寰、西藏自治区党委书记郭金龙、青海省省长赵乐际先后发了言，参建干部职工表了决心。最后，朱镕基总理发表重要讲话，宣布青藏铁路全线开工，并为工程剪彩和奠基。吴邦国副总理在拉萨为开工剪彩，到造耳峰隧道出口为全线率先开工的造耳峰隧道主体工程下达开钻令。

青藏铁路格拉段开工典礼，标志着这项举世瞩目的宏伟工程正式实施，一场人类挑战高原极限的伟大战役开始打响了。青藏铁路格拉段位于海拔4000米以上的路段近1000公里，占全线总长的84％。在我的印象中，以前我们乘坐的安-24飞机也只能在海拔3000多米的空中飞行。现在火车能在飞机飞行高度以上的地方行驶，难怪它被青藏两省区各族人民称为“天路”，这真是一个十分形象、贴切的比喻。

开工一年后，2002年6月29日，我到格尔木南山口车站出席青藏铁路新线铺轨仪式，驱车考察昆仑山隧道建设工地。在昆仑山垭口，我放眼空旷的原野，心潮澎湃。这时我突然理解了，为什么游牧民族音域宽广，擅长歌舞。面对如此辽阔的世界，难道你不想大声歌唱吗？哪怕不成曲调，也可以抒发胸臆。同行中的人也有同感，脱口说道，要是能有一首像《我为祖国献石油》那样的歌曲传唱开来就好了。我觉得有道理，转身对铁道部副部长孙永福说，我

◎2002年6月29日，考察昆仑山隧道建设工地。

们也应有一首表现这一伟大工程的歌，是不是由铁道部来一次征选，这是一件很有意义的事。孙永福欣然受命，回京后由铁路总工会牵头，在全国范围内开展了“青藏铁路杯”歌曲征集活动，组织专家进行评选。全国近两千名专业和业余词曲作者踊跃投稿，征集歌曲680多首。其中，由屈源作词、印青作曲的《天路》在建设者中和社会上产生了强烈反响，也生动宣传了青藏铁路的伟大意义，迅速在铁路系统内外广泛传唱，极大地鼓舞了建设者的士气。

二、精心组织青藏铁路工程建设

青藏铁路建设领导小组2001年2月成立，到2007年7月光荣完成历史使命，经历了开工前期准备、连续五年的工程建设期和一年的运营检验期，共六年五个月时间。在这期间，我先后主持召开了十次领导小组会议和一次专题研究青藏铁路工程建设问题的会议，四次上高原考察建设工地。建设领导小组按照高起点、高标准、高质量建设世界一流高原铁路和青藏铁路运营管理创世界一流水平的要求，在工程筹划、建设和运营等各阶段的组织协调方面，发挥了重要作用。

建立跨部门跨地区协调机制

为组织动员中央各部委和青藏两省区集中人力、物力、财力建设青藏铁路，国务院成立青藏铁路建设领导小组，全面开展建设青藏铁路的各项准备和组织领导工作。我担任领导小组组长，铁道部部长傅志寰任领导小组副组长，领导小组成员有国家计委、铁道部、财政部、国土资源部、中国国际工程咨询公司、中国科学院和西藏自治区、青海省等单位和地区的负责同志。按照基本建设程序，重大工程项目的设计和施工，必须进行环境影响评价工作。为加强对青藏铁路建设环境保护工作的领导，增补国家环保总局负责同志为领导小组成员。

由于青藏铁路开工建设的各项前期准备工作头绪繁多，项目开工后，现场的建设、管理和协调工作任务也都很重，领导小组中的组长、副组长和成员都是兼职，需要选配一名领导同志专职主抓青藏铁路建设。我们向朱镕基总理请示，建议增补铁道部副部长孙永福专职担任领导小组副组长兼领导小组办公室主任。2001年5月，国务院同意了这个建议。2003年3月政府换届后，领导小组的成员作了调整。

领导小组每次会议基本上选择在年底或年初举行，主要是明确各阶段工作目标和行动要求，协调处理重大问题，如青藏铁路开工方案、调整工程投资、高原冻土施工、高原病和鼠疫防治、生态环境保护、改善建设人员待遇、外部电源建设、青藏公路改造、确定拉萨河特大桥和拉萨车站设计方案、重点工程保卫、地方公用配套设施建设、青藏铁路运价、竣工验收方案，以及铁路运营管理工作等。历次领导小组会议都讨论明确了各年度的行动目标：2001年为首战告捷年，2002年为重点攻坚年，2003年为全面攻坚年，2004年为整体推进年，2005年为全线决战年，2006年为开通运营年，2007年为建设验收年。这些目标鼓舞了建设队伍的士气，有力地促进了工程建设。

创新铁路建设运营体制

青藏铁路地处青藏高原极其特殊的环境，工程投资较多，客货运量较少，运营成本较高，有很强的公益性，但项目本身经济效益欠佳，不可能完全依靠市场化运作来解决工程建设资金和补偿运营亏损。因此，工程项目全部由中央政府安排建设资金（其中75%为国债资金，25%为铁路建设基金），实行优惠政策，给予运营适当补偿。

对于公益性强的工程项目，传统的管理模式是设立建设指挥部。这种管理模式虽然在协调各方关系、集中优势力量、解决重大问题方面有较大的权威性，但指挥部不是一个独立的经济实体，缺乏明确的经济责任；指挥部作为一个临时机构，不能积累专业化管理经验；指挥部只负责工程建设，不负责运营管理，项目建成后要办理移交手续。如何在公益性较强的工程项目中建立与社会主义市场经济体制相适应的管理体制，是我国铁路建设工程管理理论和实践的一个难点。为了探索解决这个难题，我在领导小组第一次会议后，就同傅志寰、孙永福等同志一起商量，请铁道部先拿个意见。铁道部经过研究提出了方案，建议成立青藏铁路公司，实行项目法人责任制，对青藏铁路建设和运营实行创新管理。公司在铁路建设期的主要职责是，全面组织青藏铁路建设管理工作，筹备青藏铁路开通运营。在运营期主要职责是组织青藏铁路客货运输，确保运营安全；在享受国家和地方政府优惠政策的前提下，偿还债务，正常运营。

铁道部的这个方案，符合当时投资体制改革的方向。2001年5月28日，青藏铁路建设领导小组第二次会议审议并通过了组建青藏铁路公司的方案。铁道部报经国务院批准，2002年9月，青藏铁路公司在青海省西宁市正式挂牌成立，成为我国公益性铁路工程项目中首家实行法人责任制、全面负责铁路建设和运营管理的国有大型企业。

优化格拉段线路走向

按照青藏铁路建设领导小组第一次会议的精神，铁道部组织了青藏铁路全线勘测、科研试验等项工作。根据铁路部门的多年勘察，新建青藏铁路的大部分线路走向基本上与青藏公路平行。在项目可行性研究报告的编制工作中，青藏铁路格拉段线路走向的问题出现了几种不同的方案意见。对通过唐古拉山时，选择走青藏公路越岭还是走唐古拉山口越岭；通过西藏那曲时，是否经过那曲城区；当雄到拉萨间线路，采用经达孜线路还是经羊八井线路等，各方面产生了激烈争论。

铁道部向我汇报了这一情况，我感到此事关系重大，要求进一步踏勘论证，并与青海、西藏两省区充分交换意见，同时请中国国际工程咨询公司加入进来，进行认真细致的评估。经过进一步的技术经济比较，各方面的意见基本上达成一致，建议采用唐古拉山越岭方案、经过那曲城区方案和经羊八井方案。唐古拉山越岭方案具有越岭高度低、地形较好的优点，线路短9公里，且冻土不良地质现象较少，工程相对简单，静态可以节省8亿元。不经过那曲城区设计，线路可缩短30公里，投资节省3.7亿元，但考虑到那曲是藏北第一重镇，基础设施落后，铁路如果经过那曲城区，可以带动当地经济发展。我们认为在距那曲城区5公里处设站是非常必要的，最终还是选择了距那曲城区较近的方案。

而当雄至拉萨间线路，选择采用经羊八井方案，可以绕避澎波林周自然保护区，对生态环境保护具有重要意义。

合理调整工程建设投资

在工程建设中，从项目可行性研究到初步设计，青藏铁路工程的技术方案、建设标准及工程规模发生了变化，工程总投资需要根据实际情况进行调整。

在青藏铁路建设中，尽管铁道部采取了加强科技攻关、优化工程设计、强化建设管理等措施，确保工程建设质量，努力控制工程投资，但由于工程的特殊复杂性和认知的局限性，有些困难和问题在前期工作中难以预料，原有部分工程设计标准不符合实际运营安全可靠和运量增长的需要，一些技术方案和措施需要优化。特别是随着对“多年冻土、高寒缺氧、生态脆弱”三大难题认识的不断加深，必须采取大量强化措施；按照建设一流高原铁路的要求，需要调整一些建设标准，采购一批较为先进的机车车辆，以实现快速通过高原缺氧地区、“无人化”管理、设备少维修或免维修的目标。因此，对青藏铁路总投资进行调整是非常必要的。

2004年12月10日，青藏铁路建设领导小组召开会议，研究了关于调整青藏铁路格尔木至拉萨段工程总投资的问题。会议决定，由国家发展改革委会同铁道部等有关部门认真研究、测算和论证，抓紧提出方案报国务院；同时要求进一步加强资金管理，厉行节约，在确保工程质量与进度的基础上，严格控制投资规模。会后，国家发展改革委与铁道部等有关部门做了大量艰苦细致的工作，研究提出了工程调整投资的方案，并由国家投资项目评审中心组织专家进行了评审。

按从严控制和实事求是的原则，国家发展改革委和铁道部研究提出了投资调整方案，主要内容为：保证多年冻土的稳定性，增加投资40.2亿元；切实保护自然环境，增加投资14.5亿元；增加西藏自治区征地补偿1亿元；提高参建职工待遇，增加投资18亿元；提高线路技术条件和主要装备技术水平，增加投资43.6亿元；同时，优化设计并调减部分费用，减少投资48.4亿元。青藏铁路总投资拟调整为330.9亿元。关于资金来源，建议超出可研批复投资部分仍维持原投资比例安排资金，即增加投资的75%，安排中央预算内专项资金，其余25%安排铁路建设基金。此方案很快获得国务院批准。

青藏铁路格拉段工程总投资虽比开工时国务院批准的262.1亿元增加了68.8亿元，但平均每公里建设投资不到2900万元，这个造价控制仍旧是很严格的。从国家审计署对环境保护资金的专项审计和财政部资金评审中心对工程总投资的资金评审情况来看，青藏铁路建设认真执行国家关于建设资金管理的法规和制度，从严控制建设资金，工程总投资没有超出调整后的国家批准范围。

适时加快施工进度

青藏铁路建设最初作出的总体部署是“由北向南、逐步推进，分段施工、分段铺轨”。国家批准的总工期为六年。但在施工过程中，由于冻土地段工程需要采取补强措施，全线桥梁也由原设计的69公里增加到159公里，使机械架梁作业量大大增加。若按原来由北向南、分段铺轨的施工组织安排，要到2007年初才能铺轨到拉萨，难以确保全线按期开通运营。我和铁道部负责同志研究，考虑可以增设铺架基地，开辟新的铺架作业面。铁路部门充分论证后，2003年底领导小组决定，新建西藏段安多铺架基地，增开两个铺架作业面，加快铺轨架梁速度。

一般来说，新建线路都要选择合理的区段，用来集中牵引机车、架桥机、铺轨机、桥梁轨排运输平板车等大型设备，修建桥梁和轨枕预制场，并将钢轨和轨枕钉联成轨排，这个区段统称为铺架基地。桥墩、路基建好后，由机车牵引架桥机、铺轨机将桥梁、轨排铺设到位。由于修建铺架基地投入较高，通常情况一条新线只建一个铺架基地。青藏铁路开工前，格尔木南山口就已经开始修建高原规模最大的铺架基地，并于2002年6月正式从青藏铁路新线起点开始铺轨。这次决定新建安多铺架基地，会增加一部分投资，但对于保质保量按时完成建设任务十分必要。

工程人员将168台大型机车、铺轨机、架桥机等设备，在青藏铁路已铺轨的秀水河车站进行解体（单件最重55吨），然后用汽车长途运输390公里，翻越海拔5231米的唐古拉山垭口到安多进行现场组装，启动牵引内燃机一次成功，这在世界铁路建设史上是少有的。

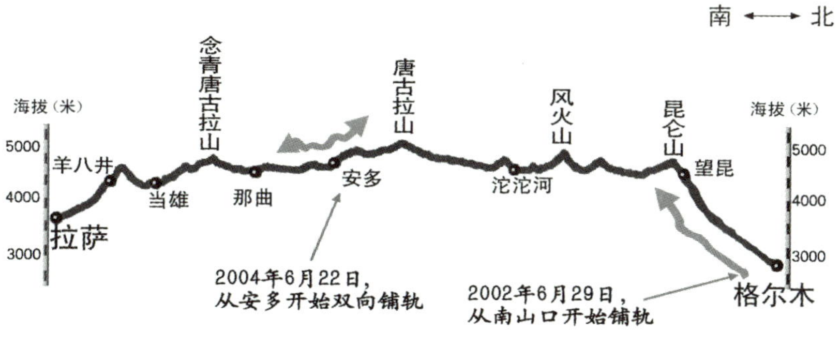

◎青藏铁路由北向南、南北双向三面铺轨，逐步推进、分段建设。

2004年6月，青藏铁路从安多正式向唐古拉山和拉萨两个方向展开铺架作业，加上已经从格尔木向唐古拉山方向展开的铺架作业，形成了南北双向三面推进之势，大大加快了铺架进度。在海拔攀升、运距加大的情况下，2004年铺轨393公里，超过2002年、2003年两年铺轨总里程，为2005年实现全线铺通创造了有利条件，比原施工方案节省工期一年。

2005年“五一”劳动节期间，温家宝总理来到青海格尔木，与战斗在青藏铁路第一线的建设者一起过节。他强调，既要把铁路修好，保证铁路畅通，又要保护好铁路两边沿线的自然环境和生态环境。他指出，要把青藏铁路建设成一流工程、精品工程，在建成后的运营、使用、管理上，也要坚持一流的标准，使之成为优质高效的工程。

三、攻克“三大难题” 创出多个奇迹

在重大工程建设中，往往有一些难点需要重点突破。青藏铁路是世界上海拔最高、线路最长的高原冻土铁路，极具挑战性和创造性，工程建设面临着多年冻土、高寒缺氧、生态脆弱等三大世界性工程技术难题，这也是青藏铁路几上几下的重要原因。为了高起点、高标准、高质量地完成建设任务，中央领导同志对突破“三大难题”作出了一系列重要指示。我多次在青藏铁路建设领导小组会议上强调，有关部门要认真贯彻中央领导重要指示，密切配合，联合攻关，破解“三大难题”。除此之外，还要自主

研制进藏列车，建设具有民族特色的拉萨河特大桥和拉萨火车站。

冻土工程技术达到世界先进水平

青藏铁路沿线多年冻土广布，地震、滑坡、泥石流、风沙、雷电等自然灾害严重，对工程设计和施工技术提出了很高要求。特别是解决多年冻土路基因冻胀融沉引起的变形病害，是工程建设遇到的最大技术难题，也是世界性的工程技术难题。青藏高原的多年冻土大多属高温冻土，极易受工程的影响产生融化下沉，部分季节性冻土会因外界气温寒冷产生冻胀变形。因此，修筑青藏铁路成败的关键在路基，路基成败的关键在冻土，冻土的关键问题在融沉和冻胀。青藏铁路沿线地质极为复杂，线路经过连续多年冻土区长达550公里，另有部分岛状冻土、深季节冻土、沼泽湿地和斜坡湿地。

在青藏铁路全线开工前，铁路部门借鉴国外的经验教训，结合我国高原冻土科研成果，编制了青藏铁路多年冻土区勘察、设计、施工等暂行规定，并对秘鲁的高原铁路、俄罗斯冻土地区铁路进行了考察。在青藏铁路建设中，查明了沿线多年冻土分布和特点，确定了尽量绕避不良冻土地段的选线原则。坚持试验先行，选取了五个具有代表性的路桥、隧道冻土工程，先行建设试验段，组织有关院校科研技术人员对各项冻土工程措施进行高原环境试验和联合攻关，用试验研究取得的阶段性成果指导设计和施工，有效避免了工程建设走弯路。

在建设过程中，工程技术人员突破传统冻土工程的设计理念，确立了“主动降温、冷却地基、保护冻土”的设计思想，实现了对冻土环境分析由静态转变为动态，对冻土保护由被动保温转变为主动降温，对冻土治理由单一措施转变为多管齐下、综合施治的“三大转变”。以尽量吸纳储存自然界冷能，降低地基下部冻土温度、保持冻土热稳定性为根本前提，总结出片石气冷路基、通风管路基、碎石（片石）护坡或护道、热管、铺设保温材料等办法，形成旋挖钻机干法成孔灌注桥梁桩基础、隧道设置防水保温层、特别复杂冻土地段以桥梁通过等成套冻土工程措施。

经过建设期四个以上冻融循环观测和通车运营检验，成套冻土工程措施综合应用后，青藏铁路地基底温降低、冷储量增加、路基基底冻土上限普遍上升，工后沉降速率小于设计允许值，未发生大的冻胀融沉病害，冻土地段路基变形逐步趋于稳定，桥梁和隧道建成后都处于稳定状态，列车在冻土区运行时速达到100公里，创造了世界高原冻土区铁路运行时速的最高纪录。第六届国际多年冻土二期工程会议上中外专家现场考察后一致认为，青藏铁路建设解决了高原多年冻土区筑路关键技术难题，采取的主要工程措施

◎通风管路基

可靠，能够保证安全稳定，体现了当今世界冻土技术的最好水平，代表了国际冻土工程的最新进展。

卫生保障创造世界高原医学奇迹

试验表明，一个人空手在海拔4600米的高原行走，其心脏负荷相当于平地身背25公斤重的物品。在这种环境下从事繁重的体力劳动，对参建人员的健康和安全构成很大威胁。对这一情况，中央领导同志十分了解，非常关心。胡锦涛同志在2002年5月到青藏铁路施工现场考察时，专门察看了职工的生产生活环境，特别检查了工人的伙食条件，嘱咐要提高伙食标准，制定措施防止高原病发生。他还强调，要加强高原缺氧环境下的医学研究，落实医疗保障措施，保证筑路职工的健康。有关陪同人员回京向我汇报了这件事后，我立即商请铁道部，切实落实胡锦涛同志的指示，提高所有现场参建人员的伙食标准，同时增加了高压氧舱的数量。

我在工程建设期间曾四上青藏高原，对施工现场的工作环境有着切身体会。2002年9月，我登上海拔4900米的昆仑山口，慰问在风火山隧道里工作的建设者。我在讲话前专门吸了氧，但手持话筒讲了没几分钟，就感觉上气不接下气。后来到隧道施工现场，看到工人们手持风钻工作，条件十分艰苦。上千公里长的青藏铁路就是工人兄弟们一钻钻、一米米地干出来的。他们挑战生命极限，开创了世界铁路史上的奇迹。

青藏铁路沿线地处雪域高原，海拔4000米以上地段线路960公里，占线路总长的84%，翻越唐古拉山的铁路最高点海拔5072米，超过4817.8米的世界已建铁路最高点。沿线高寒、缺氧、气压低，氧气只有海平面的50%—60%，年平均气温在0℃以下，极端最低气温为-45℃。干燥、风大、强紫外线辐射，处于鼠疫自然疫源地，不少地段缺乏可饮用水，属于“生命禁区”。青藏铁路建设坚持以人为本的理念，十分注重卫生保障、医疗救治和疫病预防服务，千方百计保障参建人员身体健康和生命安全，确保建设队伍能够上得去、站得稳、干得好。

铁路建设单位与科研单位合作，在海拔4700米以上地区首次研制并使用每小时生产24立方米氧气的高原制氧设备，实现了海拔4905米的风火山隧道掌子面弥漫供氧，隧道内空气含氧量相当于降低海拔1200米，即海拔3705米处的含氧量，有效改善了作业环境。后来这一成果得到广泛采用，在全线设置了17个大型制氧站，使过去用于急救的氧气，成为参建人员必备的劳保用品，提高了施工队伍的战斗力。

铁道部、卫生部联合制定了青藏铁路卫生保障措施，以及公共卫生事件应急预案。实行体检准入和“三检一习一巡”，即工前体检、工中体检、工后体检，上场人员先在海拔相对较低的生活基地习服适应后再到高海拔施工现场，医务人员夜间巡诊查铺。组织高原医学专家成立了高原生理

◎高压氧舱

咨询组，建立覆盖全线的三级医疗保障网络，工地医院配备3900多台套先进适用的常规医疗设备，现场医务人员与职工比例达到1.5%至2.0%，并在海拔4500米至5000米的建设工地配置应用25台高压氧舱，使高原病患者能在高压氧舱内迅速缓解高原反应症状。

青藏铁路沿线动物间鼠疫疫情时有发生，疫情地距建设工地最近处只有500米左右，有可能影响施工正常进程。青藏铁路建设领导小组高度重视鼠疫防治工作。在领导小组会上，青藏两省区反映鼠疫防治经费不足，我即请财政部及时给予支持。2003年财政部分两批给卫生部安排1000万元鼠疫防治专项经费，主要用于为青藏两省区鼠防机构购置仪器设备、交通工具以及为青藏两省区拨付鼠疫防治监测经费等方面。各参建单位按照地方政府的部署，加强鼠防宣传教育，严格执行鼠防规定，建立鼠疫监测系统，及时掌握疫情信息，采取有效预控措施；工地医院设立鼠疫隔离病房，配备相应医疗、防护、消毒等设备，确保了铁路建设工地未发生人间鼠疫疫情。

在卫生部和青藏两省区大力支持下，各参建单位不断强化卫生保障工作，把保障参建人员健康安全的要求落实到施工建设的每个环节、各个层面和工程全过程，使所有参建人员经受住了高寒缺氧的严峻考验。在这样特殊的高原地带组织建设这样巨大的工程项目，全线实现高原病“零死亡”、鼠疫疫情“零传播”，这在世界建设史上也是一个奇迹。

保护环境实现人与自然相和谐

由于特殊的地理环境和严酷的气候条件，青藏铁路沿线生态环境非常敏感脆弱，一旦受到扰动破坏，短期内极难恢复，甚至根本无法恢复，这对环境保护工作提出了严峻挑战。青藏铁路建设者以对子孙后代高度负责的精神，十分爱护、珍惜青藏高原的一草一木，做到依法环保、科技环保、全员环保，把项目实施对生态环境的负面影响降到最低程度，努力建设具有高原特色的生态环保型铁路。

为实现科技环保，建设中组织专家开展高原地表植被保护、野生动物通道设置等课题研究。在海拔4300米至4700米的高寒草原、草甸地段，选择抗寒效果好的草种，采用人工播种，辅以喷播、覆膜等培育技术，使种草试验获得成功，开创了高原人工植草试验的先例。在总结施工企业成功经验的基础上，形成了人工种草和移植草皮工法，在全线有条件区段大力推广。由于把路基边坡和水沟设计为草皮防护，使唐古拉山以南安多至拉萨间形成了三百多公里长的“绿色长廊”。

在最初的野生动物通道设计中，有些通道由于更多考虑了施工工程的方便，没有设在原来动物迁徙路线上，而是在不远的一些地方开了口子。我征求了有关专家的意见，认为这并不是一个完善之策。后来我在领导小组会上说，藏羚羊又不是人，它们并不知道在别处留了通道，最好还是放在原来迁徙路线上。后来，工程部门进一步深入调查野生动物分布习性和迁徙规律，增加了新的通道，扩大了通道的宽度，全线共形成了33处野生动物通道，包括桥下、隧顶和路基缓坡平交三种形式，这在我国重大工程项目中尚属首例。每年6月至8月藏羚羊迁徙季节，在可可西里地段的施工企业主动停工让道，保证迁徙活动不受干扰。

为实现全员环保，建设单位把环保工作纳入“建功立业劳动竞赛”和“优质工程”评定范围，实行一票否决制。建设中大力

◎藏羚羊通过野生动物通道。

普及环保知识，分层次进行环保培训。印发《环保手册》，竖立环保宣传牌，使参建人员树立生态文明观，形成人人关心环保、人人参与环保的良好氛围。铁路通过的措那湖自然保护区路段，施工企业用13万条沙石袋垒成20多公里护堤，有效防止了湖水污染。沱沱河站污水处理达到国家规定的生活用水标准，其他车站污水处理达标后用于车站范围内的绿化，有效保护了地表水体。工程检查验收时，看不到任何施工的痕迹，沿途绿色依旧，所有施工现场都进行了覆盖，这对工程开始时出现的一些质疑和杂音是个很好的回答。

青藏两省区环保部门监测结果显示，青藏铁路建设对河流水质无明显影响，区域冻土环境未出现明显改变，沿线野生动物迁徙条件和铁路两侧自然景观未受破坏，沼泽湿地环境得到有效保护。全国人大环境与资源委员会现场专题调研后认为，青藏铁路建设的环境保护工作实现了人与自然相和谐。国家环保总局、水利部、林业局等部门多次检查后认为，青藏铁路环保管理经验居国内重点工程建设项目领先水平，为今后艰苦条件下的大型施工建设树立了可资示范的样板。

自主创新研制进藏列车

青藏铁路沿途路段高寒缺氧、低温低压、日温差大、紫外线强，风沙、雨雪和雷暴频繁，在如此恶劣环境下开行进藏列车，世界上没有现成的经验可以借鉴，必须依靠科技创新，自主研制适应高原环境、确保旅行安全的客车。领导小组第一次会议提出对高原铁路机车车辆、旅游列车等要下达研制任务，早作准备。2002年底，领导小组第五次会议再次要求，依靠科技力量，自主创新，加快高原机车车辆研制和试验工作。

铁道部组织国内客车设计、科研、制造等单位，对青藏客车的技术条件反复论证，确定了列车供氧、防雷电、防风沙等主要技术方案和设计制造原则。承担客车设计制造任务的南车集团四方股份有限公司，攻克诸多技术难关，研发出了具有满足供氧、绿色环保、适应环境、确保安全四大特点的硬座车、硬卧车、软卧车、餐车和发电车等五个品种的高原进藏旅客列车，取得了多项技术创新成果。

2006年1月召开的领导小组第七次会议，听取了铁道部关于研制高原进藏客车取得重要阶段性成果的汇报。我进一步要求铁道部抽调精兵强将，进行客货车工程运营试验，检验机车车辆等新设备的适应性能，不断加以改进和完善，为全线按期开通创造有利条件。会后，铁道部成立了客货列车工程运营试验领导小组，先后进行货物列车工程运营试验和旅客列车工程运营试验，并取得圆满成功。

经过工程运营试验和通车运营检验，高原进藏旅客列车设计制造技术先进，成熟可靠，列车供氧等各项指标检测均符合相关标准，研发的新技术属于世界首创，是我国自主创新的产品品牌。车厢备有两套供氧系统，一套是“弥散式”供氧，通过混合空调系统中的空气供氧，使每节车厢含氧量都保持在23%，旅客如同进入“氧吧”；另一套是独立的接口吸氧，旅客可以随时戴上面罩呼吸，以消除高原反应。车厢里的氧气浓度、温度、压力都可以保持均衡，列车在海拔5000米高度行驶时，车内氧气含量相当于海拔3800米高度，大大缓解了由于高原缺氧给旅客带来的不适。为抵御青藏高原风沙大、紫外线强等恶劣自然环境的影响，进藏列车实行全封闭。列车内部装饰风格既舒适现代，又体现民族风情。

精美建筑为拉萨添新景

青藏铁路的终点站是拉萨，如何把与布达拉宫遥望的拉萨河特大桥和拉萨火车站建设成为体现藏民族文化传统风格，与雪域高原自然风貌有机融合的现代化工程，是青藏铁路建设领导小组一直认真研究考虑的问题。国家计委在上报国务院的科研和开工报告中提出：拉萨河特大桥和拉萨车站应突出西藏特色，体现民族风格，并与城市规划相融合，设计方案采用公开招标方式确定。国务院批准以后，西藏自治区对这两项工程的设计和施工非常关注，提出了一系列具体的意见和建议。我在领导小组第三次会议上，要求铁道部抓紧开展西藏境内拉萨河特大桥等工程设计招标工作，认真研究吸收地方反映的车站设计意见，一定要反映出设计者最好的水平。2003年底，在研究青藏铁路工程建设问题的会议上，我再次强调，拉萨火车站是青藏铁路重要的标志性工程，其设计既要体现民族特色，又要具有时代气息，还要与周边景观相协调，要选择一流的设计施工队伍，精心设计，优质施工，确保工程质量和工期。经过多轮筛选和广泛征求各方面的意见，这两项工程最终推选出了最佳设计方案。

拉萨河特大桥桥长928.85米，主桥长360米。技术设计首次采用主桥上部五跨三拱，预应力连续梁钢管混凝土系杆拱组合体系、108米主跨双层叠拱结构，填补了国内铁路桥梁建设的一项空白。桥式造型体现藏文化和现代建筑相结合的理念，主桥系杆拱宛如哈达飘舞，变截面连续箱梁仿佛雪山连绵起伏，主跨变截面圆柱桥墩像牦牛骨骼，整座大桥与周围自然和人文环境相协调，散发着浓郁的民族特色和时代气息。拉萨河特大桥于2005年6月竣工，成为拉萨的一道靓丽风景。

与布达拉宫遥相呼应的拉萨火车站分为站场和站房两部分，

◎列车通过拉萨河特大桥。

是办理拉萨地区客运业务的唯一客运站。站场为贯通形式布置，设有站房、机务折返段、车辆段、机辆整备基地、综合维修中心等设施。站房主体建筑面积23697平方米，房屋设计强调以人为本、安全适用、技术先进、经济合理的原则，功能设置以人流畅通为主，建筑布局利用自然通风和采光，造型设计运用西藏传统建筑特有处理方式，建筑色彩以藏族典型的藏红和白色为主导，外墙采用具有耐火、阻燃、防腐等性能的混凝土挂板，与整体建筑风格有机统一。拉萨火车站于2005年8月竣工，通过建筑载体实现了西藏地域文化与现代艺术的完美结合。

四、青藏铁路开通运营

铁路建设史上书写新辉煌

经过数万筑路大军历时五年的艰苦奋战，青藏铁路格尔木至拉萨段于2006年7月1日建成通车。至此，世界上海拔最高、线路最长的高原铁路全线比原计划工期提前一年胜利建成。当日上午，青藏铁路通车庆祝大会在青海省格尔木市和西藏自治区拉萨市同时隆重举行。胡锦涛同志专程前往格尔木市出席庆祝大会并发表重要讲话。

我在格尔木会场主持了庆祝大会。在热烈的掌声中，胡锦涛同志发表了重要讲话。他赞扬全体参建人员始终牢记党和人民的重托，以国家需要为最高需要，以人民利益为最高利益，奋战在条件异常艰苦的雪域高原上，以惊人的毅力和勇气战胜了各种难以想象的困难，用心血和汗水谱写了人类铁路建设史上的辉煌篇章。他给予青藏铁路很高的评价，称之为中国铁路建设史上的伟大壮举，也是世界铁路建设史上的一大奇迹。

在格尔木火车站站台上，我国自主设计研制的高原列车整装待发。11时5分，胡锦涛同志来到站台，为青藏铁路首趟旅客列车开通剪彩。伴随着长鸣的汽笛，格尔木至拉萨首趟旅客列车，载着六百多位劳动模范代表、各族各界代表和普通旅客，缓缓驶出车站。胡锦涛同志向乘客们挥手致意，目送列车渐渐远去。11时13分，从拉萨开出首趟旅客列车，五百多名劳动模范、建设者代表和沿线群众一起乘坐这趟有史以来从西藏开出的第一列客车驶往格尔木。

庆祝大会结束后，我陪同胡锦涛同志观看了青藏铁路建设大

◎2006年7月1日，胡锦涛同志在格尔木车站为青藏铁路格尔木至拉萨的首发旅客列车剪彩。

型沙盘、青藏铁路建设重大成就图片展板和青、藏两省区铁路规划示意图。望着沙盘中穿行在雪域高原的青藏铁路，他不时询问沿线车站、桥梁、隧道建设的一些具体情况。在海拔5072米的唐古拉车站的图片前，胡锦涛同志关切地询问车站是否有人值守；经过片石路基图片时，他饶有兴致地和我们谈片石路基通风冷却的原理；看到成群的藏羚羊和藏野驴穿过青藏铁路设置的迁徙通道图片后，他露出了欣慰的笑容。走到青藏两省区铁路规划示意图前，胡锦涛同志驻足良久，仔细询问西藏境内的铁路规划情况以及日喀则、林芝铁路走向问题，并提出要抓住青藏铁路建成通车的历史机遇，大力弘扬“挑战极限、勇创一流”的青藏铁路精神，推动西部大开发不断取得新进展，更好地促进各民族共同团结进步、共同繁荣发展。

看完展览后，我又陪同胡锦涛同志登上高原列车，沿线考察青藏铁路建设和运营的情况。经过近两个小时的运行，13时25分，列车缓缓停靠在位于昆仑山北麓海拔4156米的玉珠峰车站。他不顾高原缺氧，健步通过跨越站内股道的10米栈桥，踏上车站站台，走进车站电务机械室、运转值班室、通信机械室，仔细察看列车控制、通信系统，和值班人员亲切交谈，叮嘱职工们在高寒缺氧的环境下注意保重身体。胡锦涛同志还拿起青藏铁路专用数字无线通信GSM-R电话，与千里之外的西藏拉萨火车站站长通话，代表党中央、国务院向拉萨站全体职工表示热烈祝贺和亲切问候。

返回格尔木后，胡锦涛同志又来到承担格尔木车站改扩建工程的中铁二十一局集团有限公司项目部，走进驻地帐篷，看望职工，询问工作、生活、医疗等情况。他对大家说：修建青藏铁路是几代人的梦想，今天在你们的手上实现了。感谢同志们为青藏铁路建设作出的贡献！铁路在整个国家的经济社会发展中，具有不可替代的作用。今后几年是我们国家铁路建设的黄金机遇期，希望你们在铁路建设中充分发挥自己的作用，为我们国家铁路建设继续努力奋斗。

出席青藏铁路通车庆祝大会和考察青藏铁路，使我亲身经历了中国铁路建设史乃至世界铁路建设史掀开新一页的辉煌时刻，深切感受到建设青藏铁路的决策伟大，雪域高原的青藏铁路工程伟大。建设世界一流高原铁路的创新实践，全体参建人员用心血和汗水铸就的青藏铁路精神，是社会主义建设的宝贵财富。这一壮举将永载共和国的史册。

青藏铁路开通运营的深远影响

参加完青藏铁路通车庆祝大会，回京后我给江泽民同志打了电话，向他报告了青藏铁路的建设完成情况。他听后非常高兴，要求不仅要把青藏铁路建设好，更要管理好、运营好，使之真正成为西藏地区的脱贫之路与致富之路，发挥青藏铁路的综合效益。

青藏铁路建成通车后，新华社报道称：青藏铁路开通运营，首趟旅客列车驶入青藏高原，从此，人类开启了客运火车穿梭世界屋脊的历史。港澳台同胞和海外侨胞称赞青藏铁路的开通是“人类铁路史上的奇观”，“在世界屋脊上建成青藏铁路，使青藏高原首次有了钢铁大动脉，西藏的迅速发展，是中华民族复兴的重要一环”。美国广播公司新闻称：“通往西藏的青藏铁路，是中国向世界展示的一项建设工程奇迹。”英国《每日电讯报》说：“世界上海拔最高、志向最豪迈的铁路正式运营，是中国共产党利用大型工程项目来改变中国经济面貌、在世界一举成名的最新成就。”西班牙埃菲社报道说：“这项战胜了大自然的工程可与三峡工程相媲美。”青藏铁路的胜利竣工对西部地区的开发建设和经济发展具有重大意义和深远影响，随着时间的推移将愈加清晰地凸显出来。

青藏铁路的建成通车，极大地改善了西藏自治区的对外交通条件，有力地促进了西藏地区经济发展，使西藏形成了以铁路为骨干，航空、公路、管道等多种运输方式并存的交通框架，基本可以满足人流、物流进出藏的需求，大大缓解了西藏的运输瓶颈状况。青藏铁路通车后，铁路运价为每吨公里0.12元，远低于公路运价，大大降低了进出藏物资运输成本。廉价、快速、安全的运输条件，使青海、西藏两省区的投资环境大为改善，一批特色优势产业逐渐聚集，区域市场化水平和自主能力有了显著提升。

青藏铁路增强了青海、西藏两省区的可持续发展能力。青藏铁路通车后，把煤炭、天然气、石油液化气等能源运进西藏，在很大程度上减轻了各族群众对生物能源的依赖，改变了能源消费的结构。大量粮油蔬菜等日用必需品通过铁路运到沿线城镇和农牧区，使城镇居民和农牧民的食物消费方式多样化，减轻了过多依赖牛羊肉造成的生态压力，有效保护了生态环境，促进了牧区经济良性循环和可持续发展。越来越多的藏族群众乘坐火车走出西藏到内地观光旅游、参观学习和务工经商，不断开阔视野、增长见识、解放思想，促进了创新精神培育、发展思路拓展和生产方式改变。

青藏铁路推动了青海、西藏两省区的旅游服务业发展。青藏高原自然景观独一无二，人文景观特色鲜明，宗教文化氛围浓厚，旅游资源得天独厚，对国内外游客具有很强的吸引力。过去由于交通不便，中外游客到青藏高原旅游观光也比较困难，严重影响了青藏高原旅游业的发展。青藏铁路通车后，为中外游客到青藏高原旅游观光提供了安全、舒适、便捷的交通工具。青藏铁路通车后仅一年，就有200多万中外旅客乘坐火车进出青藏高原，对大力开发青藏高原旅游资源，推动旅游业发展产生了显著的加速作用，旅游业已逐渐成为青海、西藏两省区经济社会发展的重要支柱。

青藏铁路改善了青海、西藏两省区各族群众的生活。调查显示，青藏铁路未通车前，2005年在拉萨市场，一吨煤炭700多元，一吨水泥800多元，其中仅运输成本每吨就达500元至600元。在拉萨每100元人民币的购买力仅相当于沿海地区的54元。青藏铁路通车后，区外品种繁多的生活必需品、耐用消费品，通过青藏铁路进入西藏；区内土特产等通过青藏铁路运出，通车运营一年共运送货物1100万吨。由于运输成本低廉，西藏商品零售价格和物价总水平逐步下降，城镇居民和农牧民以同样收入可以购买更多商品，各族群众的生活得到很大改善。同时，青藏高原丰富的特色农牧产品通过青藏铁路运往内地，深受广大消费者欢迎，具有很强的市场竞争力，广大农牧民从中获得了丰厚的叠加效益。

青藏铁路增进了藏族同胞同全国各族人民的交流与交往。青藏铁路的建成通车，不仅使西藏发展有了钢铁大动脉的支撑，进入了“铁路经济”时代，而且通过发挥青藏铁路的桥梁和纽带作用，可以更好地落实党的民族政策，解放和发展生产力，增进藏族同胞与全国各族人民的相互团结，推进西藏和谐社会建设，巩固国家西南边防，使西藏各族群众共享改革发展的成果。

伟大的青藏铁路精神

伟大的工程孕育伟大的精神，伟大的精神必然推进伟大的事业。在连续五年的青藏铁路建设中，广大建设者继承和弘扬中华民族艰苦奋斗、自强不息的优秀品质和敢为人先、勇于胜利的光荣传统，在自然环境极为恶劣的条件下，进行艰苦卓绝的顽强奋战，用心血和汗水培育和铸就出“挑战极限，勇创一流”的青藏铁路精神。

广大建设者以不畏艰险的英雄气概和求真务实的科学态度，克服难以想象的艰难困苦，在“生命禁区”挑战生理心理极限，力克世界性工程难题。广大建设者以敢于超越前人的大智大勇，以一流的工作标准和工程管理，创造一流施工质量，培养一流建设队伍，建设世界一流高原铁路。

修建青藏铁路，不仅需要雄厚的经济实力和强大的科技实力，同时需要强大的精神动力。青藏铁路精神具有深刻的内涵和鲜明的时代特征，充分展现了建设者崇高的思想境界、顽强的意志品质、高尚的精神追求和杰出的智慧才能。它的内涵极为丰富，主要有：

不辱使命的责任意识。在世界屋脊上开辟一条经济、快速、大能力、全天候的运输通道，把铁路大动脉延伸到西藏，把拉萨和北京连接起来，从此改写了西藏这一国内唯一不通铁路的省级行政区的历史。

顽强拼搏的奉献情操。“上了青藏线，就是作奉献。”十多万筑路大军以苦为荣，奋战高原，涌现出大批先进集体和英雄模范人物。他们抗缺氧，斗严寒，穿越世界最长、海拔最高的冻土隧道和隧道群，在可可西里、唐古拉山越岭地段“无人区”建立了功勋。

务实创新的科学态度。建设青藏铁路必须具有求真务实的科学态度和敢为人先的创新精神。铁道部和各参建单位认真组织勘察设计，冲破传统理念束缚，组织开展联合攻关，取得了工程理论与工程实践结合上的新突破。铁道部几位部领导都多次上高原、下一线，现场解决工程中出现的问题。2009年1月，这项工程荣获国家科技进步特等奖。

关爱生命的人本理念。各参建单位把关爱参建人员生命、保障参建人员健康摆在高于一切的位置，把建设者视为最宝贵的资源加以珍重和爱护，自始至终确保建设队伍能够上得去、站得稳、干得好，保持旺盛的战斗力。通过制定和完善各项卫生保障措施，为建设者战胜高寒缺氧等多项困难提供了有力保障。

在青藏铁路建设过程中，不断涌现出极为感人的先进人物和事迹。2003年6月，新华社记者在《国内动态清样》上刊发了一篇题为“依靠科技破解世界难题”的文章，记述了中铁二十局青藏铁路建设指挥部指挥长况成明的感人事迹。我读后也为之感动，作出批示：“全体青藏铁路建设者要学习况成明同志‘不畏艰险、勇于创新，关心群众、大公无私’的精神，在世界屋脊上，一展新时代铁路建设者的风貌，夺取青藏铁路建设的全面胜利。”随后，铁道部在全线开展向先进典型学习的活动，多次组织青藏铁路建设先进模范事迹报告团巡回宣讲。

2006年7月1日，胡锦涛同志在青藏铁路通车庆祝大会上发表重要讲话，号召全国人民学习和弘扬“挑战极限，勇创一流”的青藏铁路精神，为全面建设小康社会、把中国特色社会主义伟大事业继续推向前进而团结奋斗。他强调指出，建设者表现出来

◎青藏铁路建设者奋战在风火山隧道。

的青藏铁路精神，是几千年来中华民族艰苦奋斗、自强不息伟大精神的生动体现。这一事实充分说明，只要大力发扬艰苦奋斗、自强不息的精神，我们就一定能够战胜前进道路上的任何艰难险阻，不断开创中国特色社会主义事业新局面。

唱响“天路”之歌

青藏铁路通车运营后，铁道部会同国家有关部门按照领导小组第九次会议的要求，在对全线站前和站后工程进行初验的基础上，分别对全线工程进行了安全评估和环保内部验收。国家发展改革委、铁道部会同有关部门和青藏两省区，在组织完成全线工程消防、水土保持、环境保护、卫生保障、土地审查、档案资料等专项验收的基础上，组织成立了青藏铁路格拉段工程国家验收委员会，于2007年6月26日进行了国家验收。至此，青藏铁路建设各阶段的任务都已顺利完成。

国家竣工验收后，我决定把最后一次领导小组会议安排在拉萨至格尔木的高原客车上召开，并考察已经通车运营一年的青藏铁路。领导小组的同志们于7月7日到达拉萨后，参观完新建成的拉萨火车站，一同登上了拉萨开往格尔木的列车。

列车在雪域高原上平稳地飞驰，路基两旁看不到任何工程建设的遗留物和垃圾，成群牦牛悠闲地在绿色如茵的湿地草原上吃草，远处山峦起伏、雪峰隐现，宛如一幅自然天成、赏心悦目的美丽画卷。列车行进途中，在措那湖车站停靠，我们下车缓步参观。措那湖是怒江的源头，海拔4800米，面积约300平方公里，是世界海拔最高的淡水湖，也是藏族群众心目中的“圣湖”，距离铁路最近处只有几十米。我和同志们一起在站台上漫步，看到车站周围一点也没有当初施工留下的痕迹，大家都为之欣慰。

列车在经过世界海拔最高的唐古拉车站后，夜幕逐渐降临，我在车上主持召开了领导小组第十次会议。会上，国家发展改革委主任马凯汇报了青藏铁路格拉段工程国家验收情况，铁道部负责同志汇报了青藏铁路运营管理情况。我在会上作了总结讲话。我深有感触地说，经过全体建设者连续五年的艰苦奋战，在世界屋脊上建成了一条海拔最高、线路最长的运输大通道，工程建设达到了世界一流水平，谱写了我国乃至世界铁路建设史上新的篇章。

青藏铁路工程建设中形成了很多宝贵经验。这些经验包括，必须发挥社会主义集中力量办大事的优越性；必须发扬艰苦奋斗、顽强拼搏的民族精神；必须坚持高起点、高标准、高质量建设重大工程；必须坚持依靠科技破解工程建设中的突出问题；必须坚持安全发展、清洁发展和可持续发展等。我相信，这些经验对于指导今后国家重大工程建设具有十分重要的意义。

青藏铁路的建成完成了几代人的夙愿，面对新的任务和挑战更应不辱使命。我在列车上要求铁路部门，必须认真贯彻落实中央领导同志关于青藏铁路运营管理要创世界一流水平和关于管好、用好青藏铁路的要求，全面加强运营管理，确保运行安全稳定，不断提高青藏铁路运行效率；要求青海、西藏两省区注重发挥青藏铁路运输大通道的辐射带动作用，加快沿线地区经济社会的全面发展。我说，虽然青藏铁路建设领导小组的历史任务很快就要完成了，但领导小组各成员单位，特别是国家各有关部门，仍要一如继往，团结协作，做好支持青藏铁路运营管理的工作。

完成各项会议议程后，我宣布青藏铁路格拉段工程正式通过国家竣工验收，青藏铁路建设领导小组完成了光荣的历史使命。这时，狭长的车厢里爆发出了长时间热烈的掌声。

◎2007年7月，在列车上主持召开青藏铁路建设领导小组第十次会议。

会后，我们在行进的车厢里共进晚餐，大家十分激动，心绪难平。同志们纷纷举杯，相互敬酒，共同回顾六年多来团结奋斗、顽强拼搏、艰苦征战的难忘岁月，历数建设者们在雪域高原上创造的一项项世界之最和人类铁路建设史上的奇迹，无不感到由衷的骄傲和自豪。有的同志当场朗诵了为青藏铁路建设创作的诗句，有的同志深情地回忆起为决策和修建青藏铁路一次次踏上世界屋脊的经历，有的同志则高声唱起了《天路》这首歌：黄昏我站在高高的山岗，看那铁路修到我家乡，一条条巨龙翻山越岭，为雪域高原送来安康。那是一条神奇的天路，把人间的温暖送到边疆，从此山不再高路不再漫长，各族儿女欢聚一堂……

◎列车从念青唐古拉山脚下经过。

第十章

西电东送：开创中国电力新格局

一、西电东送势在必行
二、广东告急加速西电东送进程
三、构筑南中北三大通道
四、西电东送成果丰硕

我国煤炭资源主要分布在西部和北部地区，水能资源主要集中在西南地区，东部地区的一次能源资源匮乏、用电负荷相对集中。能源资源与电力负荷分布的不均衡性决定了西电东送的必要性。

西电东送在西部大开发的重点工程中工程量最大、投资额最多，从2001年到2010年的十年间，总投资将超过5200亿元。这一工程的实施，将有利于西部能源资源优势转化为经济优势，减轻了环境和运输压力，对于合理配置资源、优化能源结构、促进我国社会经济可持续发展具有重要意义。

一、西电东送势在必行

四川二滩电站作为雅砻江和金沙江上游水电资源开发中的首个大型项目，总装机330万千瓦。按照设计，该电站1998—2000年三年内可发电量为322亿千瓦时，但三年实际发电量只有132亿千瓦时。电站1998年刚投产就面临亏损，大半生产能力竟然以弃水的方式白白浪费掉。

1999年4月19日，江泽民同志到四川西昌观看卫星发射，活动结束后到二滩水电站考察，对这一情况极为重视。回到北京他把我找去，问我："现在一边用煤发电，一边却建好了水电站把水白白放掉，这种做法不可理解，世界上有哪个国家会这样做？"我向他解释道，二滩水电站电送不出去，既有电网瓶颈的问题，也有电力体制上的原因。当时，西部地区电力负荷低，大型电站电力地方难以消纳，而各省电网互为独立，都愿意先用本省的电。他听了以后说，你们要想办法解决二滩电力送出问题，现行电力体制必须进行改革。由此，二滩弃水成为加快西部电力向外输送与改革电力体制的重要动因。

西电东送的概念，最早是在20世纪80年代初提出的。当时我们已经进行了一些探索，总结了一些经验，但由于我国电网建设水平不高，电网结构比较薄弱，而且相互独立，大规模的西电东送还难以进行。

1988年，能源部成立后开始有计划地实施跨区域联网的研究和建设工作，并牵头组织国家能源投资公司与粤桂黔滇四省，就合作开发西南三省水能资源向广东送电问题进行了首次会谈。1991年中央和粤桂黔滇四省合资成立了中国南方电力联营公司，联合开发西南丰富的水电、火电资源，建设跨省区的联营电网。1993年，贵州天生桥至广州直流±500千伏输电工程投运，南方联营电网正式运行。

20世纪90年代初，北京受缺电困扰，频繁出现全天大范围限电，成为全国缺电最严重的地区，1992年缺电超过90万千瓦。党中央、国务院对此高度重视，1993年初，李鹏总理要求华北电网，到1995年底保证首都基本不拉闸限电，彻底扭转北京缺电现象。4月23日，电力工业部、北京市、内蒙古自治区在呼和浩特签订联合办电协议，以缓解北京严重缺电的局面。当时提出了“煤从空中走，电向北京送”，确定第一步目标为到1995年北京基本不再拉闸限电，第二步到2000年从根本上解决首都电力供应问题。山西、河北等省区也积极响应，华北电网以1995年11月底前首都不拉闸限电为主要目标的“9511工程”由此全面铺开。达拉特电厂、丰镇电厂等电源项目，及内蒙古和山西向京津唐地区的送电通道开工建设。此外，葛（洲坝）沪直流工程的投运，实现了华中、华东两大电网通过直流非同步联网。

2000年春节期间，朱镕基总理到贵州慰问各族群众，与当地干部群众一起欢度春节。他在听取贵州省委、省政府工作汇报时提出，贵州既能使自己致富又能起到支持全国作用的，主要是电力。希望贵州抓住国家实施西部大开发的战略机遇，发挥优势，充分利用水电资源，做好西电东送这篇大文章。他还强调，要按照市场经济规律搞西电东送。

2月末，新华社记者采写了一篇内参，反映二滩等西南水电卖出困难。朱镕基总理批转给我和王春正、段应碧同志进行研究。我认为，西部水能资源丰富的地区电力负荷较低，而东部地区又缺少一次能源。无论从短期解决西南水电销售问题，还是从长期调整全国的能源结构考虑，都应当将西部的电力资源输送到东部。我请国家计委有关司按照国务院领导批示，遵循调整电力建设结构的有关原则，深入开展调研，就西电东送问题及早提出具体方案。

不久，全国“两会”召开。会议期间，全国政协委员张春园、钱正英、王思齐、袁国林、潘家铮五位同志提出了“关于开发西南水电，实施西电东送”的提案。全国政协九届三次会议为此举办了专题协商会，国家计委、水利部等四个部委负责同志到会，国家计委张国宝同志介绍了西电东送的有关情况。

4月中旬，由国家计委牵头，有关部门、省区和企业参加，召开了西电东送发展战略研讨会。与会代表大都认为，西电东送应结合电力“十五”规划和长期发展规划，统一规划，优选项目，加快开展前期工作。会议结束后，国家计委进一步展开研究并征求各方面意见，向国务院报送了实施西电东送战略的请示。请示提出，西电东送应建设南、中、北三条大通道，南通道主要将云南、贵州、广西的水电和火电向广东输送；中通道主要将长江中上游干支流的水电向华中和华东输送；北通道主要将晋陕蒙宁的火电和黄河上游部分水电打捆向华北输送。至此，西电东送已由初步设想演进为系统性的开发规划。

二、广东告急加速西电东送进程

亚洲金融危机期间，全国电力供需一度比较宽松，电力机组的利用小时数锐减。当时的国家电力公司负责人向我提出，为了保证电力企业的经济效益，应当停建新的电力项目。对这种观点我是不赞成的。经济运行是有周期的，电厂建设也有个过程，当时建一个火电厂一般要三至四年，建水电站需要七到八年时间。如果不统筹考虑新的电源点建设，以后经济发展进入上升阶段，就有可能出现缺电。果然，随着经济回暖，从1999年下半年开始，广东电力需求大幅增加。到2000年上半年，全省用电量比上年同期增长18.6%，部分地区开始出现拉闸限电现象。应该说，广东缺电的情况，以及中央随之作出的决策，大大加快了西电东送工程的实施步伐。

省内找电还是省外送电

2000年6月，广东省向中央提出，由于电力供应不足，迫切需要建设新的电源点，以支撑经济发展。是在广东新建火电厂还是依靠西电东送来解决供电缺口，成为当时讨论的焦点。

有部分专家提出广东既用西电、也要自建电厂的建议。中国电力企业联合会的杜星堂同志曾给朱镕基总理写信，认为西电东送受建设周期限制，难以在短期内满足广东新增电力需求，西电东送与广东自建一定数量的新电源点可以“两者并举”。广东更希望在省内自建电厂，一来是见效快，二来可以拉动本省经济增长。

但是，广东区域环境容量有限，一次能源缺乏，大批量新建燃煤火电厂不仅会使区域环境更加恶化，还会造成交通运力紧张。而西部地区有大量待利用的水电资源和煤炭资源，部分地区由于区域用电消费水平较低，甚至出现水电弃水、火电长期降负荷运行的现象。西电东送既能带活西部经济，又能保证广东电力需求，减轻环保压力。综合全局考虑，对于在广东省内找电还是通过省外送电给广东，国务院的态度已十分明确。在6月至7月不到一个月的时间里，朱镕基总理针对广东新增电量问题作出三次批示。他表示，广东省内不能再建电站，要求国家计委加快西电东送进程，迅速安排项目实施。吴邦国副总理也赞成朱镕基总理的意见，要求我们在输电管理体制和设备线路上做文章。

接到这些批示后，我立即请国家计委有关司局抓紧研究实施意见。国家计委随即召开会议，请广东、广西、云南和贵州四省以及电力公司和中电联共同参与，详细分析了西电东送的可能容量，形成了省外供电的初步方案。

在广东是否上新火电机组的问题上，朱总理的态度始终非常坚定。在8月份对西电东送一份文件的批示中，朱总理再次强调："要研究修建从西南和三峡向广东送电的输电线路，广东在建电源主要弥补燃油机组和小型机组的更新。"时隔一年后，当有关方面申请批准建设深圳妈湾和台山电厂时，朱总理依旧表态："贵州可建坑口电站，与深圳已达成送电协议，可不建妈湾电厂，以支持贵州的脱贫。"

朱总理要我一起立“军令状”

2000年的夏天，一个偶然事件的发生，加速了整个西电东送决策的进程。这一年7月24日，广西平果500千伏变电站电流互感器发生爆炸，致使向广东少送电30万千瓦，广东缺电的局面一下子变得更加严峻。7月31日，广东省委书记李长春将广东电力集团的一份报告报送朱镕基总理，报告分析认为，影响西电东送的原因是西部（天生桥）输电线路容量不足所致。朱镕基总理将报告批给了李岚清、吴邦国、温家宝三位副总理以及我和国家经贸委主任盛华仁，要求“一定要迅速采取措施，确保西电东送，保证广东用电。说干就干，不要搞花架子”。收到此件后，我立即找来张国宝同志和有关司局的同志一起研究，就解决广东近期缺电问题以及西电东送如何加快实施，提出具体方案建议。

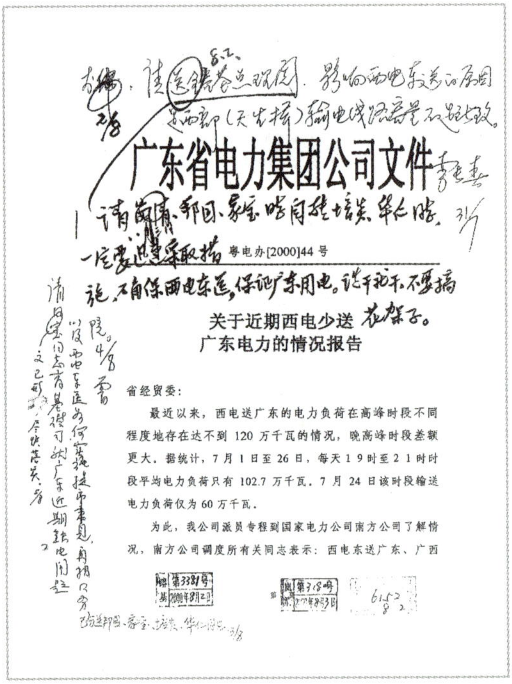
广东省电力集团公司文件

粤电办[2000]44号

关于近期西电少送
广东电力的情况报告

省经贸委：

最近以来，西电送广东的电力负荷在高峰时段不同程度地存在达不到120万千瓦的情况，晚高峰时段差额更大。据统计，7月1日至26日，每天19时至21时时段平均电力负荷只有102.7万千瓦，7月24日该时段输送电力负荷仅为60万千瓦。

为此，我公司派员专程到国家电力公司南方公司了解情况，南方公司调度所有关同志表示：西电东送广东、广西

◎朱镕基总理在广东省反映缺电局面加剧的报告上批示：“一定要迅速采取措施，确保西电东送，保证广东用电。说干就干，不要搞花架子。”

此时，党中央、国务院机关及各部委正在北戴河暑期办公。8月3日，我主持国家计委主任办公会议，对西电东送规划以及南部通道建

设进行专题讨论。经过综合分析和反复测算后，我们认为广东省提出的“十五”期间1400万千瓦的新增需求预算偏高，可按新增需求1000万千瓦考虑。

初步估算，云南水电丰水期可满足100万千瓦送出，贵州在加快水、火电源建设的基础上于2003年可形成120万千瓦外送，加上广东省内新增岭澳核电站电力供应180万千瓦，三者合计400万千瓦。这对于1000万千瓦的新增需求来说，缺口实在是太大。而当时西电东送的主要问题，除省外可调配能力十分有限、西南水电建设速度难以跟上外，还受输电通道能力不足的瓶颈制约，因此必须考虑另外的送电渠道。

我在会上提出，是否可以考虑三峡送电广东的方案。与会的各位副主任和长期从事能源工作的同志们经过分析，认为这在能源流向上是合理的，在技术上是可以实现的。最后形成的一致意见是，可将三峡富余电力输送到广东，如仍有缺口，还可考虑广东与福建的临时联网，广东省内也可考虑建设少部分电源点。

这一解决思路报送国务院后，朱镕基总理作出批示：“要以‘十五’内向广东送电1000万千瓦为目标，研究修建从西南和三峡向广东送电的输电线路。”

在盛夏的北戴河海滨，中央召开了一次经济形势分析会，我汇报了上半年经济形势和下一步工作思路。会上，就如何解决缺电问题进行了讨论。我谈了国家计委的意见后，江泽民同志说，我认为从西部送电到广东比他们自己建电厂好。朱镕基同志强调，2005年前一定能通过西电东送工程完成向广东送电1000万千瓦的目标。他还当场要我一起立“军令状”，完不成这个目标就辞职。言之切切，既体现了局势之紧迫，也体现了国务院的坚定决心。

北戴河的这个夏天，真可谓“无心看海，一心找电”。

决定外省向广东送电1000万千瓦

按照国务院领导同志的要求，国家计委有关人员迅速行动起来，修改完善规划，实地调研考察，审编项目建议书、可行性研究报告及开工报告，各项工作全面推进。速度之快、效率之高，真是前所未有。

针对向广东送电1000万千瓦的目标，我们提出，即刻建设贵州坑口火电基地，力争2003年电站投产增加送电180万千瓦；将三峡及华中地区的水电向广东送电由100万千瓦增加到300万千瓦；同时，要加快云贵两网至广东的输电线路建设，增加输电能力。我们还提出，为解决“十五”以后广东用电问题，应加快广西龙滩、云南小湾这两个各具有420万千瓦发电能力的大型水电站的前期工作进度，尽快开工建设并投产。2000年8月下旬，国务院总理办公会通过了国家计委据此上报的《关于广东省电力供需状况和西电东送规划有关问题的报告》。

为更好地落实广东1000万千瓦指标，了解西南地区电源建设的实际情况，9月初，我带着国家计委有关司局的同志到贵州、云南进行考察，征求地方意见和建议。贵州和云南省委、省政府以及电力系统职工积极响应，表示将采取有效措施，把西电东送工作切实抓好。我们察看了洪家渡水电站、安顺电厂，听了云南电力建设规划的汇报，了解了两省电站建设中存在的问题，在现场也帮助解决了电力发展中的一些具体困难。我看到，贵州、云南均有一些资源条件好、前期工作准备充分的能源项目，只要这些项目及配套输电线路工程尽快开工建设，贵州“十五”期间可实现向广东送电400万千瓦，云南可实现送电100—160万千瓦。

通过这次调研，我对西部电源点落实情况心里有了底，在加快工作的前提下，基本可以满足外送容量的要求。回京后，我向国务院领导同志递交了《关于加快西电东送以满足广东“十五”电力需求有关情况的报告》，详细汇报了电源点情况，并对输送电网问题提出两点建议：一是尽快制定并实施西电东送输电方案，这是落实西电东送最主要的难点；二是加快直流输电设备国产化步伐。朱镕基总理在这个报告上批示：“原则同意，进一步科学论证。总体应有方案，需及早开工的，计委不失时机地审批。”

在这个报告基础上，经过进一步研究，国家计委向国务院呈报了首批西电东送电力项目部署方案。国务院领导很快同意，朱镕基总理批示：“‘西电东送’工程是西部大开发的重点骨干项目，必须全力以赴，按时完成，力争到‘十五’计划期末新增

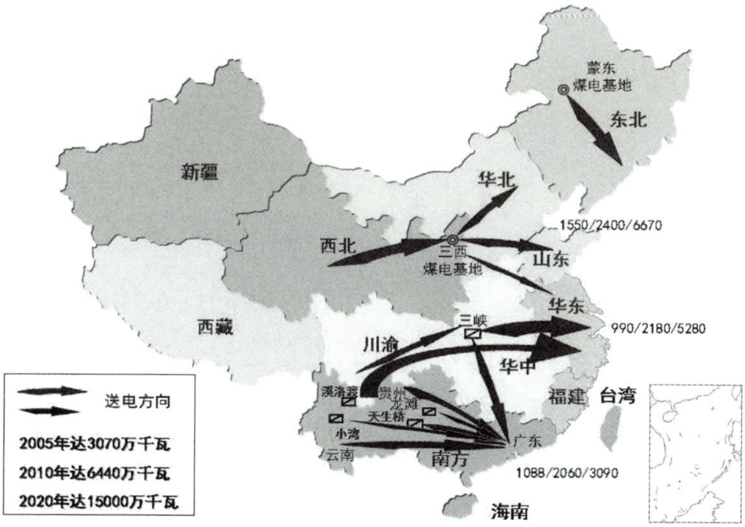

◎西电东送总体规划示意图

向广东送电能力1000万千瓦，这对于开发西部地区电力资源，满足广东经济发展用电需求，提高双方整体经济效益都有重要作用。”2001年3月，第九届全国人民代表大会第四次会议批准了“十五”计划纲要，西电东送正式纳入我国中长期发展战略。

三、构筑南中北三大通道

中央作出“十五”期末向广东送电1000万千瓦的决定，全面拉开了西电东送工程南部大通道建设的序幕。随着三峡工程分电方案调整及长江中上游大型电站的陆续开工建设，中部通道输电线路工程进一步成为全国联网的中心枢纽。2002年7月，北部通道第一批电力项目开工，开启了西电东送工程全面建设的进程。

南部通道建设顺利推进

2000年11月，国家计委在贵州召开华南地区西电东送工作会议，部署西电东送各项工程的规划设计工作，明确了保证“十五”期间从贵州、云南、广西和三峡向广东输电1000万千瓦的各项措施。会议第二天，首批西电东送七个电力项目批准开工建设，标志着西电东送工程全面启动。一年之后，国家计委批准开工建设第二批西电东送项目，为实现向广东送电1000万千瓦的目标迈出了更为坚实的一步，西电东送战略取得了实质性进展。

随后，云南澜沧江小湾水电站420万千瓦机组开工；宝罗输变电工程、天广三回、四回交流500千伏线路陆续投运；贵州安顺电厂二期、黔北电厂、纳雍电厂、鸭溪电厂、贵阳电厂扩建工程、云南曲靖电厂二期工程、湖南鲤鱼江电厂扩建工程相继开工投产，真可谓捷报频传。

除了加快西部电源建设，解决输电通道问题是西电东送的关键。“十五”期间建设了贵广直流输电工程，总投资56.3亿元，包括新建安顺、肇庆两个换流站和882公里直流线路，设计双极输电能力为300万千瓦。工程首次采用载流能力为3000安培的光触发换流阀技术，达到国际领先水平。

随着红水河、澜沧江等流域水电以及众多大型火电站的建成投产，南部五省区真正搭建起了区域能源合作的大平台。西南大地，江河两岸，一座座电站犹如一颗颗璀璨的明珠，照亮了东西两域的天空，构成了绚丽壮美的景观。

龙滩成为国内第二大水电站

广西地处云南、贵州通向广东的中间地带，是西电东送南线通道的必经之地。广西、贵州两省区交界处的红水河龙滩水电站，是继三峡工程之后，我国投产发电的第二大水电工程。特殊的资源条件及地理位置，使得该电站在西电东送中具有重要的网架支撑和电源调节补充作用，对于南方电网互联以至最终实现全国联网具有战略意义。

从工程立项开始，龙滩水电站工程蓄水位高度方案就存在不同观点，争论异常激烈。主要有蓄水位375米、400米和425米高程三种方案。经过综合考虑防洪及移民等问题后，最终批准了“按400米方案设计、375米方案建设，分两期建成”的方案，这在当时是最为科学而合理的决策。不过直到今天，仍然存在着一些不同见解和辩论，专家们对国家和社会的高度责任感与敬业执著精神令人敬佩。

2001年7月1日，龙滩水电工程正式开工。在闭塞偏僻的深山峡谷中，要建设世界最高的碾压混凝土大坝、世界跨度最大的地下厂房和世界提升高度最高的升船机，任务非常艰巨。为落实西电东送战略，建设者发挥了巨大的主动性和创造性，攻克了一个个公认的世界级难题。

龙滩电站单机容量70万千瓦机组，直至目前也是世界上最大的全空冷式发电机组。为振兴我国装备制造业，实现中国龙滩中国造，通过国内招标，哈尔滨电机厂有限责任公司和东方电机股份有限公司，分别承担了龙滩机组发电机和水轮机研发制造任务。这些机组的制造、安装、调试，开辟了我国特大型水轮发电机组中国制造、以我为主的新纪元。之后，三峡右岸、云南小

◎2003年11月6日，龙滩水电工程成功截流。

湾、四川瀑布沟等一系列电站近百台60万至70万千瓦机组采用了“中国芯”。

2003年11月，龙滩大坝成功截流。2007年底，水电站首批机组实现提前发电，我专门致信表示祝贺。2008年12月，375米方案建设工程7台70万千瓦机组全部投产发电。截至2009年8月1日，电站连续安全生产800天，累计完成发电量300亿千瓦时，创造了特大型水轮发电机组投运后安全生产运行新纪录。

龙滩水电工程的成功建设，为广西、贵州乃至西部周边地区的经济发展提供了强劲动力，所取得的成果与经验对我国水电工程建设及运营起到了带头示范作用。

鲤鱼江电厂突破传统规划原则

传统电力规划基本遵循“省为实体”的原则，各省都以行政区划为单位规划新的电源点。在西电东送实施方案中，我们尝试对既有的规划原则作出突破，通过新建省外电厂，以点对网的方式向广东主网直接连接输送电力，取得了很好的效果。鲤鱼江电厂就是第一个成功范例。

鲤鱼江电厂是一座煤矿坑口电厂，位于湖南郴州的资兴市，距广东韶关市约150公里，比到长沙市距离近一半还多。电厂的燃煤由当地资兴煤矿供应，属于劣质烟煤，最适宜就地发电。鲤鱼江电厂原有装机为两台6.5万千瓦的燃煤机组，由于煤耗高、职工多，加上湖南及华中地区电力消费低迷，该电厂发电量日渐萎缩。2000年底，湖南省计委向国家计委汇报，因鲤鱼江电厂用煤减少导致周边煤矿停产，煤矿工人发不出工资，生活非常困难，甚至影响了社会稳定。为此，他们请求尽快批准在鲤鱼江扩建两台30万千瓦机组，改善煤矿和电厂困难状况，维护稳定大局。

从这些情况看，扩建鲤鱼江电厂有其必要性。但是，我也注意到，当时华中电网电量供大于求，继续在本地上新电厂势必加剧电力供需不平衡的状况，而且鲤鱼江电厂如果向北送电到长沙，不符合一次能源流向。我找来国家计委负责电力工作的同志和湖南省计委的同志一起研究，形成一个不同于传统电力规划布局的思路：将鲤鱼江扩建的两台燃煤机组，以点对网的方式联入广东韶关500千伏变电站，向广东电网供电。其理由在于，鲤鱼江电厂位于湘粤边境，距广东主网很近，只要鲤鱼江电厂能做到不与华中系统做物理连接，而以点对网的方式接入广东系统，就能保持华中电网和广东电网两大系统异步状态，从而保证不降低两大电网的运行安全水平。国家计委研究决定，此项目可作为广东“十五”用电的补缺方案，要抓紧立项，争取2002年能补上空缺。

十年过去了，鲤鱼江火电厂除了两台30万千瓦机组早已建成外，2005年又扩建的两台60万千瓦机组也投入运行。现在，共有180万千瓦发电机组跨过湘粤省界接入广东电网。这个电厂每年向广东供电量约100亿千瓦时，年售电收入近40亿元，每年缴税近5亿元，每年燃用当地煤矿所产低热值煤炭600万吨。

鲤鱼江电厂的扩建，既利用劣质煤资源解决当地经济发展、社会稳定问题，又发挥了该电厂距广东主网较近的区位优势，为广东电网建立新的支撑点，加强广东电网接受西电的能力和大电网运行的安全性，应当说是一个多赢的决定。这一工程打破了按行政区划制定规划的思路，是从全局出发作出的决定，这个思路直接影响到今天的电力规划制定和电力项目决策。

实现向广东新增1000万千瓦供电

在国家计委的推动下，广东省、国家电力公司南方公司与贵州省、云南省在2002年5月底签订了2002年至2003年西电送广东购售电合同。2003年，贵州送广东输电能力由上一年的100万千瓦提高到了180万千瓦。同年，云南电网送出电力160万千瓦。

2004年7月，我到广东考察时，由外省向广东送电1000万千瓦目标正好提前完成。南方电网公司董事长袁懋振兴奋地向我报告了这个情况。我立刻把电话接到朱镕基同志办公室，秘书接的电话，我请他把这个好消息告诉朱镕基同志。我们在北戴河立下的“军令状”终于兑现了。

每当回想起西电东送工程的起步，当年被朱镕基总理拉着一起立“军令状”的一幕，总是跃入我的脑海。当然，“军令状”

◎2003年8月，考察西电东送工程云南宝峰变电站。

终归只是个花絮，真正起决定作用的，是中央领导同志的高瞻远瞩和全局观念，是有关部门、地方和企业的大力协同。通过这一努力，不仅保证了广东区域电力的稳定供应，同时拉动了西部地区的经济发展，对优化全国电力布局和合理配置资源、改善东部地区生态环境发挥了积极作用。

同年9月，随着贵广300万千瓦直流输电工程竣工投产，西部大开发重点项目——西电东送工程南部通道“十五”计划方案提前一年全面完成。在竣工投产仪式上，我激励同志们：力争在2010年前，西电东送再向广东增加1000万千瓦输电能力。到2008年底，南部通道送电能力已经超过了1800万千瓦。当然，从长远看，还需要进一步理顺电价形成机制，合理调整发输配送各环节的分配关系，从而调动西电东送各方面的积极性。

中部通道成为全国联网中心

解决东部地区的电力需求问题，仅靠西电东送的南部通道还不行。中部通道主要以三峡为核心，通过长江中上游干流的水能资源开发利用，确保向华中和华东的电力输送。按照国家电力规划，到2020年，仅金沙江、雅砻江、大渡河上的水电投产规模就将达到5170万千瓦。加上三峡水电站的装机规模，西电东送中部通道将可能成为世界上输电规模最大，交、直流线路最密集的输电通道。

二滩电站弃水引发电力体制改革

上世纪末，我国电网是省为实体，在电力供求出现新形势的情况下，传统的一体化垄断经营的电力工业迫切需要改革。旧有的电力体制对西部大开发西电东送战略的实施，是难以绕开的障碍。

江泽民同志了解到二滩大量弃水的情况后多次指出，电力行业需要改革，为了提高效率，要引入公平竞争机制，改变“既打篮球、又吹哨子”的垄断经营局面。应当把发电资源与电网输配电分开，实行优质低价电力优先上网。还应当实行厂网分开、竞价上网。这些意见成为后来电力体制改革的主要原则。

2000年6月，国务院三峡工程建设委员会召开第九次会议，讨论研究三峡的电力消纳和分配问题时，朱镕基总理指出：“电力行业以‘省为实体’的改革已走样为省间壁垒，电力资源优化配置出现很大障碍，必须重新审视。解决三峡的电力消纳问题，要结合制定‘十五’规划以及我国电力管理体制改革通盘考虑。”会议决定，由国家计委牵头，会同国家经贸委、财政部、国务院体改办以及国家电力公司等有关部门和单位，尽快研究提出电力体制改革方案。

考虑到这项的复杂性，7月底我向朱镕基总理建议成立电力体制改革协调领导小组，得到了党中央、国务院的肯定。8月，电力体制改革协调领导小组正式成立，由我担任组长，办公室设在国家计委，并召开了第一次会议。会议对改革方案制定、实施及可能产生的影响等问题进行了研究，拟定了工作计划。在此基础上，小组陆续提出了多种改革方案。

同年10月，我专程带队到二滩水电站，协调解决他们遇到的实际问题，并为制定改革方案进行调研。调查进一步证实，电力行业垄断经营的体制性缺陷明显，省际之间市场壁垒阻碍了跨省电力市场的形成和电力资源的优化配置。我在座谈会上讲，广东明明需要电，二滩却在弃水；重庆放着清洁、便宜的水电不用，

◎1998年12月，二滩水电站正式投产发电。图为电站高240米的溢流式双曲拱坝。

而用自己的小火电发电，这种不合理现象有深层的体制原因。一是厂网不分，垄断经营。电力公司既管电网，又有自己的发电厂，在调度中就会优先满足自己的电厂发电上网。二是省为实体，市场壁垒。各省有自己的“算盘”，为了增加财政收入，都愿意用本省的电，不愿意用省外的电，都愿意用本系统所属电厂的电，不愿用非本系统电厂的电。这样一来，很多高能耗的小机组能够满负荷发电，而优质低价的水电却要弃水。川渝本身电网比较小，两网应当合并，统筹利用发电资源，这是大势所趋。

调研回来后，国家计委继续完善电力体制改革方案。在吸取其他国家经验，广泛征求意见的基础上，几经修改后，于年底正式上报。方案将“打破垄断，引入竞争”确立为电力体制改革的目标。改革的任务包括，实施厂网分开，竞价上网，建立竞争、开放的区域电力市场，改变电网企业独家购买电力的格局，等等。这一方案经过中央讨论同意，国务院于2002年3月正式批准实施，即当年的国发5号文件。

2002年底，国务院正式批复《发电资产重组划分方案》，在原国家电力公司的基础上，成立了两家电网公司、五家发电集团公司和四家辅业集团公司。电力体制改革在很大程度上打破了垄断经营，促进了电力资源优化配置，加快了电力工业发展和产业结构调整。现在看来，电力体制改革为西电东送提供了有效的体制保障。

三峡工程成为中部通道电力枢纽

在西电东送南部通道建设如火如荼之时，三峡工程已建成了三峡至常州的±500千伏直流输电线路，为中部通道建设打下伏笔。作为世界最大的水利枢纽，三峡工程造就了世界上装机容

◎2003年夏，三峡首批机组发电送出的大通道顺利贯通。图为三峡左岸电站电力输出铁塔。

量最大的水力发电站，26台70万千瓦水轮发电机组，装机容量为1820万千瓦，年发电量可超过850亿千瓦时。地下厂房扩建完成后，三峡水电站的总装机容量将达到2250万千瓦。

世所公认，三峡水电站及其配套输电工程整个系统复杂，施工难度大，移民任务极其艰巨。当时有很多人认为，三峡建成后的发电能力将会造成电力供大于求，这给工程建设造成了很大压力。随着我国经济的快速发展，如今三峡水电站装机容量仅及全国总装机容量的2%，那些担忧与异议已经不足为虑。

按照最初国务院三峡工程建设委员会对三峡输电系统设计文件的批复：三峡水电站供电范围为华中、华东和四川；工程线路总长度9100公里，向华东送电采用±500千伏直流方案和15回500千伏交流方案。鉴于当时受亚洲金融危机的影响，全国电力需求处于低水平状况，三峡电力的外送成为一个突出问题。我们把三峡电力外送和广东缺电的特殊需求相结合，调整改变三峡的送电方向，将三峡及华中地区的水电向广东送300万千瓦，三峡不再向重庆送电。这样，既能解决广东的缺电之急，又解决了三峡和二滩电站的外送难题。

对此，李鹏委员长十分关注。他既是中央领导，又是资深电力专家。他专门与我进行过一次讨论，希望我们深入研究三峡电力送出规模及送电方式。我在与国家电力公司、国务院三峡办等单位讨论研究后，向李鹏同志写了一份报告，建议将三峡输送广东的300万千瓦容量全部改为直流输电线路，以节省投资和用地。他看后迅速给予了肯定回复："同意你们关于抓紧建设由三峡向广东直流输电，同时保留原三峡至上海的直流输电仍按原计划进行的报告。"

2002年底，国务院批准了新的三峡工程分电方案：三峡电站

◎2000年11月12日，李鹏同志在湖北省宜昌市考察三峡工程建设情况。

供电区域为湖北、河南、湖南、江西、上海、江苏、浙江、安徽、广东八省一市。有人形象地说：三峡水电站就是全国电网的中枢，像位于中部的一颗心脏，众多的输电线路犹如一根根大动脉，把强大的电力输向祖国的四面八方。

北部通道确保京畿用电

华北电网保障着首都及周边地区的稳定安全供电，在我国各区域电网中有着特殊的意义。随着西电东送中、南部通道建设步入正轨，北部通道的建设工作也逐步提上议事日程。

2002年初，国家计委主任办公会专门就此进行了讨论。我们认为，京津唐地区经济正步入快速发展阶段，尤其在北京申奥成功后，“十五”期末，奥运相关工程将会全面进入建设实施阶段，电力需求也会大幅度上升。总体测算，除当时内蒙古西部、山西已有的东送发电能力外，华北五省市需要新增1000万至1200万千瓦发电装机。考虑华北在建电站规模，“十五”期间可投产500万千瓦，尚有一半容量须由西部地区送电解决。

随后，国家计委向国务院建议，建设西电东送北部通道，在内蒙古西部和山西向华北送电的基础上，逐步将输电通道向黄河上游延伸，实现黄河上游水电、“三西”地区火电向华北、山东送电，“十五”期末实现向华北送电500万千瓦。不久，国务院总理办公会议审议同意，并指出，“十五”期间北部通道建设规模，要根据华北地区实际用电需求，充分考虑周边电网向华北送电和发挥现有发电机组潜力的情况进行适度安排，防止过度超前建设。要加强电网建设，提高输送电能力，重视保护环境，严禁发展小火电。除坑口电厂外，大中城市附近不得再建燃煤电厂。

7月1日，经国务院批准，包括三个输变电工程和四个电源工程的首批西电东送北部通道重大项目宣布正式开工。吴邦国同志致信祝贺，信中说：“西电东送北部通道开工建设，是继西电东送南部、中部通道开工建设之后的又一重大进展，标志着西电东送工程进入全面建设阶段，对保证华北地区、尤其是首都北京的电力供应，开发西部资源，发展地方经济，增进民族团结，都具有重要战略意义。”

近十年来，我国黄河最大水电站青海拉西瓦水电站、亚洲最大的火力发电厂内蒙古托克托电厂以及山西河曲电厂、神头二电厂、内蒙古岱海电厂、上都电厂、陕西国华锦界一期工程等一系列西电东送电源项目相继上马，与之配套的线路工程也陆续投产运行。北部通道内蒙古西部和山西煤电向京津唐电网、河北南部电网及山东电网的送电均已全部实现，为华北地区特别是京津地

◎图为2004年正在建设中的内蒙古大唐托克托电厂二期工程。

区的经济发展提供了强大的电力保障。

四、西电东送成果丰硕

十年来，我国西电东送的大格局已初步形成，覆盖了从西到东的辽阔地区，除海南、新疆、西藏和台湾外，我国六大区域电网实现了异步联网。经过长期不懈的努力，全国电网建设及输变电设备国产化水平不断提高，我国电力技术装备水平登上新台阶。其中500千伏、330千伏电网已成为我国各区域电网和省级电网的骨干网架，我国在建的交、直流最高电压已分别达到1000千伏和±800千伏等级。

我国西部地区电源供电能力和区域电网之间的线路输电能力也有了翻天覆地的变化。西电东送南、中、北三大通道，如同粗壮有力的电力大动脉，向国家经济发达地区源源不断地输送着强大动力。据统计，2008年，南方电网完成网内西电东送1057亿千瓦时，华中完成送南方电量231亿千瓦时、送华东电量371亿千瓦时，京津唐电网接受华北、西北送电量223亿千瓦时。

西电东送工程有力地促进了我国电力结构调整，优化了资源配置。西部地区建成了一批大型水电站和高效火电基地，特别是水能资源的开发利用，有利于我国能源结构优化调整和生态环境改善。截至2009年底，西电东送的配套电源中，水电规模2537万千瓦，占全国水电装机规模的12.9%；火电规模为4652万千瓦，其中绝大部分为单机60万千瓦高效发电机组，优化和改善了电力结构。

西电东送工程向东部地区输送了大量经济、高效、清洁的能源，不仅满足了日益增长的电力需求，又平抑了部分省过高的电价，而且减轻了日益严重的环保压力，从而为东部地区的经济社会发展带来巨大效益。“十五”至今，贵州是西电中送电量最多的省份。“黔电送粤”落地电价低于广东当地电厂上网价，减少了广东用电成本。贵州省输出电量大部分集中在用电高峰期和急需用电的季节，对缓解广东用电紧张的矛盾起到了重要作用。通过西电东送工程建设，不仅为西部地区经济发展提供了大量资金支持，同时将西部地区的资源优势转化成了经济优势，带动了西部地区的经济发展。

第十一章

西气东输：
铸就能源大动脉

一、绘就气势磅礴的国脉蓝图

二、打通能源“新丝路”

三、可观的经济效益和社会效益

西气东输是将新疆塔里木等西部气田的天然气，输送到长江三角洲等中东部地区的宏大工程。它包括气田开发、输气管道建设、天然气利用等项目。其中输气管道工程干线全长近四千公里，是我国目前已建的距离最长、管径最大、输气量最大、施工条件最复杂的天然气管道。

在西部大开发战略中，西气东输是起步之年的开局之棋。主管道工程自西向东跨越新疆、甘肃、宁夏、陕西、山西、河南、安徽、江苏、浙江、上海十个省区市，穿越了戈壁沙漠、河西走廊、黄土高原，攀越吕梁山、太岳山、太行山，三次穿越黄河，并穿过了长江、淮河和江南水网。沿途地形地貌之复杂，施工难度之大，堪称世界管道建设之最。西气东输的建成投产，标志着我国能源建设翻开了新的一页，有利于改善我国能源结构，保障能源安全，促进东中西部互动，对于推动西部地区可持续发展具有十分重大的战略意义。

一、绘就气势磅礴的国脉蓝图

人类利用能源的进程，大体经历了从薪柴时代到煤炭时代，再到油气时代的演变。天然气具有热值高、碳排放强度低的特点，属于优质清洁能源，是满足城市和人口稠密地区能源需求的较佳选择。发展天然气能够有效缓解环境压力，大幅度提高能源系统效率，并推动多种先进高效能源技术和应用系统的发展，包括高效发电、分布式能源系统、清洁交通燃料等。天然气利用水平已经成为衡量一个国家经济发展和人民生活水平的重要指标。

20世纪90年代后，中国出现了天然气探明储量大幅度增长、产量快节奏攀升的形势，但天然气消费需求增长更快，市场出现供不应求。这些从一个侧面表明，天然气已开始成为我国重要的一次能源。当时，中国能源消费结构中，煤炭占67.8%、原油占23.2%、天然气只占2.4%。而同期全球能源消费结构中，煤炭占24.4%、石油占38.7%、天然气占23.7%。在我国的能源结构中，煤炭的比重仍有进一步下降空间，石油的比重增长空间不会很大，天然气比重的上升最具潜力。

“八五”期间，我国探明天然气地质储量6969亿立方米，相当于前40年探明天然气地质储量的总和，这个成果非常令人鼓舞。1993年，江泽民同志主持召开中央财经领导小组会议，专题研究了我国石油天然气发展战略，会议提出了我国石油“稳定东部、发展西部，国内为主、国外补充，油气并举，节约开发并重”的方针。1995年通过的“九五”计划《纲要》进一步明确为十六个字：“稳住东部、发展西部、油气并举、扩大开放”。按此要求，国家计委加快了天然气规划工作，1995年12月，委托中国石油天然气总公司和中国海洋石油总公司分别编制引进管道天然气和液化天然气的规划，并在翌年4月召开了部分省市参加的天然气规划工作座谈会。会议认为，我国有较丰富的天然气资源，主要分布在西部地区，而周边国家如俄罗斯、土库曼斯坦等国的资源储量更为丰富。我国天然气消费市场主要在东部地区，需求潜力十分巨大，西部地区从长远看也有需求，应当加快管道建设。

1996年后，国家加快了西部天然气资源开发利用。当年8月，中国第一条沙漠天然气管线，全长302公里的塔中至轮南天然气管道建成竣工。1997年3月，全长301.6公里的鄯善至乌鲁木齐输气管道正式供气。西部地区天然气开发及管道建设工作，为西部天然气加工业及自身城市供气提供了有效保证。

为落实我国陆地油气资源发展的方针，国家计委开展了天然气开发利用规划和战略研究工作，完成了《我国天然气开发利用战略研究》、《我国西部天然气开发利用研究》、《从俄罗斯及中亚地区进口天然气研究》等课题。专家们建议，可以考虑先开发利用国内天然气资源，再适时从周边国家引进部分天然气。

在保证西部本地用油用气的同时，利用东、西部地区互补优势，通过几个重点天然气管线工程，先期建设国内天然气管网，不仅可以改善西部地区油气、交通等基础设施以及区域的投资环境，还能为我国今后天然气管网联通国际管网，引进中亚等地区油气资源，稳定国家能源安全打下坚实基础。

在充分分析国内外形势、吸收专家建议后，国家计委形成了建设“涩北—西宁—兰州”输气管线、陕北至北京输气复线、重庆忠县—武汉输气管道工程和新疆塔里木盆地油气田至上海的“西气东输”主管道工程等四条输气管道线路的初步设想。

下决心实施西气东输

塔里木盆地北依天山，南抵昆仑，东西长约1400公里，南北最宽处达550公里，是我国最大的盆地。在盆地的腹部，有望不到边的沙漠瀚海，这就是世界第二大沙漠——塔克拉玛干。仅这片沙漠的面积，就能装得下浙江、安徽、江苏三个省。人们把蕴藏着丰富油气资源的塔里木盆地誉为聚宝盆。

1998年7月初，顶着炎炎酷暑，江泽民同志来到新疆塔里木油田考察并看望石油工人，我也陪同前往。中国石油天然气集团公司总经理马富才在汇报时谈到，塔里木油田丰富的天然气资源没有条件利用，一些伴生的天然气不得不点天灯烧掉。江泽民同志听到这里说：“石油和天然气是人们梦寐以求的资源，塔里木一年放空烧掉七亿立方米，烧得人心疼啊！”他的这番话，对周围所有陪同的同志都是很大的触动。那时陕北输送北京的管道天然气还不及塔里木放空烧掉的多。

在这次塔里木之行中，江泽民同志找我和马富才同志一起详细研究了天然气利用问题，看得出，“点天灯”的事情一直萦绕在他的心里。我汇报说，这个问题国家计委作过深入研究，3月份已经开始组织编制全国天然气利用规划；中石油提议建设新疆到上海的天然气管道干线，并提交了开展预可行性研究的请示。马富才同志也谈了他的看法，由于远离市场，要把新疆的天然气优势变成经济优势，必须纳入天然气发展的总体规划中，使西部的天然气资源与东部的市场紧密结合，目前中石油正在进行东西部长距离输气管道的前期论证。江泽民同志听后指出，解决天然气的利用问题，一种办法是修管道输气，另一种办法是就地消化，搞天然气发电或石油化工。

不久，国土资源部给朱镕基总理、吴邦国副总理、温家宝副总理写信，建议把建设横跨我国西部、东部的天然气干线和局部的地区管网作为重要的基础设施建设项目。文中提出四点理由：一是资源条件已基本具备；二是东部沿海经济发达地区急需清洁能源；三是投资风险、经济效益比建一些铁路来运输可能要好，运输安全并占地较少；四是几乎所有发达国家均已形成全国纵横交错的油气干支线网络。朱镕基总理把这封信批给国家计委、国家经贸委、中国国际工程咨询公司研究。我和王春正、包叙定、李荣融等几位副主任对信中的建议进行了认真考虑后，责成有关方面进行项目预可行性研究工作。

8月5日，国家计委将这个材料转给了中石油。与此同时，国家计委批准了中石油在年初上报的《关于开展天然气“西气东输”建设项目预可行性研究的请示》，同意中石油开展西气东输工程的预可行性研究工作。这是“西气东输”第一次出现在国家正式文件中。

给我们带来惊喜和信心的是，在1998年初中途测试中获得日产27.7万立方米天然气流的塔里木库车坳陷克拉2号井，在随后的完井测试中，发现7个高压富气层，最高日产天然气400万立方米。这个气田是当时国内特高产、特高丰度、超高压的特大型整装天然气田。1999年，在抓紧进行克拉气田评价钻探的同时，又相继发现了大北气田和吐孜诺克气田。这些气田的天然气品质

◎图为中国石油塔里木油田公司克拉2—7井的工人在工作。

非常优良，具有很高的商业开采价值。10月，朱镕基总理在听取新疆维吾尔自治区汇报时说，对塔里木至上海输送天然气管道项目，要结合新疆周边国家的天然气储量情况统筹考虑，只要达到合理规模，即可考虑建设。

1999年底，塔里木盆地的气田勘探评价工作取得实质性进展，根据当时的数据，塔里木盆地探明天然气储量4938.91亿立方米，其中库车—塔北地区探明天然气储量3881.42亿立方米，具备建设年产120亿立方米天然气的生产能力，达到了西气东输的经济输送规模。同期，西气东输建设项目预可行性研究工作也取得重大进展，经过反复论证和多方案比对，初步确定了一步到位建成新疆塔里木至上海的输气干线的规划方案。

起步之年的开局之棋

2000年是西部大开发的起步之年。1月21日召开的国家计委主任办公会，专题讨论了西气东输的可行性及规划方案。会议提出统筹兼顾，进一步落实中西部地区的天然气资源。对目标市场——长江三角洲地区以及沿途市场的用气量要科学地分析预测，落实好天然气用户尤其是大型用户，做到落实资源、开拓市场二者并举，同步规划，同步建设。对新疆塔里木盆地至上海的天然气长输管道建设问题，再作进一步论证。同时，加快几条基础较好的天然气支线管道项目的审批工作，包括重庆忠县—湖北武汉、青海柴达木盆地涩北—西宁—甘肃兰州的输气管道项目。

春节期间，在外地考察的朱镕基总理给我打来电话，说春节后国务院要开会部署西部大开发工作，问我有没有已具备条件、可以尽快上会研究的重大项目。我说，不久前计委刚刚讨论过，大家认为西气东输工程的条件相对比较成熟，节后国务院可考虑先研究这个项目。

2月14日是春节过后的第一个工作日，朱镕基总理主持召开专题会，听取国家计委和中石油关于西气东输工程方案的论证汇报。他肯定了我们的汇报，并指出，西气东输是西部大开发战略中一步很重要的棋，这个项目将拉开西部大开发的序幕，不仅带动新疆发展，还能够促进产业结构调整、能源结构调整，促进整个国民经济的发展。会议认为，启动西气东输工程是把新疆的天然气资源优势变成经济优势，造福新疆各族人民的大好事，也是促进沿线十个省区市产业结构和能源结构调整、经济效益提高的重要举措。会议原则批准实施西气东输工程，就西气东输的资源、市场和工程方案、对外合作、建设、管理等都作出了部署，要求加快各项前期准备工作，抓紧可行性研究，尽快按基本建设程序报批。

这次会议使西气东输前期工作进入到实质性阶段。会后，新华社、人民日报和中央电视台都发表了题为《国务院听取“西气东输”工程论证汇报，肯定工程是造福新疆人民的大好事》的消息，正式对外全面介绍西气东输工程。国家计委加快了项目前期研究，中石油组成项目组，对管道线路走向、输气工艺方案以及资源、市场等抓紧了技术经济论证。

同年3月，国家西气东输工程建设领导小组在北京召开第一次工作会议。我在会上传达了国务院有关会议精神，布置了当前要做的几项工作：一是要加快前期工作，加大油气资源的地质勘探力度，保证有足够的油气资源输出，努力开拓市场，落实终端用户。二是要做好整体规划，搞好与其他能源资源的衔接。三是统筹兼顾东海天然气的开发。四是扩大对外开放，大胆利用外资，但工程承包必须以我为主，尽量做到设备材料本地化。

会上还宣布成立了国家西气东输工程建设领导小组，负责组织协调工程建设工作。国家计委副主任张国宝担任建设领导小组组长，副组长由中石油总经理马富才、新疆维吾尔自治区常务副主席张文岳担任，国家经贸委、财政部、国土资源部、建设部、外经贸部、中国人民银行、国家冶金工业局、国家建材工业局、国家石油和化学工业局、中国石油化工集团公司、国家电力公司、中国国际工程咨询公司以及上海、浙江、江苏、安徽、河南、山西、陕西、宁夏、甘肃的负责同志为领导小组成员。按照国务院指示，西气东输工程建设领导小组办公室设在国家计委。此后，西气东输工程建设领导小组又召开了六次工作会议。

6月30日，中石油向国家计委上报了西气东输管道工程项目建议书。8月3日，我在北戴河主持国家计委主任办公会进行研究。当时大家讨论的焦点是，天然气可采储量是否有可靠保障。有的同志担心西气东输变成另一个“川气出川”工程。“川气出川”是上世纪70年代历时5年建设的一项送气工程，原计划把四川的天然气送到东部地区，但由于气源没落实，川气没能出川，造成了很大损失。对此，中石油表示对西气东输工程30年每年稳定供气120亿立方米充满信心。据他们汇报，库车—塔北地区天然气年生产能力总计可达140.8亿立方米，稳产期约为11年。我们分析，根据掌握的控制储量，前十几年的供气是没有问题的，后十几年的稳定供气还存在不确定性。但从勘探情况看预期很好。即使真的可采储量缺乏，还可以利用境外天然气资源。最后我们认为，从储量看基本具备启动西气东输工程的资源条件，按照积极稳妥原则，应统筹考虑资源量和市场情况，建议同意按年输气量170亿立方米规划、一期工程年输气量120亿立方米设计。

8月下旬，我参加了国务院第76次总理办公会议。会议听取了国家计委的汇报，原则同意西气东输管道工程项目建议书。随后，国家计委批准了中石油西气东输管道工程预可行性研究报告和项目建议书。

办公会议结束不久，朱镕基总理9月7日专程赴塔里木气源地考察，他最关心的是天然气气源储量问题。当时我正在云南调研，国家计委陪同考察的同志通过电话及时向我报告了相关情况。朱镕基总理在轮南油田仔细听取了中石油的汇报，他非常高兴，对在场的石油干部职工充满信心地说：“这里找出了中国最大的天然气资源，取得了很大的成绩。西气东输项目不但应该马上启动，而且应该尽快建成。我们要在中国的地图上画上浓浓的一笔。这是一篇大文章、一个大手笔。中石油、中石化要加快勘探，加快找气，尽快开发。加快西气东输建设，更快地发挥效果，就打响了西部大开发的第一炮。”他的讲话赢得了全场热烈的掌声。

在大量前期工作的基础上，中石油抓紧开展项目可行性研究工作。2001年4月，中石油向国家计委报送了西气东输工程可行性研究报告。中国国际工程咨询公司多次召开评估会议，组织专家审查可行性研究报告，并赴现场考察，认为各项条件已基本具备。为了适应工程的需要，中石油将西气东输工程项目部改组为中石油西气东输管道公司，对工程建设的组织、管理、标准、装备、技术攻关、队伍培训等作了一系列的准备，并于9月中旬开始进行管道穿越江河、江南水网、黄土高坡、戈壁沙漠等特殊工

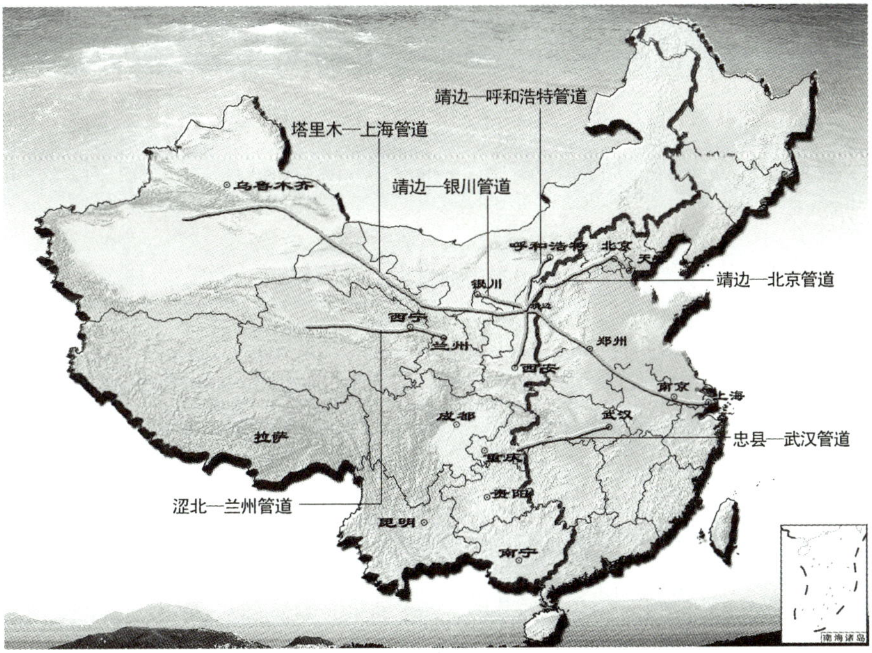

◎西气东输管线示意图

程的实验施工，为后期全面开工奠定了基础。

这年12月，国务院第117次总理办公会议通过了西气东输工程可行性研究报告。工程建设领导小组随后在北京召开会议，传达国务院的决定，提出西气东输工程定于2002年上半年正式全线开工。这次会议对征地、招商、工业改造、管网建设标准、财税支持、照付不议合同谈判、落实资金、交通运输等工作提出了要求，并要求中石油继续加大勘探开发力度，精心组织设计，尽早规划储气库，抓紧与外商谈判。

西气东输工程主管道为塔里木—上海输气管道。除此以外，另外几条西气东输管道工程包括：涩北—西宁—兰州输气管道工程，全长953公里，每年供气30亿立方米；榆林—北京管道工程（陕京复线），全长818公里，每年向陕西、山西、河北、北京提供约60亿立方米天然气；忠县—武汉输气管道工程，主管道全长1375公里，每年为重庆、湖北和湖南供气约30亿立方米；鄂尔多斯盆地长庆气田—呼和浩特管道工程，用以改善内蒙古城市能源消费方式，调整呼和浩特、包头等地区能源消费结构，全长1207公里。

西部大开发实施后，考虑到西气东输主管线新疆至上海管道工程存在的工程复杂性和施工难度，我们决定在工程实施前，先期展开线路较短、工程量较小、施工难度较低的输气管线工程，为日后长距离管线工程施工、全国管网建设积累经验。5月20日，国家计委正式批复青海柴达木盆地涩北—西宁—甘肃兰州的输气管道工程开工建设。涩北—西宁—兰州天然气管道工程总投资22亿，主要提供青海和甘肃两省用气，对控制西部地区环境污染、促进柴达木盆地天然气开发利用有着积极作用。涩北—西宁—兰州天然气管道工程由此成为西部大开发实施后，第一个正式开工的西气东输管道工程。2003年，忠县—武汉输气管道工程和陕西榆林—北京管道工程相继开工建设。

二、打通能源“新丝路”

经党中央、国务院批准，西气东输主管道工程于2002年7月4日全线开工。考虑到整个工程战线很长，在哪个地方举行开工仪式都不太合适，最后决定开工典礼主会场设在人民大会堂，塔里木气田、新疆库尔勒、陕西靖边、江苏无锡、上海白鹤镇设分会场。大会在主会场、分会场之间建立了现场影像传输系统，记录和报道这次绵延八千里的典礼盛况。把主会场放在人民大会堂，全国各施工地点同时开工，这样的典礼在新中国成立以来还是第一次。

在开工典礼上，我宣读了江泽民同志发来的贺信，对工程的重要性给予高度肯定，指出西气东输是一项举世瞩目的宏大工程，是实施西部大开发战略的重要举措；希望沿线各省区市党委和政府、参与工程建设的全体员工，精心组织，加强协作，群策群力，科学施工，把西气东输工程建成一流工程。

朱镕基总理会见了参加开工典礼的外国企业家，并表示欢迎外商参加西气东输工程建设，希望中外双方加强合作，共同努力，完成这项跨世纪的宏伟工程。

吴邦国副总理在开工仪式讲话中要求，各参建设计、施工单位要周密部署、统筹安排、科学设计、精心施工，确保工程质

◎2002年7月4日，西气东输工程开工典礼在北京人民大会堂举行。国务院副总理吴邦国出席开工典礼，宣布开工。

量。工程沿线各级人民政府和国家有关部门要大力支持，为工程建设提供便利条件和有力保障；要认真搞好上游配套开发，确保供气需求；要加快下游市场开拓和管网建设，使西气东输工程成为推动经济发展、带动东中西部共同繁荣的能源大动脉。最后，他下达了西气东输工程全线开工指令。开工指令通过卫星电视传输到各分会场，向世人宣告举世瞩目的西气东输工程全线正式进入建设期。西气东输工程犹如一条现代能源“丝绸之路”横贯国土东西。

全力开拓下游市场

西气东输工程启动之初，从中央到国家计委、到中石油，大家除了关心储量问题，还关心下游是否有市场。当时，下游用户对天然气的认识还不够，觉得天然气价格贵，不如烧煤划算。那几年，我和张国宝、马富才同志成了天然气宣传员，遇到下游省市的负责人，经常要向他们宣传天然气的好处。

2000年7月15日，工程建设领导小组第二次会议在新疆库尔勒召开。会议要求价格部门开始研究气价，抓紧制定定价政策。10月，由国家计委价格司牵头，成立了包括中石油、管道沿线各省区市物价部门参加的西气东输价格研究课题组。各方比较认可的定价原则，一是投资者能够收回正常投资成本、经营成本并取得合理投资回报；二是天然气消费用户能够承受和有利于天然气市场销售。

关于气价问题，工程建设领导小组第一次会议曾经建议，到上海的价格大约是每立方米1.3元左右，但中石油与地方物价部门均提出各自的想法。中石油提出，希望到上海的价格在每立方米1.4元左右，而上海等地政府部门希望是每立方米1.2元。天然气的定价问题成为当时影响下游市场的关键。后经国务院批准，最终确定到上海的价格为每立方米1.35元。制定这个价格综合考虑了很多因素，相对于当时其他参考气价来说，譬如中原气田供价、东海气价以及广东液化天然气到岸税后价格，这个价格还是相对较低的。更重要的是，当时刚刚开始开拓市场，气价如果定得太低，可能给用户留下气多、销不出去的印象，一旦市场成熟，就会供不应求。后来的情况证明，这个考虑是正确的。

为了开拓市场，中石油成立了专门的市场开发部门。2001年2月，中石油与江苏、安徽、浙江、河南、上海四省一市37家用户在北京签署了《西气东输天然气购销与管道运输意向书》，后来又同另外8家签署了预计书，这45家意向用户2007年意向用气量可达166亿立方米以上，为国家论证、决策西气东输项目和工程设计、施工提供了可靠的市场依据。2003年10月，经国务院批准，国家计委公布了西气东输天然气定价方案。郑州燃气股份有限公司首先与中石油正式签订《天然气销售协议》，成为西气东输第一家用户。2004年元旦这天，中石油与上海天然气管网有限公司签订西气东输天然气销售协议，西气东输正式向上海商业供气。天然气的推广使用，让企业尝到了甜头，看到了它的广阔前景。当年国庆节后，中石油西气东输管道公司与当时最大的工业用户——扬子石化巴斯夫有限责任公司签署照付不议合同。到12月，中石油已经与下游40家用户签订了《西气东输天然气购销合同》。

随着我国经济持续发展和人民生活水平的提高，社会对清洁、高效、优质能源的需求愈发迫切。西气东输很大程度上解决了困扰百姓生活的烧饭燃料问题，惠及了千家万户。我在上海、西安工作生活过多年。当时，弄堂、楼道里一到烧饭时便烟熏火燎。有的家里还要摇煤球，打蜂窝煤，然后再找地方囤放，很不方便。到北京工作后，冬天经常听到有人烧煤炉取暖导致煤气中毒。近几年，沿线很多地方都用上了优质、清洁、高效、方便的天然气。西气东输建成后不长时间，许多地方的同志开始找我反映，说天然气用上了就会上瘾，一天也离不开它，本地的用气指标不够，希望协调增加用气指标。这也证明西气东输的决策是正确的，符合市场需求。

2005年底，中石化在四川发现普光大气田，川气东输工程随之启动。最初准备建设输气管道往广东送气，由于广东已经建立形成了较成熟的液化天然气进口、消纳体系，而长江中下游因天然气需求增长迅速，一些建成的燃气电厂和用气单位因缺气停产、减产，我提出应主要沿长江向华东送气、小部分送华南的建议。研究论证后，川气东送工程最终改道沿长江往华东送气。

工程建设市场化

由于西气东输工程是有投资回报的，在决策之初国家就决定不用财政资金投入，完全走市场化的道路进行建设。但是，西气东输工程资金投入大、技术要求高、施工难度大，并且存在一定市场风险，对项目的组织实施是一个严峻考验。

2000年5月，经过慎重考虑和仔细研究，国家计委将西气东输管道工程对外合作的请示上报国务院，建议通过引进国外技术与资金，确保西气东输工程更安全迅速地完成。建议得到了国务院领导的肯定。2000年7月12日，国家计委和中石油在北京长城饭店举行西气东输项目新闻发布会，宣布西气东输工程全线开放，全面对外合作，欢迎国际上实力雄厚的合作伙伴参与投资、建设和管理。

为保证对外招商的公开和公平，根据国务院领导指示，国家计委会同中石油，组建了西气东输招商小组，经过三个多月细致准备，制定出西气东输管道工程招商工作文件和具体实施办法，并在《中国日报（英文）》和《人民日报（海外版）》刊登招商公告。公告发布以后，国外知名石油天然气公司、管道公司、大型综合企业、投资银行等90家公司和机构索取了招商邀请书。其中的19家跨国公司在规定时间内提交了申请书和资格预审文件，顺利通过资格预审。经过专家组评审，2001年5月，埃克森美孚与香港中电企业、壳牌、BP、俄罗斯天然气工业股份公司确定为合作谅解备忘录谈判伙伴。之后，2001年7月24日西气东输项目合作谅解备忘录签订，2002年7月4日合营框架协议签订。

从2000年7月招商开始，到2002年7月合营协议签订，历时整整两年，大小谈判上千次。合作谈判旷日持久，几经周折，异常艰难，协议企业各方始终未能就西气东输项目投资收益率等一些关键问题达成一致。合营框架协议签署两年后，经各方商讨，中石油发出终止该协议的通知，各签约方也同意终止该协议。

尽管西气东输对外招商工作无果而终，但仍可以说是一次非常有意义的尝试。在这一过程中，中石油等国内企业在管理、技术、融资等方面都学到了许多宝贵的经验，在没有引进国外资金与技术的情况下，仍然依靠自身努力，完成了这样艰巨的任务。

西气东输项目招商带动了国际油气公司投资中国的热情。譬如，壳牌集团十分看好中国的天然气市场，积极参与中国天然气上游和下游合作项目，与中石油合作投资陕西长北气田开发项目，2007年项目投入商业运营，成为西气东输又一稳定气源。2007年底，壳牌集团与中石油在北京钓鱼台国宾馆签署了《合作框架协议》，进一步深化了油气领域的合作。BP公司也在天然气供应、航空燃油供应、液化石油气的进口及营销等方面对华投资，并与中国石油天然气股份有限公司在2004年11月合资成立中油BP石油有限公司。俄罗斯管道公司、埃克森美孚等公司也参与了中国能源行业诸多领域的经济技术合作。

管线跨越千山万水

西气东输工程施工的艰难程度，在中国管道建设史上前所未有。西气东输主管线途经沙漠、戈壁、山地、黄土塬、平原、沼泽、水网，横跨“三山”、“一塬”，通过“五越”、“一网”。“三山”是指太行山、太岳山、吕梁山；“一塬”是指陕西、山西的黄土塬；“五越”是指中卫黄河跨越、延水关隧道穿越、黄河定向钻与顶管穿越、长江盾构穿越、淮河定向钻穿越；“一网”是指江南水网。其中，延水关隧道穿越、郑州黄河顶管穿越和长江盾构穿越并称为西气东输三大控制性工程。

西气东输工程浩大，仅挖填土石方量就达3000多万立方米，相当于铺设一条一米见方的道路环绕地球一周。所用钢材达174万吨，制成的钢管40万根左右，如果用火车装运，需要8万节车皮。把这么多的管子焊接在一起，要焊40万道焊口，如果每道焊口平均焊7遍，用焊丝130米，40万道焊口则需要焊丝52000公里，比绕地球一圈还长。

工程建设初期，有很多地方的同志曾担心工程施工会给植被、水源等生态环境造成影响。2003年4月，我在一份内部资料上看到一篇文章，反映西气东输工程甘肃安西段施工将对生态环境造成影响，立即请张国宝、马富才同志关注此事，并提出在重大工程中应当关注生态环保问题，从工程开始设计时就要作为一项重要内容。中石油在西气东输工程整个施工过程中为保护环境做了大量工作，引进了国际先进的HSE管理方法，标段上都有中国和外国的工程监理，一点也不马虎。建设者们环保意识非常高，在宁夏穿越固沙林场时，他们主动把规定的宽28米作业带降

◎2002年10月，施工人员在位于新疆巴音郭楞蒙古自治州境内的西气东输工程现场紧张施工。

到18米，运管车进来调不了头，就用牵引设备倒着拖出去，精心爱护这片几代人奋斗留下来的防沙固沙林。在经过陕西省子长县国家重点保护文物钟山石窟时，虽然爆破专家认为爆破不会对石窟造成损害，但他们还是坚持采用机械凿岩和人工开挖的方法。原本十天就可穿越的秀延河，仅管沟开挖就干了一个多月。石窟博物馆馆长感动地说，国字号文物和国字号工程在这里做到了“和平共处”。西气东输管线途经罗布泊北部时，为了给野骆驼让路，将管线改道，使管线长度增加了近十公里。西气东输管线的平均造价是每公里1000万元，因此这段管线就多花了上亿元。

全体建设者发扬大庆精神、铁人精神，继承特别能吃苦、特别能战斗、特别能忍耐的光荣传统，战胜了数不清的艰难险阻。面对技术难题，建设者们学习国外管道建设经验，积极开展科技攻关，投入科研人员近千人、科研经费十亿多元，在管道设计施工技术、施工装备以及钢材、钢管的国产化研制等方面取得了一系列突破，创造了多个中国第一和世界之最。西气东输成为频频攻克技术难题的创新工程，与自然环境相协调的绿色工程，具有良好投资回报的优质工程，公开透明的阳光工程，惠及沿线人民的民生工程。在那些日子里，我为工程所遇到的每一个拦路虎所焦虑，也为工程的每一个好消息而振奋。

长江盾构穿越

盾构广泛应用于隧道工程，有着自动化程度高、施工速度快、一次成洞、不受气候影响等特点，在水下隧洞开挖时不会影响水面交通。在隧洞洞线较长、埋深较大的情况下，用盾构机施工更为经济合理。

2003年9月15日，国家西气东输工程建设领导小组第六次工作会议在南京召开，我出席了会议。会议期间，我同江苏省省长梁保华等同志一起，来到西气东输管道工程长江三江口穿越现场，考察穿越工程的作业面，看望慰问正在一线施工的建设者。我察看了施工现场，并穿上工作服，戴上安全帽，深入到地下18米的竖井施工断面。我鼓励大家精心施工，注意安全，再接再厉，夺取工程全线贯通的最后胜利。现场工人辛勤工作、努力奉献的精神，令我非常感动。

长江盾构穿越工程位于南京长江大桥下游约30多公里处的三江口，北岸属江苏省仪征市，南岸属江苏省南京市栖霞区，是南京附近主要的水陆交通要塞。这个地方江底地质情况复杂、地层含水丰富、透水性大，上部地层中还含有树根和大型岩块，施工环境极为困难。加之工程一次性穿越距离长、隧道坡度大、工期紧，更增加了施工的难度。工程于2001年9月开工，2002年9月开始由长江南岸向北岸隧道掘进。由于工程在地下经过土质改良

◎2003年9月，考察西气东输管道工程长江三江口穿越现场。图为在地下18米的施工作业面与工程技术人员交谈。

层、黏土层、卵石层等多种不同地质构造，施工进展十分缓慢，最困难时每天盾构进度只有几厘米。但施工建设队伍克服地质上的风险、施工设备和技术方面的困难，最终于2003年7月实现隧道贯通。

长江盾构隧道虽然贯通了，但由于种种原因，不具备于当年10月1日向上海正常供气的条件。中石油为了履行西气东输按时向上海供气的承诺，提前在2003年2月紧急启动了长江穿越备用方案和郑州黄河穿越备用方案。长江穿越备用方案是在长江底下用钻机穿越的方法，再敷设一条直径较小的管道，总长2700米，是西气东输工程中最长的定向钻施工。整个工程分为两部分，一部分穿越长江主汊，长度1746米，另一部分穿越长江支汊，两部分在长江中的乌鱼洲上连头。乌鱼洲是长江中泥沙淤积的一个沙洲，在长江枯水期露出水面，汛期一到，将淹没在滔滔江水之

◎2003年7月26日，长江盾构隧道贯通。

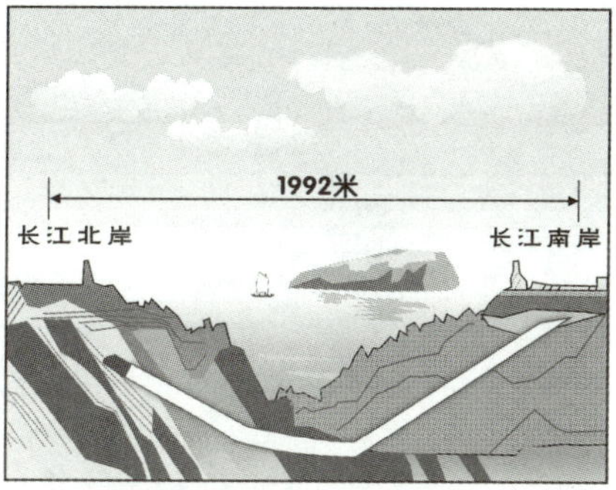

◎西气东输长江穿越示意图

中。因此，工程必须在长江桃花汛期到来之前完成，只剩不足一个月的时间。在如此短的时间内，完成长江穿越备用方案困难之大可想而知。

中石油的同志后来向我讲了施工过程。当时天公不作美，不是中雨就是小雨，甚至还有冰雹。乌鱼洲上泥泞不堪，每走一步都要陷入没膝深的泥沼之中。几十吨的设备要运至现场，更是难上加难。建设者们不惧困难，顶风冒雨，经过16个昼夜艰苦奋战，实现长江主汊穿越一次成功。长江支汊穿越经过一些曲折后也获得了成功。几天之后，桃花汛如期而至，乌鱼洲成了一片汪洋。这次“惊险”的长江穿越，是工程建设者们创造的又一次施工奇迹。

延水关隧道穿越

延水关隧道穿越位于陕西省延水关和山西省永和关之间的黄河河谷，是西气东输工程主管线河底隧道穿越处。这里施工环境险峻，地质条件较差，隧道掘进施工安全问题十分突出，经常出现大规模涌水。

这项工程是制约西气东输的“瓶颈”之一。西气东输三大

◎2003年6月，工程建设者在延水关黄河河床以下20米深处对管道作最后检查。

控制性工程中的郑州黄河顶管穿越工程和长江三江口盾构隧道穿越工程都有备用方案应急，而延水关隧道穿越工程没有任何备用方案。施工建设只能成功，不能失败。延水关隧道穿越采用爆破法施工，工程量巨大。武警水电部队发扬人民军队的顽强拼搏精神，克服洞内缺氧、潮湿等困难，以无坚不摧的毅力，一寸一寸地向前挺进。

工程建设中还遇到了预想不到的特殊困难。2003年4月，正是延水关穿越工程施工关键期，因为非典疫情产生的恐慌，当地村民把连接山西和陕西两省唯一的通道延水关黄河渡口封了，致使工程顿时失去了交通线。为保工期，运送急需的设备和物资，建设单位车辆取道吴堡，绕行1000公里山路，足足奔波了两天。

2003年6月10日，延水关隧道管道穿越工程提前10天胜利竣工封洞，在中国管道建设史上首次实现了天然气管道以隧道形式成功穿越黄河。

郑州黄河穿越工程

郑州黄河穿越工程，位于郑州黄河大桥上游约30公里处，工程穿越全长7645米，由定向钻穿越和顶管穿越两部分组成。以顶管穿越主河槽，以定向钻穿越滩地，用两种不同方式相结合让气龙通过郑州黄河。

郑州黄河穿越工程2002年2月15日开工，主要克服了三道难关。首个难关是河床主河道宽达8千多米，为满足水利部黄河水利委员会保护河床的要求，管道采用顶管穿越，需建4个竖井，分三段在30米以下顶管。第二个难关是，历史上无数次改道的黄河古河床下30米处地质条件极为复杂，要将直径1.8米的钢管一次顶进千米以上，将遇到许多不可知的困难。第三个难关是，施工中遇到黄河首次冲刷，河水上涨，河道增宽，水流加速，施工设施受到极大威胁。

黄河穿越既是西气东输的“重中之重”和“难中之难”，更是罕见的高科技、高风险、高投入的施工，被称为“世界性难题”，很多国外专家甚至认为穿越黄河河床的成功可能性为零。

担负施工的建设单位战胜重重困难，特别是流沙的挑战，最终于2003年9月15日实现黄河顶管穿越胜利贯通。这是我国长距离接力顶管技术首次运用于长输管道大型河流穿越。

中卫黄河跨越工程

中卫黄河跨越工程，是工程全线三穿黄河的第一穿。作为西气东输“五越”中的首越备受关注。该工程施工点位于宁夏中卫沙坡头黄河峡谷地段，跨越全长540米，采用多跨桁架结构，大直径钻孔灌注基础，属当时国内跨度最大的天然气管道桁架结构工程，施工难度很大。所谓“桁架”，就是房屋、桥梁等的架空的骨架式承重结构。在“五越”中，其他“四越”都采用穿越方式，惟独过中卫黄河采用跨越方式。

◎2004年4月，承担西气东输宁夏中卫黄河跨越工程的施工人员正在吊装管道。

中卫黄河跨越工程的施工，工程设计施工者概括为五难。一是难在跨越采用新的结构形式。二是难在主汛期河道施工作业安全风险大。三是难在水下基础灌注桩施工作业，要求桩基础要嵌入基岩五米多。四是难在桁架的制作。五是难在桁架的整体垂直吊装。

2003年5月10日动工后，面对特殊的跨越结构形式和诸多施工困难，承建单位紧紧抓住工程的重点和难点，组织科研攻关，制定科学有效的施工作业措施，在遭遇中卫地区30年不遇洪水袭击的情况下，仍然强渡了中卫黄河天险，桁架跨越管桥于2003年11月29日告捷，全部施工质量达到合同要求，同时取得了“高风险作业零事故”的跨越施工纪录。2004年5月8日，随着输气管道最后一道焊口的完成，中卫黄河特大型跨越桁架和输气管道主体工程宣告全面完工。

全线投产通气

2003年10月1日，是新中国成立54周年。西气东输工程靖边—上海段顺利实现进气，标志着西气东输工程东段顺利投入运营。2004年8月3日，最后一道焊口在甘肃玉门焊接完毕，至此西气东输西段主干线焊接、试压、干燥任务全部完成，西气东输工程全线贯通。9月1日，塔里木盆地牙哈气田的天然气从新疆轮南首站进入西气东输管道。经过近五天的推进，6日上午11时顺利抵达陕西靖边站，实现了塔里木气田和陕北长庆气田两大气源的天然气对接。

2004年12月30日，是西气东输工程中一个具有里程碑意义的日子。这天上午，西气东输工程投产庆典暨表彰大会在人民大会堂隆重举行。大会前，受党中央、国务院的委托，我和全国人大常委会副委员长盛华仁会见了西气东输工程先进集体和先进个人代表。当看到历经风雨的建设者们洗去征尘、披红戴花、齐聚一堂的时候，我不禁想起2002年7月4日那天，西气东输也是在这里宣布开工。经过两年半的顽强拼搏，宏伟蓝图已成为现实。西气东输再次向世人昭示，再大的困难也难不倒中国人民。此情此景，怎能不让人激动。

人民大会堂华灯齐放，气氛热烈。马凯同志宣读了胡锦涛同志发来的贺信。胡锦涛同志代表党中央、国务院，对西气东输工程全线胜利建成并成功运营表示热烈的祝贺，向广大工程建设者致以诚挚的问候和衷心的感谢。贺信说，西气东输是我国西部大开发的标志性工程。开工建设两年多来，国家有关部门、管道沿线地区各级党委和政府通力合作、全力支持，各参建单位精心组织、科学施工，广大建设者艰苦奋斗、无私奉献，实现了把西气东输工程建成一流工程的目标。

中石油总经理陈耕在报告西气东输工程建设情况后说：“中国石油集团作为西气东输工程的建设和组织管理单位，完成了党中央、国务院交办的光荣而艰巨的历史任务，实现了我们向国内外做出的郑重承诺。”随后，中国石油天然气股份有限公司总裁蒋洁敏报告：“西气东输全线商业运营准备就绪。”

我代表国务院宣布：“西气东输工程全线建成，正式投产！”八千里气龙开始在神州大地上起舞。

在庆典表彰会上，我对西气东输管道安全平稳运行提出了要求。我说，西气东输管道是我国能源供应的大动脉，必须做到管理运营一刻不能停，供气一天不能停。要提高运营质量和效益，依法强化天然气管道保护，做好市场开发工作，确保稳定供气。

三、可观的经济效益和社会效益

西气东输迄今已安全高效运营五年，产生了可观的经济效益和社会效益，对调整中国能源结构，缓解中东部地区特别是长三角经济圈能源紧张的矛盾，改善大气环境质量，推动西部地区及沿线各地经济社会发展等方面发挥了重要作用。事实充分证明：党中央、国务院决定把我国西部天然气资源和东部天然气市场紧密联系在一起的战略决策，是非常正确的。只有社会主义制度，才能集中力量很快办成这样的大事。只有社会主义市场经济，才能赋予西气东输这样强大的生命力。

开启中国优质能源新纪元

西气东输工程的建成投产，推动了中国天然气工业的大发展。塔里木、普光、长庆、东海、青海等大型气田产量逐年提高，中国在世界天然气生产大国中的排名已跨入“十强”，成为全球天然气产量增长速度最快的国家之一。到2008年底，全国石油天然气生产连续六年保持两位数增长，年均增幅达到13.7%。我国天然气勘探开发技术水平也日臻成熟，探明天然气地质储量连续四年超过3000亿立方米。

截至2009年5月底，西气东输已累计分输销售天然气533亿立方米，向沿线的70多个城市、3000多个大中型企业供气，近2亿人口从中受益。西气东输投产后，苏州高新技术产业开发区使用天然气的居民用户10万户，工商用户300户，一年用气突破1亿立方米，而且用量持续增长。开发区内63台锅炉全部改用燃气后，用气条件及环境明显改善，开发区面貌焕然一新，越来越多的外商前来投资。

西气东输工程的顺利实施推进了我国天然气网架，以及欧亚、中亚区域性油气网架的构建与完善。全国大动脉、小支管的迅速贯通，使我国成为天然气网络供气国家。西气东输工程主干线投产后，冀宁联络线、淮武联络线相继建成，长宁线、兰银线陆续接通，塔里木、长庆、川渝和柴达木四大气区形成联网，地方管网建设全面提速，全国安全供气网络初步形成。在西气东输工程推进的同时，为进一步提高我国天然气管网供气安全性和可靠性，与俄罗斯、中亚等相邻管网的连接工作也快速推进。考虑到气源多元化和输配网络化的发展趋势，陆续建设了进口输气干线、液化天然气接收站和地下储气库，为引进俄罗斯、中亚等国家和地区的天然气资源，以及引进亚太、中东地区的液化天然气提供了良好条件。

2009年12月14日，胡锦涛同志出席在土库曼斯坦举行的中国—中亚天然气管道单线通气仪式。中国—中亚天然气管道由土库曼斯坦出发，经乌兹别克斯坦和哈萨克斯坦，到中国的霍尔果斯，与国内正在建设的西气东输工程管道相连，单线全长1833公里，双线铺设。这一管道的建成通气，有力地推进了我国与中亚能源领域的合作，将进一步推动我国能源结构的调整和优化。

西气东输为我国的社会经济发展带来了巨大的环境效益。到2009年5月底，西气东输累计分输销售的天然气，相当于少用7100万吨标准煤，减少二氧化硫、氮氧化物及粉尘等有害物质排放320多万吨，减少二氧化碳气体排放1.81亿吨。上海宝钢集团特钢厂由于一直利用煤气炼钢，每年产生近3000吨二氧化硫和300多吨粉尘，曾经是上海大气环境污染的老大。西气东输投产后，上海宝钢成为第一家用上西气的企业，一举拆掉149座煤气炉，二氧化硫排放量削减率达到59.5%，烟尘排放量削减率达到26.8%，大气降尘指标降低24.7%，彻底消除了煤制气异味。

促进相关产业技术升级

西气东输工程提升了中国油气长输管道施工技术水平，推动了下游城市管网和天然气利用项目建设，从机械、电力、化工、冶金到建材等相关产业，都从中受益。

一是促进了冶金行业技术升级。西气东输工程采用何种管线直接关系到工程进度、成本和效益，而且影响着我国今后的管道建设格局，是个需要慎之又慎的问题。当时，国际管线普遍采用X70、X80级钢，而我国只能生产X65级及以下管线钢和螺旋焊管。如果国内企业生产国际普遍采用的管线，无论是制造经验还是硬件设施均不足，风险很大。但从长远利益看，按照国际先进的技术路线实施规划与建设，才真正符合国家管道建设持续发展的需要。在2000年3月西气东输工作会议上我提出，要将抓好国产化钢材管材供应作为工作重点。国家计委综合各方面意见，最终决定采用X70针状铁素体管线钢方案，由中石油和宝钢、武钢、鞍钢、舞阳钢厂等冶金企业开展联合攻关，落实项目国产化。经过不懈努力，2000年9月，宝钢和武钢按技术条件分别生产出管线钢卷板，华北青县钢管厂、宝鸡石油钢管厂用这些卷板加工成成管。10月，中石油召开国际研讨会，邀请国际一流研究机构和专家，探讨我国第一条高压输气管线高钢级板材、管钢的研制情况，获得专家们的肯定。11月试验段管道下沟回填完毕，12月试压顺利结束。在此次实地试验中，国产X70钢和钢管经受住了强度试验和严密性试验考验，西气东输国产化步伐向前迈出重要的一步。几年后，我国管道建设和安全运营的整体科技创新能力再次得到证明，西气东输二线工程关键技术X80高级大口径螺旋焊管、直缝焊管等系列产品全部实现国产化。

◎宝钢分公司钢管厂HFW焊管分厂顺利生产出X70高钢级管线钢管。

二是促进了电力、热力等工业的发展。西气东输工程为长江三角洲地区等人口密集城市提供了较充足的天然气，以天然气为燃料的电厂、热电厂相继建设，进一步改善了我国电源结构。天然气电厂所采用的燃气轮机联合循环，具有热效率高、排放污染少、灵活机动、调峰性能好等优势，非常适合在电力紧张地区建设。在国家发展改革委的支持下，西气东输管道沿线新建了华能南京金陵发电有限责任公司、江苏华电戚墅堰发电有限公司、江苏华电望亭天然气发电有限公司、张家港华兴电力有限公司、杭州华电半山发电有限公司、华能上海发电有限责任公司、郑州燃气电厂等多家燃气电厂，这些燃气电厂在改善电网调峰能力、优化电网能源结构、节能降耗、减少污染排放等方面取得了明显成效。

三是推动了装备制造业的振兴。西气东输实施后，国家加大了对燃气轮机技术的引进吸收和自主攻关力度。国家发展改革委要求，组织国内市场资源，集中招标，引进技术，促进国内燃气轮机产业发展和制造水平提高。“十五”期间，通过捆绑招标，国内三大动力集团分别与通用电气、西门子和三菱合作，以市场换技术，建设F级大功率单轴机组共54套，总装机容量达20000兆瓦。南京汽轮电机集团也与GE组成联合体，启动了9E系列大型燃气轮机国产化项目。此外，国家863大型燃气轮机研制等科技攻关项目实施，一批大型燃气轮机组装、试车中心建成投产，清华大学、上海交通大学等院校也陆续成立了燃气轮机研发中心。通过这些努力，我国在燃气轮机样机研制方面取得较大进展，燃气轮机动力核心领域技术的消化创新和自行设计制造能力有了很大提高。此外，西气东输主管道、陕京复线对进口气泵的依赖较大，2005年6月，克拉2号气田主泵爆炸事件，促使国家下决心进行国产化攻关。同年8月我到大连考察时，特别督促加大工作力度。这个问题最终得到解决，实现了国产化。

四是为长江三角洲地区的主要用气行业提供了新的原料。该地区玻璃、陶瓷和玻璃纤维三个主要用气行业的新增生产能力逐步采用天然气，一些以煤、油为燃料的企业进行天然气置换，大大提高了产品质量。扬子石化—巴斯夫有限责任公司（扬巴）是最早与中石油签定照付不议合同的用户之一，中石油为他们专门修建了一条6公里长的天然气支线直接供气。该公司年设计用气约6亿立方米，每年可生产170万吨高质量的化工产品。由于使用了天然气，大大减少了对环境的污染。

带动西部地区经济发展

通过把西部资源优势转化为经济优势，西部电力、化工等产业得以快速发展，而且通过税收、基础设施建设、安置就业等方式从中受益。西气东输工程气田开发投资284亿元，管道建设投资463亿元，天然气管网等配套设施建设投资700多亿元，合计静态投资总规模约1400亿元。其中，全部气田勘探开发投资、管道投资的67%都集中在中西部地区。有关数据表明，在西气东输工程建设期间，仅新疆地区配套工程建设的投资就达到460多亿元，其中120亿元直接为建筑业收入。在西气东输工程中，西部地区地方税收得到了国家多方面的政策扶持。从2004年到2009年底，塔里木气区天然气开发利用共产生税费近70亿元，留给新疆税费近50亿元；通过管道运输营业税部分返还政策，共返还新疆5亿元税费，沿途中西部地区得到了一定分成，使资源地和途经地真正得到了实惠。随着国家税制改革继续深化，资源税等地方税种的调整，将使西部地区财政收入有更大的提高。

通过西气东输工程，西部很多地区用上了清洁能源。2000年12月，李岚清副总理到新疆考察时，看到喀什地区百姓生活燃料缺乏，有的仍以牛粪和柴禾为主，回京后建议国家计委考虑把天然气输送到喀什。国家计委也认为非常必要，在委托进行专题研究后，确定了直接增加近10亿元投资，从阿克、和田河等气田专门设计天然气管线到喀什等地的方案，向喀什、克州、和田提供天然气。中石油的建设者们为此调整计划部署，加班加点，克服了许多困难，2004年实现了向喀什、和田等三市六县供气，古老名城由此从“煤柴时代”跨入了“天然气时代”。前不久，一位来京的喀什同志高兴地告诉我，喀什地区天然气覆盖率已经接近80%，老百姓的生活质量有了显著提高。由于供气充足方便，雅戈尔织布、远东陶瓷等一批大企业也纷纷前往落户，喀什现在和以前比有了很大改观。2000年以来，中石油为新疆地区供气建设的专用天然气主干管道达1611公里，管线直接投资达32亿元。

在西气东输工程带动下，以油气为龙头的石化工业推动新疆等地区经济实现产业结构升级和跨越式发展。新疆独山子千万吨炼油基地、乌鲁木齐和南疆等石化基地迅速崛起，大型炼油、大型乙烯、大型芳烃、大型化肥生产等一批国家重要石化产业集群林立。独山子石化千万吨炼油和百万吨乙烯工程，是我国2005年投资最大的炼化一体化工程，也是西部大开发的标志性工程，总投资300亿元。2006年10月，我到新疆时专门到这里进行了考察。

2008年2月22日，西气东输二线工程作为国家“十一五”重大项目隆重开工。我参加了开工仪式，目睹西气东输工程又翻开了崭新的一页。展望未来，西气东输三线、四线等油气战略通道的宏伟蓝图正在绘就，川气东送管线在中华大地上延展，中亚天然气管道、中哈原油管道、中俄原油管道、中缅油气管道等油气战略通道，越来越多地通向我国。我国油气管道建设更加美好的未来正在召唤人们去继续拼搏和奋斗。这是我们的希望，也是时代的要求。

第十二章

特色优势产业：
西部经济加速发展的引擎

一、能源及化学工业
二、优势矿产资源开采及加工业
三、装备制造业
四、特色农牧业及其加工业
五、高技术产业
六、旅游产业

西部大开发之初，西部各地为了尽快提高经济增长速度、增加地方财力、扩大就业，希望国家有关部门支持他们搞一些加工工业项目。中央考虑西部加工业发展应当以企业为主体，上一些有市场、有效益的项目，政府在产业发展中，主要是创造良好的环境，不宜把有限的资金直接投向可由市场调节的竞争性行业。当时国内出现了通货紧缩趋势，大部分商品供大于求，过多地上加工业项目，容易加大市场供求矛盾，影响项目经济效益，进而影响西部大开发的成效。因此，当时国家强调西部大开发起点要高，绝不搞重复建设，先把主要投资放在基础设施和生态环境建设上，对加工业发展采取了审慎的态度。

几年后，随着西部投资软环境和硬环境的改善，与此同时国内市场发生很大变化，加快西部加工业发展重新提上日程。经过上下互动、科学论证，认识趋于一致，应当发挥西部的比较优势，调整产业结构，着力发展特色优势产业，以增强西部地区自我发展能力。“十一五”时期，西部大开发的产业发展重点放在能源及化学工业、优势矿产资源开采及加工业、特色农牧产品加工业、装备制造业、高技术产业、旅游产业六个方面。国家在发展方向上给予指导，政策上给予优惠，项目上给予支持。西部各地立足比较优势，将这些产业做优做强，使之在市场竞争中不断发展壮大。特色优势产业成为西部经济加速发展的引擎，也日益成为西部经济又好又快发展的强有力支撑。

一、能源及化学工业

能源及化学工业是国民经济的基础产业。上世纪最后二十年，我国以能源消费翻一番，支撑了经济总量翻两番，为社会主义现代化建设提供了有力支撑。随着经济持续快速发展，工业化、城镇化进程加快，居民消费结构升级换代，能源需求迅速增长，能源结构加速调整。基于这样的现状和前景分析，我们只有尽快提高能源供应能力，开发利用多种能源资源，才能使经济社会发展得到有力的能源保障，满足十几亿人日益增长的能源需求。

我国西部地区有丰富的煤炭、石油、天然气、水能、风能、太阳能等能源资源。结合西电东送、西气东输，利用区域资源优势，加快在西部地区建设一批重要的水能、煤炭、石油、天然气等能源基地，以及能源化工基地，对于缓解当时我国能源短缺的局面，满足未来长远的发展需要，具有重要意义。

以能源为原料的化学工业主要包括石化工业和煤化工业。石化工业产品，主要有炼油、乙烯、化肥、合成树脂、合成橡胶、合纤原料及聚合物、有机原料等；煤化工产品，主要有煤制油、煤制烯烃、煤制二甲醚、煤制甲烷气、煤制甲醇、煤制乙二醇等。这些都是保障国民经济发展的重要原材料。

西部大开发中，能源及其化工产业项目数量多，投资规模大。一批亿吨级煤炭生产基地和煤电一体化重大项目，大型水电工程，大型石油天然气的勘探、开采及加工基地，煤化工基地，可再生能源基地相继建成投产。随着西部地区石油、天然气资源勘探力度不断加大，在塔里木、准格尔、鄂尔多斯、四川盆地等区域，陆续发现一批重大油气田，初步形成了新疆、青海、陕甘宁、川渝等石油天然气及其化工基地，黄河上游、长江上游水电基地，陕北、蒙西、宁夏和云贵等煤电、煤炭化工基地。

大型煤炭综合利用基地建设

我国是煤炭生产和消费大国，从1996年开始产量达到世界第一位。而后，虽然产量增长很快，但仍不能满足经济发展的需要。新世纪初，全国电煤供不应求，煤炭库存水平较低，煤价持续上扬，亟须调整煤炭产业布局，通过合理规划和科学管理，在我国煤炭富集区加快建设大型煤炭基地，缓解我国煤炭供应的紧张局面。

新疆、内蒙古、陕西、宁夏、贵州等地区有丰富的煤炭资源。从新中国成立到西部大开发之初，这些地区的煤炭工业有了一定程度的发展，但总体上现代化水平不高，普遍存在增长方式粗放、资源浪费严重、环境治理滞后、安全事故频发等问题。在西部地区选择资源条件好、具有发展潜力的矿区，尽快建设一批大型煤炭基地，既符合国家能源发展战略，又能带动地方经济发展。

2003年6月，国家煤矿安监局副局长张宝明给温家宝总理写信，汇报了对我国能源特别是煤炭工业的几点想法。他在信中说，当前煤炭企业多达三万个，规模小，各自为政，国家控制力不够。煤矿新井建设滞后，老井接续紧张，发展后劲不足。特别是受利益驱动，有些大矿超能力生产，小矿非法生产，安全责任制不落实，重大事故时有发生，煤矿安全生产形势严峻。他建议，加强煤炭工业的宏观调控和管理，统筹考虑资源的合理利用，制定煤炭工业的发展规划和相关产业政策，组建两三个特大型煤炭企业集团，增加煤炭生产能力。温家宝总理将这封信转给我研究。

我认为张宝明的建议是有道理的，有关部门应当加强管理，遏制破坏性、掠夺性的开采，促进资源合理利用。建设大型煤炭基地可以有力地支撑煤、电需求，优化煤炭资源利用方式，快速提升产业技术水平，提高产业集中度，增强环境安全保障，并带动地方经济发展，这是一项迫切需要实施的任务。我要求国家发展改革委抓紧制定煤炭中长期规划，抓好大型煤炭基地的开发与建设、煤炭清洁利用、煤炭生产安全等项工作。随后，国家发展改革委对全国煤炭工业发展情况进行了摸底和调研，并着手开展大型煤炭基地布局和规划的研究工作。经过近一年的论证，他们提出了我国煤炭工业中长期规划的初步设想和大型煤炭基地建设布局的建议，并专题向我作了汇报。我认为他们的意见是基本可行的。

2004年下半年，全国煤炭供应形势趋紧，可以预见，下一年煤炭供需缺口仍会比较大。8月11日，温家宝总理主持召开国务院第60次常务会议，听取国家发展改革委关于全国煤炭供需形势和对策的汇报。会议研究决定，采取七项措施缓解煤炭供应紧张形势，加快大型煤炭基地建设成为其中重要一项。会议还要求，加强煤炭资源勘探，提高地质勘察质量，增强煤炭资源保障能力；抓紧新建、改扩建一批现代化的大型煤矿；鼓励煤电联营，加快坑口电站建设。

为了进一步听取主要煤炭产区对建设大型煤炭基地的意见，8月27日，我在内蒙古包头主持召开全国大型煤炭基地建设工作座谈会。会上，国家发展改革委介绍了大型煤炭基地的建设规划情况，有关方面发表了意见。我在会上着重分析了当前煤炭供需形势和加快大型煤炭基地建设的重要意义。我谈到，加快大型煤炭基地建设，是缓解当前煤炭供应紧张局面的治本之策，是我国能源建设的重大举措，要扎实推进，把大型煤炭基地建设工作落到实处。西部省区加上山西省的煤炭资源占全国的87%。今后要建设的大型煤炭基地，很多集中在这些地区。在西部建设大型煤炭基地，不是只建设传统的单一采煤矿区，而是要在整个区域内综合开发利用煤炭资源，实现上下游产业联营和集聚。不仅要建设煤炭生产和煤炭调出基地，而且要建成电力供应基地、煤化工基地和煤炭综合利用基地，实现部分煤炭资源的就地转化和清洁利用，增加当地就业机会和财政收入，带动区域经济社会发展。

按照会议精神，国家发展改革委立即部署中煤国际工程设计研究总院、中国煤炭工业发展研究中心、中国煤炭地质总局等单位，组织研究编制《大型煤炭基地建设规划》，西部地区陕西、宁夏、内蒙古、贵州、云南、新疆、甘肃等地被纳入了大型煤炭基地建设重点考虑范围。一年后，规划草案初步形成。在此基础上，国家发展改革委征求了有关部门的意见。2006年3月，国家正式出台《大型煤炭基地建设规划》，确定全国13个大型亿吨级煤炭建设基地，西部地区占据6席，包括：神东、陕北、黄陇、云贵、蒙东、宁东基地。“十一五”期间，全国新开工大中型煤矿主要安排在大型煤炭基地内，重点建设10个千万吨级现代化露天煤矿和10个千万吨级安全高效矿井。预计2010年全国大型煤炭基地产量达到22.4亿吨，煤炭总产量计划为26亿吨，其中西部产量从2005年的8.1亿吨提高到10.6亿吨。

在国家政策引导扶持下，西部煤炭资源丰富的省区不断调整优化能源工业布局，把资源整合和大型煤炭基地建设作为重点，加大技术装备水平高、采煤方法先进、煤炭深加工与就地转化能力较高的煤炭项目的组织实施力度。许多煤炭、电力企业也放开思路，积极投身西部，尝试煤电联营、煤运联营、煤炭与其他相关产业联营等多种联营方式，获得了很好的效益。一大批煤制甲醇、甲醇制烯烃、甲醇制二甲醚、聚氯乙烯等煤炭化工项目在资源富集地区就近集聚，部分大规模的煤化工项目在西部陆续建设。

西部大型煤炭综合利用基地的快速发展，对于推进西部大开发、促进区域资源优势转化为经济优势发挥了积极作用，也有力地促进了全国煤炭工业结构调整，成为西部大开发的一个亮点。我曾多次赴宁夏宁东和内蒙古神东能源化工基地进行调研。

宁东能源重化工基地位于银川市灵武境内。2000年6月我到宁夏调研时，在灵武看了几个煤矿。宁东地区虽然有丰富的煤炭资源，可群众还是守着金饭碗找饭吃，希望国家能加大支持力度，推动宁东能源基地建设。当时我考虑，宁夏农业基础比较好，但没有像样的工业支柱，没有力量解决财力和就业等问题；同时西部大开发后宁夏没什么大项目，启动宁东煤炭基地可以打造新的增长点。在宁夏发展煤炭业突出的问题是，离东部能源消费地运距较长，但随着西部交通运输条件的改善，或改输煤为输电，这个问题是可以克服的。回京后，我将这一问题交给了国务院西部开发办和国家计委有关司进行研究。之后几年里，他们一直关注和跟踪这个情况。

我到国务院工作后，2003年7月，借着在宁夏召开西部六省区西部大开发座谈会的机会，再次到宁东。我看到，地方政府在这期间做了大量工作，公路、铁路等基础设施条件有了明显改善，国家计委在具体项目安排上也给予了支持，一些地方能安排的建设项目已经开工。2007年3月，宁夏自治区负责人来北京向我汇报，我请国家发展改革委、国务院研究室的同志一起参加。宁夏的同志谈了建设宁东煤炭基地、实施煤电一体化、改送煤为送电的设想。我表示这些项目可以启动，并请有关部门回去研究。2008年，国务院制定并出台了《关于进一步促进宁夏经济社会发展的若干意见》，确定将宁东基地作为国家重点开发区，高起点、高水平地把宁东建设成为国家重要的大型煤炭基地、煤化工产业基地、西电东送火电基地。

目前，宁东基地羊场湾千万吨级煤矿、25万吨甲醇、21万吨二甲醚、灵武电厂一期等项目陆续建成投产。宁夏宝丰百万吨级采煤、洗煤、焦化项目，神华宁煤集团的52万吨煤基烯烃、60万吨甲醇等一批煤炭、煤电、煤化工项目开工建设。2003年以来，宁东基地累计完成投资近600亿元，基本形成以煤炭、电力产业为主导，以煤化工和煤－电－高载能产业为后盾的产业发展链条。到2020年，宁东煤炭基地煤炭产量将达到1.3亿吨，发电装机达2700万千瓦，每年煤炭间接液化生产能力过千万吨，煤基甲醇、煤基二甲醚、煤基烯烃、合成氨、尿素等年生产能力均超百万吨。届时宁东每年可新增财政收入180亿元，新增就业超过80万人。

内蒙古神东煤炭化工基地地跨陕蒙晋三省区，包括17个煤矿。2004年，在召开全国大型煤炭基地建设工作座谈会的前一天，我在自治区党委书记储波、主席杨晶陪同下，乘汽车三个多小时，到神府东胜矿区上湾煤矿进行考察。穿上煤矿工作服后，我们乘坐矿井车辆，下井考察综合采煤工作面。我多次下过煤矿，但直接乘中巴车到井下还是第一次，听矿上同志说，职工每天也都是乘班车上下井。我们在井下看到，清一色的机械电钻自动化运作，与许多老矿井形成鲜明对比，人均采煤效率每年达到2.6万吨，是当时美国人均1万吨的两倍以上，达到了世界先进水平。这些更加坚定了我加快建设大型煤炭基地的想法。这次调研我还听取了神华集团煤炭液化项目进展情况汇报，察看了项目施工现场。

神东煤炭化工基地是全国首个亿吨级煤炭生产基地，2009年原煤产量达到1.7亿吨，占全国总产量的6%。这里也是重要的煤化工基地，已建成的煤液化生产线建设规模年产500万吨油品，实现了世界上首次将煤炭直接液化为石油产品的商业化应用。到

◎2004年8月，在内蒙古神府东胜矿区上湾煤矿井下考察。

2010年和2020年，神东原煤产量将分别达到2亿和3亿吨，煤炭液化成油及煤化工产品能力分别达到1000万吨和3000万吨。

随着大型煤炭综合利用基地在西部陆续建设，煤矿现代化规模化开采模式替代了原有“挖一口煤换一口饭”的小矿经营模式，西部地区资源利用方式也由简单资源输出开始向深加工产业过渡的成功转变。

石油天然气及其加工业

西部地区石油、天然气资源丰富，主要含油气地区有塔里木盆地、准噶尔盆地、吐鲁番—哈密盆地、鄂尔多斯盆地、四川盆地和柴达木盆地等。新中国成立后，我国西部石油、天然气工业加快增长，石油、天然气产量占全国的比重显著提高，到2000年，西部地区已成为我国重要的石油、天然气生产基地。

进入新世纪后，塔里木、准噶尔和吐哈三大盆地陆续发现了克拉2、轮南—塔河、陆梁、石南等油气田，西部地区油气资源对保障我国能源安全起到了重要的作用。与此同时，国际石油价格持续攀升，2008年纽约商品交易所8月份交货的轻质原油价格曾涨至147美元一桶。我国油气资源对外依存度也不断提高，从31%上升到了50%。在此背景下，国家能源发展规划和西部大开发“十一五”规划提出，必须在开拓国际市场的同时坚持立足国内，充分利用国内国外两个市场、两种资源，优化我国一次能源结构，制定西部能源发展专项规划，建立我国西部的油气基地。

西部大开发之初，西部的石油、天然气探勘仍处于早期，预测储量相当丰富，但由于当时地质勘探相对滞后，详勘工作做得不够，有时候花费几千万元打一口井上不来油。如果更清楚地掌握地下资源的情况，这种风险是可以减少的。鉴于当时我国石油安全及国内能源市场的状况，迫切需要在西部打一场新时期的油气资源勘探大会战，把潜在的能源优势转化为国家重要的能源战略接替地。

2005年6月，我出席发展中国家首脑会议，并对俄罗斯、阿曼、阿联酋、卡塔尔等国进行了访问，这是一次能源之旅。回国返京途中，代表团一行又到新疆，了解当地石油、天然气勘探开发情况。我们深入到塔克拉玛干沙漠，在阿克苏、库车、轮南、库尔勒等地，详细考察了西气东输的源头——克拉气田，以及哈得油田、轮南油田、塔河油田等生产现场。从当时的资料和掌握的情况看，新疆发现大规模油气田的可能性较大。

在新疆期间，我专门召开了一次塔里木油气勘探开发形势汇报讨论会，自治区有关部门、中石油、中石化和国务院有关部门参加了会议。会上我提出，要努力在西部地区发现一至两个规模相当于大庆的大油田、大气田。中石油、中石化两大公司要进一步加大勘探风险资金投入，把这几年油价上涨增加的一些收入用于支持长期发展。同时，带动地方经济的发展，改善当地老百姓的生活。国家发展改革委、国土资源部、财政部、科技部、能源办等部门，也要把西部地区油气资源勘探列入“十一五”规划的重点项目，集中力量拿到一批油气储量和产量。

这次会议后，国家有关部门从规划、政策、项目等方面，连续出台了多项政策，支持新疆油气勘探、开采及深加工，加大了西部塔里木、准噶尔、吐哈、鄂尔多斯和四川盆地等的油气勘探开发力度。中石油、中石化两大集团也在油气勘探开发上坚持科技创新，针对西部地区地质条件复杂、自然环境恶劣的情况，开展了大量科学研究和技术攻关，总结了许多丰富的经验，在勘探能力及技术水平的提升上取得了显著成绩。

在自我发展的同时，中石化和中石油积极回馈当地社会，在区域内大力发展油气深加工产业，带动地方建设形成了石化工业的产业集群，促进地方经济社会发展。新疆、甘肃、广西、陕北、内蒙、青海等地分别建成大型石油化工项目以及油气深加工基地。例如，新疆地区2008年天然气产量达236亿立方米，居全国第一位；原油产量从2000年的1848万吨增至2715万吨，是我国第二大原油产区，形成了克拉玛依—独山子、乌鲁木齐、南疆、吐哈四个石油石化产业发展基地。甘肃省兰州石化也形成了千万吨级炼油和70万吨乙烯综合生产能力，成为西部最大的炼化一体化企业。2006年10月20日，我到乌鲁木齐出席中亚区域经济合作第五次部长会议。利用会议前后几天时间，我再次对新疆能源化

◎2009年9月，中国石油新疆独山子石化厂百万吨乙烯裂解装置正在试车。

工进行了考察，参观了独山子石化乙烯厂和正在兴建的独山子石化千万吨炼油和百万吨乙烯新建项目工地，独山子建设工地万人作业的宏伟场面非常令人振奋。2009年，新疆7个重大能源项目开工，总投资超过230亿元，这是新疆能源建设史上一次性开工数量最多、总投资规模最大的一批项目。这些项目建成后，每年可实现利税20多亿元，提供就业岗位6000多个。

总的来看，西部大开发中，我国新疆、内蒙、陕西、四川等地油气勘探取得一系列重大突破性成果。克拉2、轮南—塔河、陆梁、石南等大型特大型油气田被发现后，又相继发现了鄂尔多斯盆地白豹地区、塔儿湾地区、四川盆地龙岗地区、广安地区的油气田。在川东北的普光地区发现了超过5000亿立方米的大型气田，是我国目前最大的海相整装气田。它的发现标志着我国南方海相勘探理论的重大突破。正在建设的川气东送工程，把四川东北地区的天然气资源输送到长江三角洲地区，将成为继西气东输之后国内又一条能源大动脉。从长期来看，我国经济发展需要更多的石油、天然气及其产品，西部地区油气及化工产业前景良好。

二、优势矿产资源开采及加工业

我国矿产资源的基本特点是，资源总量较大，矿种比较齐全；人均资源量少，部分资源供不应求；很多矿产资源中贫矿、共生与伴生矿、难选冶矿的比重较大。西部地区矿产资源丰富，是重要的矿产资源接替区。有色金属、稀土、钾盐、磷矿石、铁矿石等资源开采及加工都有一定的基础，比如云南的铜，广西、贵州的铝，四川的钒钛，陕西的钼，甘肃的镍，宁夏的钽铌铍，内蒙古的稀土，青海的钾等都具有相当的优势。

20世纪末，西部地区形成了包括矿山、冶炼、加工、地质勘探、建筑施工等部门构成的完整工业体系，但也存在一定的问题，主要是加工深度不够，生产集中度低，技术装备落后，环境污染严重，部分矿产资源开采秩序混乱。西部大开发中，国家加强了国土资源评价，明确了西部优势矿产资源开采及加工业的总体思路，即依托现有的产业基础，着力建设有色金属、稀土、钾盐等优势矿产资源开采加工基地，培育若干以重要资源开发加工为主的矿业经济区，集约发展优势矿产资源开采及加工业。

有色金属

有色金属是重要的基础原材料，广泛应用于国民经济的各个领域。上世纪末，受资源条件、能源供应、劳动力价格等因素影响，国际上有色金属初级产品生产向资源条件好的国家转移。为了提高竞争力，国外大企业普遍加快了收购、兼并、联合步伐，组建更大规模的跨国公司，集约化程度越来越高。这些公司多数是开采、选矿、冶炼、加工联合企业，实行上下游一体化、规模化运营，极力扩大市场份额。国际产业转移为我国有色金属行业的发展带来了机遇，同时跨国公司的扩张也使我们面临越来越激烈的国际竞争。

西部矿产的潜在价值约占全国的一半，铜、铅、锌、镍等重要大宗矿产的保有储量均占全国40%以上，特别是镍、汞、锑、锡和铂族元素储量占全国总储量的70%以上，部分稀有金属更占有绝对优势。我国重要的大型、超大型铅锌生产矿床大都集中在云南金顶、四川天宝山、青海锡铁山、甘肃厂坝李家沟、陕西铅硐山、新疆可可塔勒等地。西藏玉龙、青海赛什唐、新疆阿舍勒等地铜矿资源丰富，可开发和再勘探潜力大。

规模不经济、产业集中度不高，是我国有色金属行业存在的主要问题。2004年底，全国电解铝厂有147家，超过世界其他国家电解铝企业总数的一半，但年产20万吨以上的只有两家，绝大多数年产量都在0.2万—5万吨之间，而国外电解铝厂规模大多在20万吨以上。资源结构和产能结构的矛盾日益突出，主要有色金属品种铜、铝、铅、锌的矿产储量均严重不足。生产技术和研发水平低，低附加值初级产品比例过高，深加工和新材料行业十分薄弱。

为发挥西部地区有色金属矿产资源和能源的比较优势，西部大开发“十一五”规划出台后，国家加大了矿产资源的开发力度，重点组织进行成矿远景区带有色金属矿产资源评价，有效提高资源保障程度；在已有的有色金属企业，国家鼓励技术研究、集成开发和废弃物利用，推广使用先进适用技术，提高资源综合利用率；通过兼并、联合、参股等方式，推动存量资产重组，推进一体化经营，实施大集团战略，提高生产集中度，对资源枯竭、长期亏损、资不抵债的国有企业依法果断关闭、破产。在国家、地方、企业的共同努力下，西部有色金属矿业焕发出新的生机，得到了快速发展。

广西平果铝是我国发展氧化铝工业条件最好的综合性大型铝生产基地，也是建国以来国家对有色金属系统一次性投资最多、建设规模最大的工程项目。它的建设和发展在西部有色金属产业中比较有代表性。

广西地区的铝土矿资源已探明储量为7亿吨，远景资源储量超过10亿吨，占全国总储量的1/4以上，是我国四大铝土矿基地之一。广西铝土矿主要分布在桂西南百色市，属于低硫高铁、一水型铝土矿，品位高，平均氧化铝含量50%以上。1986年9月，邓小平同志作出“广西平果铝要搞”的重要指示，在他的直接关怀下，诞生了广西平果铝工业基地。该项目分三期建设，一期工程1991年开工，1995年底建成投产，总投资约43亿元，当年形成年产30万吨氧化铝和年产10万吨电解铝的生产能力。由于这一项目是在传统的投资体制下建设的，一期工程几乎全部依靠银行贷款，且在建设期间就要开始还贷付息，企业尚未建成就已背上沉重债务，资产负债率最高时曾达118%。因为包袱重，资金紧，当时甚至有人建议将铝厂卖给国外。

国家对平果铝遇到的困难十分重视。1998年，朱镕基总理先后两次就解决平果铝债务问题作出批示，要求有关方面认真进行研究。国家计委接到任务后对项目情况进行了调查，了解到平果铝公司的技术和装备都是先进的，项目所在矿区属岩溶堆积矿床，矿体埋藏浅，部分直接裸露地表，适宜露天开采。这么好的资源和项目，如果给予资金扶持，发展远景是不错的。况且，百色地区属西部贫困老区，亟须产业支持带动发展。我们将此情况向中央作了汇报。综合考虑各方面情况后，中央决定直接下拨11.5亿元作为项目资本金，分1998年和1999年两期注入。国家下拨资本金后，平果铝很快摆脱困境，实现扭亏为盈。

2004年11月，我在广西南宁出席西部论坛，并召开西部开发工作座谈会，其间到平果铝工业基地调研。中铝公司副总经理熊维平高兴地说，在国家的资金支持下，平果铝已经步入了良性运行轨道。2004年平果铝形成了年产90万吨氧化铝、13万吨电解铝的生产能力，公司自主研发、具有世界先进水平的铝电解槽技术已经输出到印度和哈萨克斯坦等国。

近年来，广西壮族自治区政府提出结合铝资源优势，加强铝产业配套，培植和发展铝支柱产业，延长产业链，打造产业集群，加快推进氧化铝、电解铝重大项目建设，发展循环经济、节约型经济；并且从铝矿资源开发到铝材加工，引进建设了一批铝业企业，建立了完整的铝矿开发和加工的产业链，形成了一个年产值180多亿元的大产业，其中包括平果、德保、靖西三个铝工业生产基地和田东铝工业配套基地。

矿区资源开采总是有限的，再丰富的矿区也必然逐步走向枯竭。在满足当前经济发展需求的同时，我们必须要考虑给子孙后代留下继续发展的资源保证。西部大开发后，我国西部地区有色金属加工业迅速发展，矿产资源竞争日益激烈，资源保有量已经成为西部乃至全国矿产工业长久发展的难题。在此情况下，一批西部地区冶炼企业，紧抓西部大开发战略重要历史机遇，在自有本地资源开发利用基础上，充分利用国内国外两个市场、两种资源，实施“走出去”战略，勇敢尝试产业布局国际化，企业发展有了质的飞跃。其中，甘肃金川集团有限公司是很好的例子。

甘肃省金昌市金川矿区属于多金属共生大型硫化铜镍矿床，镍、钴、铂等金属储量均占到全国第一，其中镍的蕴藏量占全国的70％以上，被誉为中国“镍都”。1966年3月27日，邓小平同志到金川镍矿视察，称赞金川是共和国“难得的金娃娃”。金川矿藏开采设计为50年，按新世纪初的资源储量和采矿技术估计，可维持现有高峰资源开采量的时间只有30多年。

2000年3月，吴邦国副总理到金川考察调研。当时金川公司债务沉重、困难重重。对公司提出的希望由国家帮助解决的一些问题，吴邦国副总理指示有关部门要认真研究，大力支持。2000年国家计委批准金川公司企业所得税上缴额自2001年起由原来的33%下降至15%。国家还将金川公司列为我国首批循环经济试点企业。这些措施在很大程度上缓解了他们的困难。

金川公司在加强国内资源项目开发的同时，把业务拓展到了海外，成立了大澳区、美洲区和欧非区等矿产资源开发公司，形成了全球资源布局。目前，金川公司已与全球五大洲18个国家开展了矿产资源方面的合作，成为16家境外矿业公司的股东，完成了19个项目的投资，投资总额超过5亿美元；拥有13个海外控股子公司，驻外机构遍及全球30多个国家和地区，跨国经营格局初步形成。

西部大开发以来，金川公司共享受所得税减免优惠近50亿元，有色金属产量从2002年的12万吨提高到2009年的50多万吨；镍产量由2002年的世界第九位上升到2009年的第四位、钴产量上升到世界第二位，铜产量居国内第三位；营业收入由2002年的51亿元提升到2009年的680亿元，位列中国有色冶金及压延加工第三位，成为全球同行业中具有重要影响力的公司之一。

稀　土

稀土俗称“工业味精”，广泛应用于信息、生物、新材料、新能源、环保等前沿领域，随着高新技术的发展，稀土成为不可或缺的资源。许多发达国家都将其列为战略资源加以保护和研究。我国稀土矿储量居世界第一，占全世界的80%，其中内蒙古包头的白云鄂博矿区储量又占全国的80%以上。然而半个世纪以来的开采、破坏和无序出口，使内蒙古稀土资源大幅减少。开采方式简单粗放、滥采乱挖严重；技术装备水平落后、产品加工附加值低；出口管理体制不顺、低价竞争恶性循环等一系列问题，成了内蒙古稀土产业发展的痼疾。

20世纪90年代以来，党中央、国务院对我国稀土产业的发展非常重视。1999年1月29日，江泽民同志到内蒙古包头调研，参观了稀土研究院稀土展览馆，并深入生产车间了解生产情况，之后欣然题词“搞好稀土开发应用，把资源优势转化为经济优势”。他对陪同的同志说，开发稀土是一个系统工程，要认真组织，大力协同，加强领导，真正把小平同志“中东有石油，中国有稀土”的指示精神落到实处。

国家计委在征求有关部门、地方、企业和专家意见后，1999年向国务院上报了我国稀土工业发展思路的报告，就进一步加强领导、搞好产品出口管理等方面提出了具体建议。由于行政体制改革，当时行政机构减员压缩，原国家计委稀土办公室也被要求取消编制，有的部委认为应当新成立稀土工作领导小组，有的认为应当建立部际联席会议制度。对这些不同看法，朱镕基总理批示要求进一步沟通协商，审慎提出意见。

经过一年多的协调，各部门意见总体上趋于一致。2001年5月31日，朱镕基总理主持召开稀土工业发展专题会。会议明确，仍然保留国家计委稀土办公室，负责研究稀土工业发展思路、发展战略和规划。会议同时议定，加强稀土资源管理和出口管理，整顿稀土企业、完善体制机制，要求各部委尽快拿出方案，付诸实施。同年12月，国家计委发布《中国稀土工业“十五”发展规划》，确定“十五”期间“开拓市场，推广应用；保护资源，合理开采；控制总量，调整结构；统一规划，合理布局；全球战略，集约发展”的发展思路。我国稀土工业自此有了全局性的规划指导，行业发展渐入正轨。

国务院2004年作出了《关于投资体制改革的决定》，为促进稀土行业可持续发展，首次在国务院文件中明确了稀土行业的投资管理要求，规定矿山开发、冶炼分离和总投资一亿元以上稀土深加工项目，全部由国务院投资主管部门核准。针对矿产资源整体开发秩序存在的问题，2005年8月，国务院发出《关于全面整顿和规范矿产资源开发秩序的通知》，要求各地区和有关部门分阶段完成整顿任务，规范矿产资源开发秩序。

2005年11月2日，徐光宪等15位院士联合提交给国务院一份《关于保护白云鄂博矿稀土和钍资源，避免黄河和包头受环境污染的紧急呼吁》。其中提到，我国储量世界第一和第二的稀土和钍矿在内蒙古包头的白云鄂博主矿和东矿，现在两个矿区作为铁矿已开采了40%，其中稀土利用率不到10%，钍利用率几乎为零，开采形成的三废，造成了一定程度的环境污染和资源浪费。国务院领导极为关注，及时作出批示，要求国家发展改革委会同国土资源部、环保总局研究。

我国矿产资源开发秩序及综合利用问题一直没有得到很好的解决，像包头铁矿稀土这样资源储量丰富的矿藏，总量也是有限的，应当及时整顿治理采矿源头，同时充分利用尾矿，做到“吃干榨尽”。2006年2月26日，十届全国人大常委会举行第25次会议，我代表国务院报告我国矿产资源合理利用、保护和管理工作有关情况。报告中强调，国家将加强矿产资源整顿和规范。

随后，国家发改委组织人员到包头进行调研，深入调查白云铁矿资源保护性开采现状及存在的问题。2006年3月，向国务院报送《国家发展改革委关于白云鄂博资源开发利用情况及有关问题的报告》，提出了保护好尾矿坝中的稀土和钍资源，科学合理开采白云鄂博稀土矿，确保宝贵的稀土资源在开发中运用、在运用中保护等有关意见。国务院肯定了这些意见。紧接着，国家发改委8月和10月先后在包头和北京召开稀土行业经济形势分析会和全国稀土工业发展座谈会，在稀土相关法律法规制定、稀土资源开采控制、加强稀土行业管理、强化稀土出口配额管理、推动企业整合以及稀土储备等方面，形成了一些思路和建议。国土资源部也在矿产开发秩序治理等方面做了大量工作，取得了一定成绩。

稀土行业存在的问题，在其他许多矿产资源开发利用中也不同程度地存在。要解决这些问题，必须在体制、机制和法规建设上采取措施。我认为有必要召开一次全国性会议，全面动员，开展整治工作。2006年8月12日，全国整顿和规范矿产资源开发秩序工作会议在昆明召开。我在会上提出，要果断采取措施，强化我国的矿产资源管理，加大矿产资源开发秩序整顿和规范的力度，重点打击违法违规行为，集中开展重点矿区、重要矿种的专项整治，坚决关闭破坏环境、污染严重和不具备安全生产条件的矿山企业，加大矿产资源整合工作力度，进一步规范矿产资源开发管理行为。

随后出台的几项政策措施，有力地规范了稀土行业的市场秩序。2006年9月14日，财政部、国家发展改革委、商务部、海关总署、国家税务总局联合发出关于调整部分商品出口退税率和增补加工贸易禁止类商品目录的通知；10月27日，国务院关税税则委员会发出《关于调整部分商品进出口暂定税率的通知》，明确我国自2006年11月1日起，以暂定税率形式对110项商品加征出口关税，其中稀土金属矿、稀土化合物等加征出口暂定关税，税率为10%。11月1日，商务部、海关总署、国家环保总局发布公告，公布《加工贸易禁止类商品目录》，将41种稀土金属、合金、氧化物和盐类等商品列入加工贸易禁止类商品目录。2007年后，国家特别针对稀土、钨、钼、锡、锑等几种战略性资源，将生产计划由指导性调整变更为指令性。

通过一系列行业整顿、整合规划，加强管理调控，稀土多年来无序竞争、散乱发展的局面基本得以遏制，我国稀土产品价格水平得到一定程度的恢复。在国家强力整顿和科学引导下，近几年来，西部出现了一批稀土优秀企业，其中包钢稀土形成了稀土选矿、冶炼、分离、科研、深加工到应用的完整产业链条，发展成为中国乃至世界最大的稀土产业基地。

钾　肥

盐湖是干旱地区含盐度很高的咸水湖泊，盐湖中蕴藏着丰富的钾、镁、锂、硼等盐类资源。我国盐湖总量的90%以上分布在青海柴达木和新疆罗布泊。柴达木盆地中分布着察尔汗、茶卡、达布逊、大柴旦、小柴旦等30多个盐湖，湖中含有近万种矿物和40余种化学成份的卤水，已探明总储量700亿吨，单是察尔汗湖的盐就可以从地球到月球架起一座 6 米厚、12米宽的盐桥。西部丰富的盐湖资源的开发利用对于地方经济社会发展有着重要意义。

青海盐湖是中国目前最大的钾肥产业基地。1976年，国家计委正式批准在青海盐湖建设100万吨氯化钾生产项目，其中一期工程形成年产20万吨氯化钾的生产能力。由于工艺不过关，产品质量不高，项目一期工程建成后不能稳定生产，停停开开。后来，化工部拟引进以色列技术来建设剩余的80万吨生产能力，但在合作中出现了一些曲折，由于我方需要付出很大的代价，合作只能被迫中止。在此情况下，青海盐湖集团提出自主研发的想法，得到有关部委的支持和鼓励。经过科研人员的不懈努力，该企业终于在1996年攻破技术难关，成功研制出反浮选冷结晶钾肥生产技术。随后，青海盐湖集团顺势组织启动年产30万吨氯化钾项目可行性研究工作，1999年初上报项目建议书至国家计委。不久，朱镕基总理在青海考察时，听取了企业关于利用自主技术建设项目的汇报，肯定了企业自力更生、自主开发的做法，同时也要求妥善处理好与以色列合作项目的善后工作。

为贯彻总理指示，国家计委有关司局的同志赴青海进行调研，于2000年上半年批准开展项目前期工作，并将其列入西部大开发首批十大标志性工程。消息公布后，青海钾盐股价连续出现涨停。6月30日，在举世闻名的察尔汗盐湖上，青海钾肥100万吨项目盐田工程正式开工建设。10月，国家计委审议通过了30万吨氯化钾项目可行性研究报告，并要求将其作为青海钾肥工程的先导项目，在实施中与后续70万吨工业生产项目“统筹规划、统一设计、同步建设”。

2003年底，青海盐湖集团钾肥100万吨项目建成投产。经过两年多的试生产，2006年实现了达产达标。青海钾肥项目的建设有力地支持了我国农业生产，打破了进口钾肥长期垄断国内市场的不利局面，推动了察尔汗盐湖资源大规模的综合开发利用。2008年，青海钾肥生产能力已经超过200万吨，居世界第四位，实现了资源优势向经济优势的转化。青海下一步目标是形成年产300万吨的能力，并围绕钾肥资源形成配套产业群。

钾肥的生产只是开发利用盐湖资源的一个方面。青海盐湖开

◎青海盐湖工业集团股份有限公司挖盐船在工作。

发之初，受到基础设施、资金投入和技术的制约，除钾盐和钠盐的利用外，对其他资源的开发规模较小，或者完全没有开发。西部大开发战略实施到第五年的时候，国家发展改革委将青海柴达木列入第一批循环经济试点，并给予了资金支持。近几年，青海省以盐湖资源综合利用为核心，开展技术创新和技术集成，重点进行资源的综合利用工程化、产业化研究及系统集成工作，大力发展盐湖化工，促进与煤炭化工、天然气化工和有色冶金产业的融合。盐湖资源的开发，正在形成技术先进、生产清洁、循环发展、资源综合利用的特色优势产业群，成为青海省的支柱产业。

为实现江泽民同志对青海钾肥厂的要求“艰苦奋斗铸盐魂，改革开放创新业”，青海盐湖进一步做强做大，已开展镁、钠、锂、硼等资源产业研发。通过大型煤工业基地、碱工业基地和锂工业基地的接续建设，青海盐湖将有望实现从单一钾肥化工产业向整体资源综合利用行业的历史性跨越。

三、装备制造业

一般来讲，制造业包括装备制造业和消费品制造业。装备制造业为国民经济提供生产技术装备，也可以称为“生产机器的制造业”，在国民经济和国防建设中占有重要的地位。江泽民同志经常讲，装备制造业的发展状况，往往是一个国家工业能力、综合国力、经济实力的具体表现。从世界范围来看，主要的发达国家都拥有强大的装备工业。即使像瑞士、瑞典、芬兰这些中小国家也都有拿得出手的装备制造业产品。可以说，装备制造业不强的国家，很难称得上真正的强国。我国是经济大国，加快发展装备制造业，是我国走向经济强国的必由之路。

新时期振兴装备制造业提上议事日程

新中国成立后，经过艰苦创业，我国形成了门类齐全，具有相当规模和一定技术水平的装备制造业体系，为国民经济和国防建设提供了大量装备。上个世纪50—60年代，我们主要依靠自己的力量，研制成功了万吨水压机、“九大设备”等重大装备，显著提高了我国的国际地位。80—90年代，在消化吸收国外先进技术的基础上，研制成功了500千伏交流输变电设备、30万吨乙烯、千万吨级露天矿采掘设备、大秦铁路重载列车等重大成套设备，解决了我国经济建设中的急需。

1998年机构改革中，经过部门精简和职能调整，装备行业的管理职能划入国家计委，发展好装备制造业成为我们的一项重要任务。亚洲金融危机后，在长期建设国债资金的支持下，先后投资460多亿元，实施了500多个装备国产化技术改造项目，保证了近百项国家重点工程建设对装备的需要，取得了明显成效。成套设备生产研制水平不断提高，50万伏交流输变电站、1000万吨级大型露天矿、1700和1900毫米板坯连铸机、1000万吨级石油炼厂设备、6000米电驱动沙漠石油钻机等一批重大成套设备和产品研制成功并投入生产。国产30万、60万千瓦亚临界火力发电机组主要技术指标达到国际先进水平。开展了500千伏直流输电设备、超临界和超超临界发电设备、重型燃气轮机、地铁设备、重大船舶、聚酯成套设备、环保设备的国产化工作，在经济结构战略性调整中发挥了重要作用。

尽管取得了这些成绩，但我国装备制造业的总体水平与发达国家相比还有较大差距。尤其是进入新世纪以后，我国经济发展进入新的战略机遇期，国民经济各行业迫切需要高水平的装备。然而在国际产业分工中，我国装备制造业仍处于垂直分工的中低端，相当部分核心技术和装备仍依靠进口。一些装备虽然实现了国内生产制造，但多数是跟在别人后面进行模仿，缺乏自主设计能力，并未掌握核心技术，如大型抽水蓄能机组、重型燃气轮机等。多数装备虽然国内已经基本实现设计制造自主化，但可靠性、能耗指标等与国外先进水平相比仍有差距。国内生产装备产品的自动化控制系统主要依靠进口。我们能生产高档数控机床的外壳和铸锻件，这些部件占机床重量的90%以上，但附加值却很低。关键的功能部件和数控系统附加值高，却主要依靠进口。在船舶行业，我们能生产几十万吨的船体，但导航和仪表系统几乎全部进口。对发电设备、冶金石化设备和船舶等行业具有重要影响的大型铸锻件，国内企业生产水平与发达国家相比，也存在一定差距。重大装备所需关键原材料的品种、规格、性能、质量问题长期得不到解决。

改革开放以来，我们通过扩大进口，引进了一些技术装备，一定程度上满足了国内需求。但是从过去巴黎统筹委员会，到后来一些国家的对华出口管制和军售禁令，有许多限制都是针对装备制造业产品。像中国这样一个发展中的社会主义大国，不引进国外先进技术设备不行，但完全靠买也买不来现代化，必须在引进的同时实现重大技术装备的自主研发和自主制造。

党的十六大提出，要大力振兴装备制造业。经过一段时间的准备，2004年4月17日，我在辽宁大连主持召开了振兴装备工业座谈会。会上各方面的专家学者、企业家提出了很多意见和建议。大家一致认为，国家应当系统地研究制定加快振兴装备制造业的政策措施。

之后，国家发展改革委开始着手起草《加快振兴我国装备制造业的若干意见》。在起草过程中，我多次听取国家发展改革委负责人和文件起草组的汇报，一起研究了很多问题，包括振兴装备制造业指导思想、目标任务、工作思路、政策措施等内容，甚至对国家究竟应该具体支持哪些企业、哪些装备、哪些型号等一些细节问题，也作了深入的探讨。后来考虑到，文件主要是明确发展方向和政策措施，应该具有很强的指导性，一些过细的内容没有写入，但在具体执行政策时，都给予了支持。

文件起草基本成熟后，2005年9月28日，国务院第107次常务会议讨论了《国务院关于加快振兴装备制造业的若干意见》。会议听取并原则同意了国家发展改革委的汇报，强调要选择一批对国家经济安全和国防建设有重要影响，能够尽快扩大自主装备市场占有率的重大技术装备和产品，集中力量，重点突破。采取有力措施，培育一批具有国际竞争力的大型企业集团，建立以企业为主体、产学研结合的技术创新体系，加大研发投入，加强专业人才培养和引进，大力提高自主创新能力。加大政策支持力度，制定重点领域装备技术政策，完善相关财税政策。会议决定，为加强对振兴装备制造业工作的组织协调，在国务院振兴东北办内增设“重大技术装备协调办公室”，具体负责振兴装备制造业的组织领导和协调工作。

振兴我国的装备制造业，西部地区是重点之一。“一五”、“二五”和“三线”建设时期，西部地区的装备制造业就已经形成了门类齐全，具有相当规模和水平的产业体系。如国家在陕西就布局了一批重要项目，其中有输变电设备、通用机械、国防军工、轻工装备、机床等；四川形成了我国动力装备的基地，有锅炉、汽轮机、发电设备、重型机械等，为我国的经济建设作出过突出贡献。

但西部的很多装备制造企业建立时间较早，产业水平总体上比较低，重大技术装备的研发制造能力薄弱，缺乏自主开发手段，很多关键技术更新依赖国外，企业的经营创新能力不强，再加上装备日益老化，在改革开放后经济发展的大潮中，部分西部地区的装备制造企业显得缺乏活力。“大而全、小而全”，企业办社会的负担很重，摊子大、人员多，有些出现经营困难。

国家将西部装备制造业列为西部大开发的重要产业，对装备制造企业进行技术改造、资本重组并在财税政策上给予了大力支持。2006年6月，我在西安主持召开国务院振兴装备制造业工作会议。近年来，通过国家实施一系列政策引导和支持，比如组织引进消化吸收再创新，依托重点工程、鼓励使用国产首台首套技术装备、支持非公有制经济进入装备制造业等措施，西部地区的装备制造企业发生了很大变化，在产品技术创新、市场开拓能力、企业经营管理等方面都迈上了一个新台阶。

引进消化吸收再创新

改革开放以后，我国引进了国外一些先进技术，使装备制造业的水平有了提高。但是，在很长一段时间里，把钱主要花在购买上，同一种产品重复引进，消化吸收不够，引进一代、落后一代的情况十分严重。在振兴装备制造业的政策中，我们明确提出，要在引进国外先进技术的基础上，实现消化吸收再创新，提高我国装备行业的自主发展能力。四川德阳东方电机股份有限公司（简称“东电”）依托三峡工程，通过对外合作，实现制造水平的迅速提升就是一个成功案例。三峡水电站共需要32台70万千瓦水轮发电机组，加上20世纪90年代筹建、在建的大型电站，单机容量70万千瓦左右机组的市场需求超过100台。在十年左右的时间里，大型水轮发电机是一个上千亿元规模的大蛋糕。当时国内只能生产30万千瓦的机组，为了让国内装备制造企业占领国内市场，必须实现70万千瓦水轮发电机组的自主化生产。

1997年，国家对三峡工程选择水轮发电机供货商时提出了“国际招标，引进技术，联合开发，联合制造”的十六字原则。在国际招标中，除考虑质量可靠、技术先进、价格合理和提供优惠的出口信贷等条件外，还将国外供货商向国内企业转让关键技术列为必要条件。经过谈判，中标的外商不仅在设备性能、供货进度等方面满足了招标文件要求，而且都承诺了转让三峡机组设计制造技术。

8月，三峡总公司与两大国际联合体签订左岸14台机组、总金额近8亿美元的合同。由加拿大GE公司牵头和德国VOITH公司、SIEMENS公司组成的VGS联营体中标6台套（金额3.2亿美元），作为国内分包商，东电分包了2台套，金额1.24亿美元。根据合同规定，外方要与中方联合设计，合作制造，并转让技术，三峡总公司则支付给外商技术转让费。中方企业的大批技术人员随即进入外方企业，开始学习、消化、吸收、再创新。

这一项目的实施使大型水轮发电机组国产化取得了突破性的进展。外方技术转让深度达到许可证贸易水平，即转让了设计源程序、商业软件等，从而为提高国内设计、制造技术水平，最终立足国内制造打下坚实的基础。通过技术转让、技术培训，消化吸收国外的先进技术，配合科研攻关、自主创新，全面掌握了大型水轮发电机组的先进设计、制造技术，所开发的水轮机模型转轮效率普遍达94％以上，位居国际先进水平。

2004年3月，三峡右岸12台机组招标采购合同正式签订。这时，与三峡总公司一起登上签字席的不再像七年前那样，只有法国阿尔斯通等国外有名的“百年老店”，东电、哈电与阿尔斯通一起，分别获得4台机组的独立设计制造合同，成为主角，而其他几家曾在左岸担任主角的外商，或知难而退，或甘当配角，或被淘汰出局。

2005年7月，东电成功完成了三峡左岸电站水轮机转轮制造任务，标志着我国发电设备制造水平迈上了一个新台阶，为三峡左岸电站在年底前实现全部机组投入运行创造了有利条件。喜讯传来，我给他们发去了贺信，希望他们瞄准国际先进水平，再

◎2008年6月，由东方电气集团研制的三峡右岸四号机组的核心部件转轮运抵右岸电站厂房，这台转轮重473吨，直径达10米。

接再厉，全力以赴，继续组织好三峡右岸电站发电机组、岭澳100万千瓦核电设备等重大装备的研制任务。现在东方电机的国内大中型水、火电设备市场占有率保持在水电30%、火电25%，核电市场占有率达到50%以上。由东电独立承担设计、制造的三峡右岸4台水轮发电机组，在运行的稳定性等性能方面甚至比国外还好，这是一个非常了不起的成绩。

以三峡工程为契机，通过技贸结合，与国外企业联合设计，合作生产等方式，我国大型水轮发电机组、直流输变电设计生产建设都上了一个新台阶。这里有很多成功的经验，概括起来有四个方面：一是以市场换技术；二是注重引进技术装备的系统集成能力，在设计、制造、建设、运营等各个环节，通过消化吸收，最终实现自主化，并与国外企业长期合作、互利共赢；三是把行业龙头企业做大做强，发挥好他们的带动作用，形成适应市场需求的生产体系；四是政府搞好服务协调，为国产重大技术装备的推广应用创造平等竞争的市场环境。

依托重点工程实现重大技术装备自主化

依托重点工程和重大项目来推进技术装备自主化，实现重大技术装备的突破，是我们发展装备制造业的一条重要经验。《国务院关于加快振兴装备制造业的若干意见》中，明确了16项对国家经济安全和国防建设有重要影响，对促进国民经济可持续发展有显著效果的重大技术装备和产品，包括大型清洁高效发电装备、特高压输变电成套设备、大型石化成套设备、大型煤化工成套设备、大型薄板冷热连轧成套设备、大型煤炭综采设备、大型船舶、高速列车、大型环保装备、大断面岩石掘进机、重大工程自动化控制系统、大型精密高速数控机床、新型纺织机械、新型大马力农业机械、集成电路关键设备、民用飞机。这些重大装备和产品，是经过反复研究、严格筛选的，代表了产业发展的前沿技术，均为国家建设所急需。把这些领域的重大技术装备搞上去，就意味着我国装备制造业达到了世界水平。

西部大开发之初，在西部地区布局了一批重大项目，比如西电东送、西气东输、青藏铁路等工程，为西部装备制造企业的发展创造了难得的机遇。国家决定在晋东南—荆门搞一条1000kV特高压交流试验示范工程。西安电力机械制造公司（简称西电集团）以这个项目为依托，自主研发了气体绝缘金属封闭开关设备和1000kV电容式电压互感器，推进了我国电力重大装备的自主化，满足了国内交流输变电系统建设发展的需要。

随着国际原油价格不断上涨，把煤制成油再出售具有可观的经济效益。神华集团在内蒙古鄂尔多斯实施了煤制油示范工程，依托这一工程，我国煤化工领域自主创新能力实现了重大突破。2001年3月，国务院批准了神华集团的煤制油项目建议书。次年8月，批准了其可行性研究报告。2004年8月，我到内蒙古鄂尔多斯去看了这个项目，在听取企业领导项目进展情况汇报后，勉励他们要认识到发展清洁有效的石油替代能源有利于我国能源结构调整，力争早日投产煤炭直接液化示范项目。2006年6月2日，温家宝总理来到正在建设的神华集团煤制油项目施工现场。他要求，保证质量，注重安全，讲求效益，在掌握煤直接液化技术的基础上，形成自主知识产权。

2007年底，神华集团的煤制油项目建安工程完成，经过一年的试车，2008年最后一天产出了合格油品。煤直接液化示范工程取得了突破性进展，实现了我国煤制油技术发展的重大跨越，标志着我国煤化工领域又一重大突破。我国也因此成为世界上唯一掌握百万吨级煤直接液化关键技术的国家。可以说，实施一些重大工程和重点项目，为我国装备制造业自主创新和产业化提供了一个广阔的平台，也为发展中的西部装备企业提供了用武之地。西部的装备制造业装备了全国，也为全国的装备制造业提供了巨大的市场。

鼓励使用国产首台首套技术装备

一般来说，重大技术装备大都投资巨大、技术复杂，用户往往愿意选用有生产资历企业的成熟产品。用户在设备选购时经常提出，国内设备要有以往运行实例。这样我国很多自行生产、自行研制的装备由于没有单位用过，被排除在大门之外，甚至连投标资格都没有。从用户的角度看，这个要求有一定合理性。但是，这种要求就像一道“玻璃门”，阻碍了许多自主研发产品走向市场，成为我国装备自主化发展的拦路虎。如果处理不好首台首套产品市场进入问题，自主研制、自主创新就只能望洋兴叹。

陕西省鼓风机集团有限公司(简称陕鼓)就遇到过这个问题。陕鼓前身是始建于1968年的陕西鼓风机厂，是我国以制造透平机械为主的成套装备大型骨干企业，主导产品是轴流压缩机和工业流程能量回收发电装置，在国内占有很重要的地位。2006年6月，我在西安出席振兴装备制造业工作会议期间，到陕鼓进行了调研。回京后不到一个月，他们向我提交了一份《关于申请成套提供4000立方米高炉轴流压缩机和高炉炉顶煤气余压回收透平装置的报告》。其中谈到，他们的产品已经达到国际先进水平，价格要低于国外产品，但国内企业仍不愿订购他们生产的设备。我将报告批转给国家发展改革委，提出在鼓励企业使用国产重大装备问题上，不能只停留在口头和文件，请他们协调用户单位在这方面带个头。后来，在国家的支持下，陕鼓的这一装置在国内获得了二百多台（套）订单，不仅如此，2007年还中标印度、韩国4019立方米至5250立方米以上多套大型高炉TRT机组项目。

国产装备进入市场难在国内具有一定的普遍性。2006年11月，原机械工业部副部长陆燕荪给我写信，反映在重大技术装备采购中存在歧视国产产品的问题。他说：“经过多年努力，我国电力设备制造企业的自主创新能力已经比较强，电力设备市场国产化程度也相对比较高，但这个市场上却存在明目张胆地歧视国产设备的问题，具有典型性。”我将这封信又转给国家发展改革委的同志，要求他们研究解决招标中对国内投标企业歧视性限制问题，并研究一些具体政策。后来，国家发展改革委和有关部门采取措施，对用户单位购买首台（套）国产重大技术装备，通过有关专项资金给予适当补贴或采取加速设备折旧等方式给予支持。建立由项目业主、装备制造和保险公司风险共担、利益共享的重大技术装备保险机制，引导装备制造企业和项目业主对首台（套）国产重大技术装备投保。2009年，为应对国际金融危机冲击，国务院出台的《装备制造业调整和振兴规划》中再次强调，鼓励使用国产首台（套）装备，建立使用国产首台（套）装备的风险补偿机制，鼓励保险公司开展国产首台（套）重大技术装备保险业务。

虽然首台（套）问题在国产装备的应用中仍然存在，但在国家支持和各方面努力下，已经有了很大改观。国内很多用户，从考虑国家装备制造业发展的大局出发，积极优先选用优质国产设备。比如中石油、中石化和中国化工三大集团承担了百万吨乙烯、百万吨PTA等大型石化装备的国产化依托工程，使用首台（套）国产重大石化装备。在核电项目中，中国核工业集团公司、中国广东核电集团有限公司积极采用国产设备。在岭澳核电站二期工程中，中广核与东方电气公司签订了首台百万千瓦级反应堆压力容器设备供货合同，2009年6月已发运交付核电站建设现场。实践说明，只要我们把各方面的积极性调动好，加强使用单位、制造企业和科研机构的合作，辅之以相关政策的支持，完全可在一些重大技术装备的推广应用上实现突破，从而提升我国装备制造业的整体水平。

引导非公有制企业进入装备制造业

近年来非公有制企业进入装备制造业，打破了国有企业一统天下的格局，其展现出的活力让人印象深刻。对此，政府采取了一系列鼓励、支持和引导的政策。

创建于新疆的特变电工，20年前只是一个街道小厂，总资产不足15万元，负债却高达73万元。但正是这样一个资不抵债、濒临倒闭的集体小厂，依靠科技进步、管理创新、机制创新及加强高素质的员工队伍建设，经过艰苦创业，发展成为我国重大装备制造的核心骨干企业。1998年，我曾参观过这个企业，明亮的厂房、整洁的车间和一尘不染的计算机房给我们留下了深刻的印象。如今，特变电工不仅是我国变压器行业的骨干企业，还是国家级高新技术企业，我国重要的电线电缆、高压电子铝箔新材料、太阳能核心控制部件研发、制造和出口基地。特变电工在新疆、辽宁、四川等地建有九个现代化工业园区，构建了以“输变电为主导、新材料为支撑、新能源为亮点”的三大产业协同发展的产业格局，其变压器产能超过1亿千伏安，已经跻身世界第二位。

特变电工重组沈变集团是民营企业参与国有企业改革的成功例子。沈变集团曾经被誉为共和国的“工业长子”，但是在市场经济的大潮中，由于体制、机制不灵活，包袱沉重，经营出现困难。当时有多家企业竞标收购沈变，包括西门子等国外跨国公司，最后特变电工成功击败对手，对沈变实施了重组。

重组后企业转换了经营机制，新沈变开始迅速走出低谷，实现了产值、利税连年大幅提升。最近五年来，沈变人均产值由重组前的6万元提高到153万元，增长了25.5倍，劳动生产率接近发达国家同行业平均水平。企业上缴利税由重组当年的947万元增长到近3亿元，增长了近30倍。综合比较各项指标，与重组前相比，等于再造了十余个沈变，发展业绩非常喜人。2009年5月，

◎2009年9月，特变电工沈变公司研制成功中国首台一次试验合格的正负800千伏特高压直流变压器。

我有机会再到沈变，目睹了企业日新月异的变化。特变电工重组沈变，不仅使自身得到了发展壮大，也带动了老牌国有装备制造企业的发展，保住了输变电行业的民族品牌。

陕西的法士特齿轮有限责任公司是一家生产汽车变速箱的民营企业，过去名不见经传，现在发展得也非常好。2005年，我参观过这家企业，现场一切井井有条，生产装备相当先进，企业发展的思路清晰，让人感受到企业上下良好的管理水平和敬业精神。依靠科技进步和自主创新，现在法士特集团公司已经成为我国最大的以重型汽车变速器、汽车齿轮及其锻、铸件为主要产品的专业化生产企业和出口基地，产品被国内50多家主机厂的上千种车型选为定点配套产品，重型变速器产销量世界第一。

近年来，全国装备制造业中的民营经济表现出强劲的发展势头，2008年民营经济的工业总产值增长超过30%，比国有、三资企业分别高十多个百分点，已占据机械工业的半壁江山。未来发展我国的装备制造业，还应该继续发挥民营企业的作用，努力营造重视关心民营装备制造企业的环境，在科研项目上扶持民营企业，加大对民营装备制造业的资金扶助力度。

在国家政策支持下，西部地区地方政府制定相应配套措施，促进装备制造业发展，有力地拉动了地方经济增长。陕西省选择飞机、航天设备、输变电成套设备、数控机床、压缩机和能量回收装置等为发展重点。2008年，陕西全省装备制造业完成总产值1561亿元，大型运输机项目落户陕西，航空、航天、兵器等工业园区和输变电设备、汽车及零部件制造等20个产业集群建设步伐加快，12家企业进入中国制造业500强。四川省推进省内装备制造业的整合与发展。2008年四川省规模以上装备制造企业共完成增加值1049亿元，同比增长32.5％。2008年重庆市装备制造业实现工业总产值820亿元，同比增长23.5％；增加值190亿元，同比增长26％；新产品产值306亿元，同比增长28％。

现在可以说，西部地区的装备制造业进入了一个崭新的发展阶段。但中国装备的整体创新能力与国外相比仍有不小差距。在经济全球化深入发展的背景下，西部的装备制造业要随着经济不断发展。既要利用我国的广阔市场，更要胸怀天下，走出国门一展身手；既要追求经济效益，实现企业的发展，更要树立远大理想，以振兴民族工业为己任。我坚信，在西部地区也会出现像美国通用、德国西门子、法国阿尔斯通、日本三菱这样的世界级装备制造企业。

四、特色农牧业及其加工业

农牧业是西部大开发的基础和重要组成部分。西部地区光、热、水、土资源丰富，物种资源多样，拥有其他地区所不能比拟的特色农牧业资源，突出特点是天然和绿色。西部大开发之前，西部特色农牧业及其加工业已经有一定的基础，许多产品在国内同行业中处于领先地位，畜牧业、棉花、糖料、瓜果、蔬菜、花卉、烟草、酒等产品品质好、产量高，呈现出较好的发展势头。但是，农牧产品的精深加工发展不够，产业链短，产品附加值低；缺乏龙头企业，企业管理水平不高，竞争力较弱；品牌意识不强，产品质量不稳定，不能完全适应群众生活水平提高的需要。

西部大开发战略的实施，以及中央各项惠农、支农政策的不断出台，为西部地区发展特色农牧业提供了难得机遇和广阔空间。西部各地紧密结合自身特点，依托独特的自然条件优势，发展品种优良、特色明显、附加值高的优势农产品，加快建设产业基地，延长农业产业链条，培育一批知名品牌，重点扶持龙头企业，建设一批农业科技创新基地和农业科研中心。经过不断探索，内蒙古、新疆等地的畜产品，新疆等地的优质棉，广西、内蒙古等地的糖料，陕西、新疆的瓜果，云南的花卉种植等一批特色农牧产品基地逐步形成。

畜产品业

内蒙古、新疆、青海、西藏和宁夏等地拥有广袤的草原，造就了西部独特的畜牧业资源。在西部大开发之前，这些地区的畜牧业优势没有很好地转化为经济优势和竞争优势。从世界上看，发达国家农牧产品加工业产值约为农业产值的二至三倍，我国大约只有80%。因此，大力发展畜牧产品加工业，对于转化利用畜

◎2003年7月，考察宁夏盐池县高沙窝镇农牧民家的围栏养羊情况。

牧业资源，有效缓解畜牧产品卖难，提高畜牧业比较效益，增加农牧民收入和地方财政收入，都将提供强有力的支撑。

随着退牧还草工程的逐步推进，西部草场的承载力得到增强，畜产品的产量和质量得到提高。各地政府抓住这一有利时机，大力发展畜牧业及其加工业。比如，内蒙古有全国最大的草原，可利用草场面积6818万公顷，占全国可利用草场面积的两成，是优良的奶牛、山羊养殖带。自治区政府结合退牧还草工程，推进舍饲圈养，改变传统的牧业生产方式，大力推广牲畜良种，改善动物疫病防治，提高了畜产品产量和质量。内蒙古还积极扩大对外开放，引进雀巢、摩根斯坦利等海外投资，发展乳业。同时还用好财政资金、国家农业综合开发、扶贫开发、以工代赈和其他支农资金，支持农牧业产业化。目前，内蒙古已成为全国最大的乳品生产地区和世界上最大的羊绒加工基地，形成了一批乳、肉、绒加工企业。在自治区拥有的中国驰名商标中，八成以上与农畜产品有关。在全国各地的超市、商场中，随处可见来自内蒙古的知名品牌：蒙牛、伊利、鄂尔多斯、鹿王、草原兴发、草原伊盛、河套酒业……

2008年，内蒙古农畜产品加工业实现工业增加值518亿元，牛奶产量912万吨，牛奶国内市场占有率达到25%。这些年，内蒙古的牛奶、羊肉、山羊绒产量已连续多年居全国之首，农牧业产业化进程不断加快，成为全区经济发展的重要推动力。

制糖工业

中国是一个食糖生产大国和消费大国，但人均食糖消费水平是世界上最低的国家之一。2000年，我国人均食糖消费比世界平均水平低68%，比发展中国家印度、巴基斯坦分别低72%、81%，比美国、欧盟、俄罗斯低83%。随着人民生活水平提高和饮食习惯的改变，我国食糖消费水平提高很快。近几年，国内食糖产量突破了一千万吨，但仍难以完全满足市场需要，还得大量进口，发展糖业有着巨大的市场空间。

我国有两大糖料主产区，即广西、云南的蔗糖，内蒙古、新疆的甜菜。与其他主要产糖国相比，我国糖业明显存在着管理粗放、产业集中度低、集约化程度和经营效益不高等问题。实施西部大开发战略后，国家进一步加大对西部糖业的政策和资金支持。西部产糖省区充分发挥自身优势，进行了糖料基地的开发建设。

以广西为例。广西地处亚热带季风气候区，常年无霜期长，气温高，雨量充沛，是中国乃至世界最适宜种植甘蔗的优势地区之一。广西甘蔗单产分别超过古巴、泰国等主要产糖国的水平，产糖总量仅次于古巴。

在西部大开发战略推动下，广西不断扩大甘蔗种植面积，甘蔗产量迅速增长；加快制糖企业的战略性改组，走集团化、规模化的道路；依靠科技进步，注重引进资金和技术，促进制糖工业上档次、上规模、上水平。经过不懈的努力，广西制糖工业涌现了一批具有较强经济实力和市场竞争优势的大型骨干企业和企业集团，产业集中度不断提高。

广西在发展糖业过程中，坚持走循环经济的发展道路，对甘蔗做到了“吃干榨净”。从甘蔗运到榨汁台开始，到蔗汁经过多重程序结晶成白砂糖，其间把废糖蜜集中加工转化为酒，用酒精废液淋灌甘蔗，废渣用来造纤维板。2004年11月，我在广西调研时，考察了南宁糖业股份有限公司。这个公司就是在国家的支持下，发展循环经济，对甘蔗资源进行综合利用，成为生产白砂糖、机制纸、食用酒精产品的综合企业。

◎南宁糖业甘蔗堆场

近年来，广西糖料蔗总产量和产糖量稳定在全国60%左右，调出区外食糖商品总量占全国的70%以上。

广西糖业的生产和销售，直接左右着我国的食糖消费市场。广西糖业的发展还对当地食品加工、运输及贸易等产业具有很强的带动作用，成为名副其实的支柱产业。

花卉种植业

云南地处低纬度高原，地型地貌复杂多变、海拔高差悬殊，气候多样，适宜种植特种花卉。西部大开发之前，云南省花卉业已经初具规模，在国内处于领先地位。2002年，云南省把花卉业作为特色优势产业，提出用20年的时间，把花卉业建成云南省的重要新兴产业，打造亚洲最大的花卉生产基地、出口基地和市场交易中心。

昆明郊区的呈贡县斗南村，是全省乃至全国闻名的花乡。斗南村最初是三户农民自发种花，由于销售较好，收益较高，带动了其他村民开始种花。现在，斗南村已经发展成为昆明花卉种植中心、市场交易中心和出口交易中心，这里的花卉生产、育苗、种球繁育、园艺设施、设备生产企业、园艺工程企业、营销服务企业已经形成体系。全村95％的耕地和95％的农户都走上了种植和经营花卉的道路，产品90％销往国内大城市，部分产品还远销到日本、东南亚等国家和地区。该村成为靠花卉致富的小康村。

近年来，云南注重科技创新，提升花卉产业科技水平，加强花卉技术工程研发中心和花卉推广体系，加大新品种的选育，具有自主知识产权的鲜切花新品种占全国总数的80％。2006年云南省还制定了花卉业发展规划，提出到2010年花卉总产值达到90亿元，到2020年达200亿元以上。实际上云南的花卉产业到2008年总产值已经达到了176亿元，发展进程大大超过了预期。

◎云南昆明国际花卉拍卖交易中心

2003年8月，利用在昆明召开西部大开发座谈会之机，我到了昆明斗南花卉市场。这里已经成为全国最大的鲜切花交易市场，云南的大部分花卉都通过这里输送到国内外市场。出乎我意料的是，小花卉能做成这样的大产业、大买卖，真是大有可为。

五、高技术产业

当今世界，科技进步日新月异，技术升级周期不断缩短，新产品、新应用层出不穷，新兴产业不断涌现。高技术产业作为国民经济的战略性、先导性产业，成为驱动经济发展的重要力量。一个国家、一个地区要提高自己的竞争力，必须发展高技术产业，西部地区也不例外。高技术产品附加值高，而且相对传统产品，物流成本占商品价值比重较小，其发展较少受地域限制，是西部地区突破地理区位制约，优化产业结构，不断提高竞争力，实现跨越式发展的关键。

挖掘西部高技术发展潜力

西部地区科技水平总体不高，但在部分地区和部分领域有良好的基础。国家曾在西部地区布局建设了一批科研机构和重要高技术军工项目，形成了生产门类比较齐全、军工与民用兼容、生产和科研相配套的研发生产体系。西部的航空、航天生产能力占全国的60%，电子、兵器占全国的50%，核工业占全国的2/3。这些企业所采用的技术和工艺是当时全国最先进的。有一些还是共和国的“独生子”，拥有“高、大、精、尖”设备。这些工业和科技基础，在改革开放中经过改组、改制和对外合作，形成了很多具有相当科技实力和创新能力的军工科研生产集团。

但是，西部的国有高技术企业由于历史原因，市场意识总体上不强，企业运行机制也不够灵活。很多科研成果能够做出样品、做成展品，却很难做成市场需要的商品。关键是缺少一个产业化、商业化的过程，最后这些成果一搁了之。有些航空航天和军工企业，只是服务于特定对象，生产规模小、产业链条短、产品不成系列。

在多种场合，我都强调，西部地区要注意发挥科教和军工方面的力量，积极发展高技术产业。2003年3月，我作为陕西十届全国人大代表，参加审议政府工作报告。对于陕西省的发展思路，我提出，陕西具有发展高技术所需的科技和人才优势，应当注意发挥这些优势和特色，并把它转化为经济优势。在其他一些场合，我也多次提出，西部应当在科技优势转化上多动脑筋，国家也要对这些行业加以引导并给予适当支持，使它们成为西部经济新的增长点，带动经济发展的推进器。

在制定西部开发“十一五”规划时，国家考虑了西部地区原来的基础，把高技术列入特色优势产业。重点发展集成电路、软件、网络通信设备、新型电子元器件、数字音频视频产品等信息产业，生物医药产业，有色金属和稀土等高性能材料产业，现代农业，航空航天产业，新能源产业。在具体措施上，主要抓了增强高技术成果转化能力，建立高技术产业基地，促进军民融合等工作。

增强科技成果转化能力

设立高技术产业化西部专项，推动科技成果转化，是推动西部高技术产业发展的重要措施。长期以来，我国大量科研力量游离于企业和市场之外，科技与经济是两张皮，极大地浪费了稀缺的科技资源，阻碍了产业技术进步和结构升级。为推动技术创新，1999年8月，党中央、国务院印发了《关于加强技术创新发展高科技实现产业化的决定》，并召开了全国技术创新大会。江泽民同志在会上对技术创新及科技成果产业化的重大意义、工作方向和主要任务，作了全面、明确的指示。会上，我就国家计委如何贯彻会议精神作了发言，提出要组织实施好高技术产业发展重大专项和高技术产业化示范工程。会后，国家计委在试点基础上，加大实施高技术产业化专项投资力度。

2000年，中央2号文件将发展电子信息、新材料、航空航天等高技术产业作为西部产业结构调整的重要任务。为落实文件精神，国家计委设立了高技术产业化西部专项，安排投资补助，按照高技术产业发展规划，围绕产业发展中的技术瓶颈和制约问题，开展科技攻关，加强引进消化吸收工作，加大高技术的应用和成果推广，提高科技成果转化率，促进产业技术水平的提高，扩大高技术生产规模，培育和完善产业链。

十年来，西部地区累计实施高技术产业化项目约800项，总投资500多亿元，其中中央投资近50亿元。高技术产业化项目，发挥了科研成果从实验室到市场之间“临门一脚”的作用，使许多原本束之高阁的科研成果转化成具有市场竞争力的产品。

钛是广泛用于航空、航天、军工等领域的战略资源。其原有冶炼技术能耗高，污染重。遵义钛业有限责任公司进行的“倒U型还原蒸馏联合炉生产海绵钛工艺设备研究”，可以使综合电耗大幅降低、生产效率提高，获得国家科技进步二等奖。2001年，在高技术产业西部专项支持下，该企业实施了“5000吨级海绵钛现代生产技术及装备产业化示范项目”，实现了海绵钛的规模化生产，奠定了中国钛生产大国的地位。

从番茄中提取番茄红素，是难度较大的科研课题。2003年，新疆红帆生物科技有限公司利用二氧化碳超临界流体萃取技术攻克了这一难题。为使这一科技成果转化为产品，2004年，国家发展改革委在高技术产业化西部专项中给予支持。项目建设使该企

◎新疆红帆生物科技有限公司利用番茄果皮生产生物抗氧化剂的高技术产业项目，使我国番茄产业链得到延伸，番茄红素产品生产能力跃居世界前列。

业番茄红素生产能力跃居世界前列，提高了番茄加工的价值，也使生产番茄酱中产生的皮渣变废为宝。

西部大开发以来，国家还支持了西部地区一大批生物、航空航天、信息等高技术产业化项目，生产了许多具有很强竞争力的产品。例如，兰州生物制品研究所自主研发的国家一类新药口服轮状病毒活疫苗，成都华神生物技术股份有限公司治疗原发性肝癌的美妥昔单克隆抗体注射液，西安航天恒星科技股份有限公司的卫星导航定位终端及通信系统，重庆重邮信科股份有限公司的手机基带芯片和无线模块等。

打造高技术产业基地

高技术产业是集聚效应明显的产业。高技术产品生命周期较短，产业分工精细，客观上需要关联企业在地域上相对集中。产业集聚有利于降低企业的生产和交易成本，提高产业的规模效应，促进新产品的研发应用。为了提高西部产业化专项实施效果，更好地发挥集聚效应，2003年初，国家计委决定支持高技术产业基地发展。

西部地区有些城市高技术企业集中、人才荟萃，发展产业基地是有条件的。2006年，我在听取高技术产业发展“十一五”规划汇报时提出，要发挥关中地区、成渝地区以及其他一些中心城市的科技优势和条件，支持他们发展高技术产业，形成一批高技术产业集群。之后，国家发展改革委通过评价，审定了一批信息、生物、新材料、航天、航空等西部特色产业基地。2008年2月，国家发展改革委举行国家高技术产业基地授牌大会，我出席了会议。到目前为止，国家在西部共确定了16个高技术产业基地。这些基地，在国家和地方的投资引导下，吸引社会资金投入，提高园区服务功能，完善园区规划政策，引导高技术人才向园区集中，实力不断增强。

西安阎良是我国航空产业的龙头，拥有全国唯一的集飞机设计研究、生产制造、试飞鉴定、教学为一体的、较为完整的航空产业体系。建立西安阎良国家航空高技术产业基地，有利于聚合我国航空产业优势力量，形成一个以阎良地区为核心、带动陕西、辐射全国的航空高科技产业集群。2004年8月，西安阎良被确定为国家航空高技术产业基地，国家支持了包括新舟60货运型飞机、飞行模拟器等4万吨模锻液压机、陶瓷基复合材料、保税仓库和航空孵化器等一批建设项目。到2008年，基地集聚了航空类企业160余家，形成了研发、整机制造、零部件生产、国际转包和人才培养等较为完整的产业链。

杨凌农业高新技术产业示范区原来是咸阳市的一个市管区，分布着一批大学、研究所和农业科技教育单位，拥有4700多名科教人员。由于各单位自成一体，科研上形不成合力，许多好的科研成果无法转化为商品和产业。1997年7月，国家批准成立杨凌农业高新技术示范区。按照李岚清副总理的指示，1999年将10个科教单位进行整合，成立了西北农林科技大学和杨凌职业技术学院，解决科技力量分散问题。国家加大了基础设施建设力度，科研教育环境不断改善。为促进科技成果转化，科技部、商务部、农业部和陕西省每年共同在这里举办农业高新科技成果博览会，交流科技成果。国家发展改革委把杨凌作为高技术产业化基地，给予资金支持，实现了农科教、产学研紧密结合，成为多元化的农业科技开发示范推广基地。经过12年的努力，2008年开发区人均地区生产总值达到4万元，城镇居民可支配收入近1.6万元，农

◎西安高压电器研究院大容量实验室1000kV合成回路

民人均纯收入近5千元。

陕西以西安、宝鸡、杨凌等国家级开发区为代表的关中高技术产业开发带，2008年实现总收入4171亿元。西电集团是我国高压、超（特）高压输配电成套设备研发生产的重要基地，他们依托重点工程，成功开发了世界上电压等级最高、单台容量最大的交流有级可控电抗器，1000kV合成回路等重大技术装备，标志着我国高压输变电设备的研发制造能力步入世界先进行列。云南国家级和省级高新技术园区，成为云南省生物产业发展和高新技术出口的重要基地。内蒙古包头稀土高新技术产业开发区，成为稀土原料、稀土功能材料和结构材料产业基地。贵州以贵阳、遵义、安顺三个中心城市为核心，高技术产业呈聚集态势。成都和西安国家软件产业基地，已经发展为中国西部国际化程度最高的软件聚集地。这些高技术产业基地成为带动西部地区经济发展的重要增长极。

促进军民融合

军工企业是西部地区高技术产业的一支重要力量。发挥军工企业优势，提高军工企业活力，促进军民结合、寓军于民，是推动西部地区高技术产业发展的重要手段。由于历史的原因，许多军工企业包袱沉重，不适应市场需要，潜力没有得到充分发挥。在西部大开发中，国防军工部门加快实施军民融合步伐，安排了军转民技术开发专项和技术改造资金，支持军工企业技术改造和研发民用技术，对打破军民分割的壁垒，推动西部地区高技术产业发展发挥了重要作用。仅2003年一年，国家资助在民用航空、民用航天、核能开发方面就实施了50多个项目，支持航天六院120吨级煤油发动机关键技术突破、西飞公司ARJ21前机身装配技术和新舟60飞机技术改进、核电站反应堆设计技术等项目。

绵阳市拥有以中国工程物理研究院为代表的一批重点国防科研院所和军工骨干企业，积聚了雄厚的国防科技力量，拥有大量可开发应用的技术储备。2001年，国务院批准了绵阳科技城发展纲要，加快推进军转民高技术产业化。在国家的支持下，核技术、精细化工、电子信息、新材料、光机电等方面一大批军转民高技术实现了产业化，初步形成了军转民高技术产业群体优势和局部强势，涌现出长虹、九洲等一批军转民高技术企业。截至2007年底，绵阳已累计实施军转民项目200余项，年实现军转民工业产值226亿元，占绵阳科技城工业产值的40%，有力地促进了绵阳产业结构调整和经济发展。

改善产业发展环境

为推动西部地区高技术产业发展，国家从规划、政策、项目、服务等方面入手，加强对高新技术企业发展的支持，引导各种资源向西部高技术产业发展的重点领域集中。

国家鼓励西部地区企业提高技术开发经费的开支比重。按照西部大开发的政策，西部高技术企业研究开发新产品、新技术、新工艺所发生的各项费用，不受比例限制，计入管理费用。新产品、新技术、新工艺研发费用每年增幅在10%以上的企业，可以按照实际发生额的50%抵扣应税所得额。对重点扶持的高技术产业减按15%税率征收企业所得税，提高高技术出口退税率，完善了高技术企业计税工资所得税前扣除政策，加强高技术产业园区和基地的服务和孵化功能。

西部地区的科研院所和高技术企业许多都是“三线”建设时期设立的，包袱较重，运转困难，设备老化，科研条件较差。西部大开发中，国家加大对这些企业的投入，有的进行了搬迁，有的进行了大规模的技术改造，改善了他们的科研环境和生产条件。对一些科研院所、企业进行了重组，建立起产学研一体化的企业集团。依托重大工程，让这些企业承担一些有市场、有效益的项目。这些措施促进了科研生产结构、技术结构、组织结构的优化，增强了他们的创新能力。

注重改善科技人员生活条件，通过改革完善分配和激励机制，调动科技人员的积极性，发挥好他们的智慧、才干。西部大开发的政策规定，对科技人员在西部地区实施科技成果转让和兴办科技型企业，在实际执行中，提高转让收入提成、科技成果入股等奖励的比例。允许国有高技术企业对技术骨干和管理骨干实施期权等激励政策。

西部大开发十年来，西部地区高技术产业不断壮大，产值快速增长，基本形成了电子信息、生物、新材料、新能源、航空航天、先进制造等为主的高技术产业集群。2008年西部地区高技术产值3200多亿元，同比增长27%，占全国高技术产业产值的5.5%，比重有所提高。其中，医药制造业增长25%，航空航天增长14%，电子计算机及办公制造业增长134%。西部地区航空航天业总产值增长14%，占全国41%，成了全国重要的航空航天产业研发和生产基地。

六、旅游产业

到过西部地区的同志，都会被那里美丽的自然风光、独特的地质地貌、特有的民族风情、厚重的文化遗产所吸引。从西北的大漠风光到西南的秀丽山川，从秦始皇兵马俑和三星堆遗迹到丰富多彩的民族文化，无一不令人流连忘返。西部地区发展旅游业的资源非常丰富。

旅游业是集食、住、行、游、购、娱等多个行业为一体的综合性产业，其特点是，吸纳就业能力强，产业链长，富民效果直接，对经济带动作用大。旅游业作为服务业，提供给人们精神文化享受，不消耗大量的物质资源，较少产生污染和生态环境破坏，被人们称为绿色产业。

进入21世纪，我国人均国内生产总值达到800美元，总体进入小康社会，很多城市超过1000美元。人民群众收入水平提高和休闲时间的增多，对旅游的需求越来越大。随着对外开放的扩大，国外来华旅游人员日益增多，为西部地区发展旅游业提供了良好机遇。

旅游纳入产业发展重点

1999年，在研究实施西部大开发思路时，我们就把发展旅游业作为西部地区产业结构调整的重要任务，提出加强旅游规划，开发保护旅游资源，加大旅游基础设施投入，开展旅游扶贫行动，调动多方面力量积极参与旅游开发。发展旅游业列入中央2号文件后，对西部旅游业的支持提上重要工作日程。

2001年1月，全国旅游发展工作会议在北京召开。会上，朱镕基总理与参加会议的部分代表进行了座谈。他强调，在西部大开发中，要集中力量培育若干国际化的旅游城市，下功夫建设一批比较像样的旅游基地，要积极吸引外资和港澳台资参加旅游资源开发。可以把旅游设施项目列入《中西部地区优势产业目录》。要加强机场建设，开辟国际航线，逐步形成国际游客东进西出、西进东出、东西部相互促进的局面。

我在发言中谈到，实施西部大开发。要求旅游业有个新的发展。要加强规划管理，搞好资源的合理开发和保护，避免造成"一流资源，二流开发，三流产品"的状况，解决人造景观低水平模仿、粗制滥造问题。我还提出，为了支持西部旅游业发展，应当加大财政性资金投入，改善旅游交通条件，扩大对外开放，创造良好旅游业发展环境。

这次会议进一步明确了西部地区旅游发展的目标、任务和政策措施，很多内容纳入了随后发布的《"十五"西部开发总体规划》和《关于西部大开发若干政策措施的实施意见》。西部大开发发展旅游业的基本思路是，大力培育和开发具有西部特色优势的国际国内知名旅游景区和线路，加快旅游基础设施和信息化建设，加强国内外旅游市场开发，重点开发一批跨区域旅游区。

加强旅游基础设施建设

旅游景观的吸引力不仅来自于美学价值，也来自于可通达程度。旅游基础设施薄弱，曾制约了西部地区旅游业的进一步发展。西部地区交通通达程度低，旅游宾馆缺乏，住宿不便。有的景点和交通干线间的距离不过几公里、十几公里，由于连接通道阻断，成为景区发展的瓶颈。

1999年底，在研究第二年国债投资计划时，国家计委有关司提出，将旅游基础设施建设纳入国债投资范围，用于自然景观旅游区和少数人文景观旅游区的环境保护和基础设施建设。主要包括景区的连接公路，景区内公路、供水、供电、排污、公厕、垃圾处理等公共设施，旅游环境治理项目。国债资金作为补助性引导资金，重点安排中西部地区、贫困地区和民族地区。

我看到这份报告是11月6日，在这之前的一天，国务院刚刚讨论了国家计委关于实施西部大开发的初步设想。考虑到这类项目不仅可以改善交通设施，而且可以拉动投资，带动消费，促进生态保护，当即我就同意安排计委主任办公会议审议。2000年至2005年，国家连续安排国债资金支持西部地区旅游基础设施建设。中央投资32亿元，地方配套30多亿元，支持了西部地区296处旅游景区基础设施建设。

2005年至2009年，国家重点支持了西部地区红色旅游经典景区基础设施建设，累计安排投资9.75亿元。西部地区83处红色旅游景区设施显著改善。通过加强基础设施建设，各类景区通达条件明显改善，接待能力显著提升。

加强规划 保护资源

发展西部地区旅游业，我们还注重加强规划，统筹开发旅游资源，发挥最大效益。国家计委、国务院西部办、国家旅游局联合编制了《西部地区旅游投资规划》，对西部旅游投资和开发进行指导、协调和规范。之后又编制了香格里拉、长江三峡、青藏铁路沿线、丝绸之路等专项旅游规划。明确了西部和重点旅游区域、旅游线路的开发思路和任务，做到开发时目标明确，心中有数，措施得当，稳步推进。

上世纪90年代，全国旅游业出现了较快增长。但是，由于开发水平低，一些地方出现了只顾眼前利益，滥用甚至破坏资源的现象。曾经有一段时间，由于游客过多，敦煌壁画遭到呼出的二氧化碳的侵蚀。自然资源和文化资源很多都具有不可再生性，一旦遭到破坏，就失去了观赏价值和人文价值，旅游发展也就成了无源之水、无本之木。在开发旅游项目时，也应考虑景点环境的承载能力。

九寨沟—黄龙被联合国教科文组织列为世界自然与文化遗产。2000年，四川的同志反映，川西北地区旅游资源丰富，特别是九寨黄龙地区旅游景点众多，但交通不便影响了旅游资源的开发，希望国家支持他们修建机场。这年10月，我到四川进行调研，认为有必要在这里修建机场。在讨论设计能力时，有的同志提出希望能够把通航能力搞大一些。但国家计委认为，为了保护旅游资源，必须考虑景点的承载能力，防止过多的人流进入景区，因此，机场流量不宜设计得太大。按照这种意见，规划建设了九寨黄龙机场。后来，该景区在国内率先实现了限量旅游。

◎图为四川九寨黄龙机场。

旅游快速发展，已经成为西部地区的重要支柱产业。2008年，西部地区入境旅游人数达到984万人次，比1999年增长125%，年均增长14%。拥有各类旅游企业13698家，占全国旅游企业总数的28%。从1999年到2008年，西部地区星级饭店从1663家增加到3885家，旅行社从1833家增加到4129家。陕西十年间旅游总收入增长4.5倍。支线机场建设改善了新疆旅游交通条件，新疆2008年接待游客2260万人，相当于每人接待一个游客。青藏铁路开通后，促进了西藏旅游业快速增长，2009年前三季度接待旅游人数达到470万，超过历史最高的2007年全年接待人数。四川省尽管受地震不利影响，2009年旅游业总收入超过1400亿元，提前实现“十一五”规划目标。云南省开发了《云南印象》、《印象丽江》等旅游文化精品。贵州省还以国际视野规划和发展旅游事业，由具有国际一流水平的旅游发展公司编制《贵州省旅游发展总体规划》，成功打造了一批旅游精品线路和产品。从2000年以来，贵州旅游总收入连续五年保持30%以上的增长，占GDP的比重超过10%。西部旅游业形成了蓬勃发展的良好局面。

第十三章

民生工程：以人为本的惠民之举

我们是社会主义国家，发展经济的根本目的在于不断改善全体人民的生活，这也是实施西部大开发战略的出发点和落脚点。在西部大开发过程中，我们坚持“抓两头”：一头抓事关西部发展全局的重大项目，一头抓与广大人民群众生产生活密切相关的中小项目，在交通、能源、饮水、环境、卫生、教育等领域，广泛实施惠民工程，使亿万群众在大开发中得到看得见、摸得着的好处。这进一步提升了西部地区人民群众的生产生活水平，激发了广大干部群众参与西部大开发的热情。

一、“抓两头”的由来

2002年4月，江泽民同志在西安主持召开六省区市西部大开发工作座谈会时，我汇报了西部大开发的总体进展和下一步工作设想，其中也包括“抓两头”的工作思路。江泽民同志听了很高兴，他肯定地说，坚持为民谋利，这是西部大开发的一条重要经验。要把推进西部大开发与不断提高人民群众的生活水平紧密结合起来，使各族群众得到真正的实惠。这样，“抓两头”成为西部大开发的一项重要指导方针。

长期从事经济工作的实践告诉我们，一个好的战略规划，必须要有骨干项目作支撑，否则很难得到有效落实。在实施西部大开发过程中，国家每年都要选择十几项重大工程开工建设，如西电东送、西气东输、青藏铁路等。抓住这些重点领域、关键环节的大项目，就能从战略上改善西部地区基础设施的总体格局，解决制约经济发展的重大问题，拉动经济快速增长。同时，这些大项目还可以带动关联产业发展，扩大当地就业空间，提高科研技术水平，从而促进全面发展。

在实施西部大开发重大项目的同时，我们也注意到，这些大工程很多是基础性、具有长远意义的项目，建设周期比较长，效果往往要若干年后才能显现。同时，这些项目大都集中在重点城市及周边区域，对中小城市特别是农村地区带动相对较少。这些地区的老百姓在生产生活中还存在很多实际问题，迫切需要得到解决。如果长时间只注重抓大项目，不注意抓量大面广、与人民群众利益息息相关的中小项目，西部大开发就不能得到广大人民群众的拥护，不可能得以顺利推进。

2000年，我在四川调研时曾看到这样一幅情景，有个村子买了一台辗米磨面的柴油机，因为没有路，车进不了村，只能靠几个人把它抬进村。当时，有些内参资料也反映，有的地方老百姓饮水十分困难，村民要走十几里山路才能找到水源；有的地区水质不达标，高氟水、高砷水、苦咸水问题严重；一些山区农村教育设施落后，校舍阴暗潮湿、年久失修，缺少教师，许多学龄儿童不是没地方读书，就是没钱读书；许多地方卫生医疗条件很差，老百姓看不起病的情况很普遍。这种情况使我们进一步认识到，西部只搞大项目还不够，必须及时安排一批中小项目，解决与群众生产生活密切相关的问题，把西部大开发为各族人民谋利益的根本目的落到实处。

对这个想法，大部分同志赞成。但是，有同志认为，西部发展的重心是经济建设，只有全力抓好大项目，才能加快经济增长；如果把资金投入到中小项目上，会分散对大项目的支持。也有同志提出，中央政府应抓好关系全局的大项目，老百姓生产生活中的具体困难，主要应由地方政府解决，中央给予指导和政策支持就足够了。还有同志担心，如果下力气组织实施中小项目，行政成本会很高，投资资金也不好管理。

这些意见在当时的背景下不无道理，但是不够全面，在一定程度上忽视了中小项目的作用和意义。短平快的中小项目可以尽快解决群众迫切需要解决的问题，让人民群众更多地享受到西部大开发带来的实惠。如果这些民生问题长期得不到解决，群众就会问，国家进行西部大开发，我们这里怎么看不到变化呢？西部地方政府的财力大都很困难，大都是“吃饭”财政，很难再拿出钱来集中解决民生问题，中央财政有责任和地方政府一起化解这些民生难题。后来，认识逐步统一，由中央出资大规模实施地方的中小项目建设，在西部大开发中开了一个好头。

2001年，我多次主持召开国务院西部开发办主任办公会和国家计委主任办公会，研究如何统筹重大项目建设与中小项目建设的关系。经过讨论，大家一致同意在继续搞好一批重大工程项目的同时，把民生工程作为西部大开发的投资重点，分阶段解决西部地区行路难、用电难、听广播看电视难、饮水难等突出问题。具体说，既要加快通江达海的运输通道建设，又要加强县乡的农村交通建设；既要抓紧西电东送、基础传输网等重点工程，又要搞好农村电网改造、广播电视村村通等面上项目；既要建设大型水利枢纽工程，又要兴修中小水利设施；既要加强生态环境保护和建设，实现生态环境目标，又要认真考虑群众生计和长远发展，采取措施解决农民的吃饭、烧柴、增收等问题。后来，我把这个工作思路总结为“抓两头”，意指抓好问题的两个方面，使之互相促进，相得益彰。

我们在组织大的建设项目上有一套比较完善的制度和程序，对如何管好数量众多的中小项目缺少经验。对此，有关部门花费不少精力进行探索。譬如，请地方上报中小项目，国家计委把相同的项目“打捆”审批，集中下达资金任务，分到省级政府执行。这样，钱由中央出，任务主要由地方完成，国家进行必要的监督，既调动了地方积极性，也避免中央机关管得过多、过细。为管好用好这些建设资金，保证工程质量，我们还给国家重大项目稽察特派员办公室增添了一项新的任务，不仅对大项目进行稽察，对中小项目建设过程中的招投标、工程进度和质量、资金使用和投资概算等，也进行监督检查，并形成了一套比较完善的管理机制，这些做法取得了很好的效果。

二、“四到”工程

从2001年开始，中央把解决“三农”即农业、农村和农民问题作为重要任务。为贯彻落实中央精神，国家计委和国务院西部开发办结合前期调研情况，开始着手思考西部地区迫切需要解决的问题。经过认真研究论证，大家认为可以从“油路到县、送电到乡、广播电视到村、退耕还林到户”等民生工程入手，加大投资力度，尽快改善西部中小城市和农村地区的生产生活基础设施。我们把这四方面的工作概括为“四到”工程。

这个建议上报后，国务院领导同志非常重视。国务院西部地区开发领导小组会议讨论同意了这个建议，并提出了明确任务，要求我们尽快落实，建成一批公路、电网、广播电视、生态建设项目，使西部农村基础设施和生态环境面貌有较大的变化。2002年3月，我在全国“两会”上作报告时正式提出要在西部地区实施“四到”工程。与会代表和委员在分组审议报告时，给予了高度评价。

油路到县从“走得了”到“走得快”

公路交通设施落后制约着整个西部，特别是山区以及老少边穷地区的经济和社会发展。三峡库区柑橘产业发展之初，曾因为交通问题难以销售而烂掉坏掉；甘肃的大白菜在当地农村几分钱一斤都很难卖掉，在城市却可以卖到几毛钱。

西部交通设施落后也严重制约着出行的效率。记得2000年9月赴贵州调研时，有一天我们一行乘车从贵阳前往洪家渡水电站和安顺电厂。一路尘土飞扬，后车看不着前车，二百多公里的路程足足走了九个小时，饱受颠簸之苦。大家把这种路称为“不三不四”路，即高于国家公路四级标准，但低于三级，路面没有铺沥青。这种路雨天泥泞难行，变成“水泥路”；晴天漫天灰尘，变成“扬灰路”。当地政府反映说，由于财政困难，根本无力修路，希望国家能给些补助。我详细询问他们这样的路还有多少、每公里改造大概需要多少投资，在心里把西部修路的大账粗算了一下。

回京后，我们进行了研究讨论。当时西部的公路交通情况是，西部大开发以前，国家陆续安排的一些公路国道主干线项目，使西部交通有了一定改观，但只是初步解决了“走得了”的问题，离“走得快”、“走得好”尚有较大差距，远远不能适应西部发展的需要。突出表现是：公路密度小，每百平方公里仅为8.15公里，远低于14.6公里的全国平均水平，仍有1/4的县城还没有一条通往地州的沥青道路；道路等级普遍偏低，路况差，等外公路占西部公路总里程的18.3%，高于全国平均水平5个百分点，无路面公路里程近50%；公路病害严重，防灾抗灾能力弱，公路断道阻通等情况经常发生，交通事故频繁。

西部地区加快发展的呼唤，加上多次实地调研，使我们对解决西部地区交通问题的认识逐步深入。西部地区交通现状有一个特点，许多县被“断头路”卡住了脖子。这种路大都处于主干道与地方公路之间，或两县交汇处。这种小工程，既不出政绩，投资额又大，实施起来还麻烦，谁也不愿修。有些穷地方想往富地方通路，富地方反应冷淡，穷地方又拿不出钱。但往往就那么很短的几公里连接线没有修，影响了人员往来和物畅其流，也限制了整个路网效率的发挥。

在研究道路建设标准的过程中，有意见认为应当一步到位，建设标准高一点。我们综合考虑建设需要以及用地指标和节约成本，定了个基本原则，就是建设标准既要够用，又不能盲目追求上等级，主要以三级、四级路改造为主，尽量利用现有道路，在原有路基上适当拓宽，加铺沥青路面，保障上下行车畅通和安全。对于有些地区希望结合干线和路网建设提高标准的，根据配套资金落实情况再定。

按照这个原则，国家计委提出每公里按35万元给予补助，不足部分由地方配齐。后来，朱镕基总理在地方考察时要求，每个县都要有一条柏油路通往地市。贵州的同志反映，由于地形地貌复杂，修路成本高于其他地方，鉴于财力困难，请求中央提高补助标准。经研究，朱镕基总理同意将油路到县补助标准提高到每公里50万元。

经过国家计委和国务院西部开发办研究论证，“西部地区通县道路建设工程”方案报经国务院批准后实施。工程建设目标是，用两年时间，除西藏由于自然条件限制难以短期内全部解决外，其他西部地区所有的地州市和县，至少建设一条省府至地州市、地州市至县城的沥青道路。工程涉及西部133个地州，1099个县级单位（另有新疆生产建设兵团182个团场），建设总里程25700公里。道路建设标准以三级、四级改建为主，路基宽度6.5米以上（双车道），铺筑沥青路面。除西藏自治区由国家全额投资外，其他省区每公里补助50万元，测算下来，国家出资达150亿元。

为落实好通县油路建设，2001年10月，国务院西部开发办、国家计委、交通部三部门召开了电视电话会议，部署工程建设任务，并对加强项目监管、搞好工程设计、保证工程质量、抓好配套资金落实、做好公路养护等问题提出了具体要求。同年中央财政安排50亿元国债投资，重点考虑具备开工条件的项目。2002年中央财政又安排国债资金50亿元、车辆购置税50亿元。

2002年底，通县油路工程基本完工，西部地区除西藏外所有不通沥青道路的州和县，都有了一条省会城市到地州市、地州市府所在地到县城的沥青道路，基本消除了国道网中的“断头路”。这些公路如毛细血管，完善了我国路网结构，为西部地区的脱贫致富铺平了道路。

◎图为海拔3000多米的云南省迪庆藏族自治州德钦县云岭乡境内的柏油公路（左），中间是原有的弯曲土路，旁边是澜沧江。

送电到乡点亮乡村夜晚

1998年国家启动农村电网建设与改造前，西部农村电力设施基础薄弱。全国两万多个无电村，大部分在西部。很多乡镇坐落在深山，祖祖辈辈都是“日落一片黑”。即使在有电地区，大部分都存在线路陈旧老化问题，线损和变损严重，用电成本很高。有的地方电压很低，而且三天两头断电，农民买来的洗衣机只好用来装米，夜晚主要靠煤油灯、蜡烛或松香照明。还有些地方用不起铜线，就用铁丝代替，晚上铁丝烧得发红，供电安全存在极大隐患。

为了改善农村供电条件，解决用不上电和用电贵问题，亚洲金融危机后，国家实施扩大内需的政策，开始安排国债投资转贷资金和专项贷款，开展农村电网建设与改造，同时改革农村电力管理体制，实行城乡用电同网同价。但由于西部地区还款能力较弱，农网改造进度一直不理想。

西部大开发后，我们将西部地区农网改造国债转贷资金改为拨款，不要求地方偿还。由于西部地区农网改造的力度不断加大，使农网改造主体任务到2002年基本完成。以后国家又陆续安排了一些完善工程。在农网改造项目中，国家对西部地区共投资1739亿元，建成了110千伏变电站1000多座，线路3.1万公里；66千伏和35千伏变电站6000多座，线路8.6万公里；10千伏线路70余万公里，低压线路280万公里；配电变压器65.6万台；改造户表6170万户。

农网改造大大改善了农村用电条件，对扩大内需、拉动投资增长、开拓农村市场、缓解就业压力、减轻农民负担发挥了积极作用。据统计，线损变损普遍下降10—15个百分点，基本控制在12%以内。低压供电半径从近1000米缩小到500米以内，电压从以前的160—170伏基本都提高到220伏。农村电价普遍大幅下降，加之治理乱收费、乱加价，全国每年减轻农民电费负担300多亿元。农网建设与改造工程投资的60%以上用于设备和材料的购置，参与施工人数超过150万，扩大了农民购买家电和电力消费，也有利于促进农村经济特别是非农产业发展。

在农网改造中我们发现，西部一些地区特别是边远山区、牧区，由于居住分散、远离电网，仍没有用上电。为此，在2001年农网改造工程进入尾声的时候，国家计委、国务院西部开发办研究制定了解决西部无电乡乡政府所在地用电问题的“送电到乡”计划。这个想法向国务院西部地区开发领导小组作了汇报，朱镕基总理十分赞成，指出对一些确实不具备联网条件的地方，可以

◎2003年，在“送电到乡”工程的帮助下，甘肃肃南裕固族自治县杨歌乡16千伏太阳能光伏电站建成并投入使用，世世代代依靠煤油灯照明的牧区群众告别无电历史。

采取其他方式解决，搞风力发电，特别是小水电。根据他的指示精神，我们提出对那些不具备联网条件、送电成本过高的地方，按照因地制宜的原则，利用太阳能光伏发电、风光互补发电和小水电等多种供电方式。送电到乡工程始于2002年，到2004年底，共建设各式电站984座，总装机容量31.4万千瓦，解决了1013个乡、牧场、连队的用电问题。一些小水电“小水冲不转，大水皮带断”的设备陈旧状况有了根本改变。在此基础上，近年来国家在西部地区又实施了“户户通电”计划，进一步解决无电乡村居民的用电问题。现在“送电到乡”和“户户通电”工程被统称为无电地区电力建设。这两个工程共安排资金165亿元，解决了150万户基本用电问题。

通过农村电网改造和送电到乡等无电地区电力建设，西部地区农村电网结构明显增强，供电能力和供电可靠性显著提高，基本实现城乡居民用电同网同价，大大减轻了农民用电负担，基本满足了农村用电增长的需要，农村加工业得到长足发展，促进农业经济繁荣和农民增收。从农网改造到送电到乡，西部地区已告别了无电乡的历史。送电到乡被西部地区广大群众称为“光明工程”。

广播电视到村开阔了广大农牧民视野

记得1996年，我和中央有关部委的负责人陪同江泽民同志到贵州考察，随行的还有省地市的党委和政府负责人。有一天来到一个贫困村时，村头两边站了许多人，我们走近后他们只是好奇地看着。等我们过去后，后面才传来了掌声，回头一看，原来是那个村里的干部在和他们打招呼。当时，我感觉挺纳闷。后来从村里的干部了解到，他们那里大部分地方没有电，即使有电的地方也很少有电视，所以村民们没见过国家领导人，也不认识省市领导，在他们眼中，领导就是村干部。

在互联网还不普及的情况下，广播电视是人们了解世界便捷的渠道。但在西部相当多的地区，广播电视还是一种奢求。1998年，全国有11.7万个行政村和56.3万个自然村属于广播电视覆盖的盲区，约有1.48亿农民听不到广播、看不到电视。这些地方绝大多数都在西部，几乎处于与世隔绝状态。

为解决西部边远农牧地区收听、收看难的问题，1998年，国家计委和国家广电总局启动了广播电视村村通工程。主要内容是，通过国债投资和广播电视事业经费，加上地方财政配套，改善西部地区广播电视的发射装置和行政村的接收装置，逐步提高广播电视覆盖率。

这个工程分几个阶段进行。1998年到2003年，主要安排已通电行政村通广播电视问题。2004年到2006年，完成50户以上已通电自然村通广播电视问题。在此期间，中央财政共投入西部地区专项补助资金10亿元，相继完成了6.7万个行政村“盲村”、7万个50户以上自然村“盲村”的村村通建设。在村村通工程的带动下，全国广播、电视人口综合覆盖率分别从1997年的86%和87.7%提高到2005年的94.5%和95.8%。

从2006年开始，广播电视村村通工程进入新的发展阶段，“盲村”建设延伸到20户以上已通电自然村，同时采用直播卫星方式，实施农村广播电视节目的无线覆盖。中央财政安排西部地区专项补助资金17亿元，更新西部地区电视、调频及中波发射机，并加强设备运行维护。国家还投入27亿元专项补助资金用于直播卫星方式工程建设。2009年首批直播卫星接收设备全部安装调试，15.6万个20户以上自然村的群众通过卫星收听收看到了清晰的数字广播电视节目。

在实施广播电视村村通的同时，我们发现西藏、新疆、内蒙古三个自治区和四川、青海、甘肃、云南四省藏区等少数民族聚居区广播电视覆盖率低，缺少发射和接收装置，少数民族语言节目少，缺乏广播电视技术人员。国家在这些地区又实施了“西新工程”，不但安排发射和接受装置的建设，还投资开办了少数民族语言广播节目，提高了少数民族节目制作和译制能力。

广播电视村村通工程使党和国家的政策传入千家万户，让更多西部人民看到了外面的大千世界，开阔了视野，学到了知识，促进了科技教育文化事业的传播与发展。有些农民养成了从电视上收集市场信息的习惯，每次都认真地把价格记下来，以便寻找商机。在广西一个瑶族自治乡，过去人们日出而作、日落而息，听不了广播，看不到电视，最大的娱乐是唱唱山歌。山寨里装上广播喇叭和接收电视信号的微波平台后，村民的业余生活变得丰富多彩，电视机前总是充满欢快的笑声。广播电视开通后，农民的顺口溜说：群众的耳朵有听头、眼里有看头、农闲有学头、生活有奔头。这是对广

◎2009年1月，技术人员在广西昭平镇横江屯演示广播电视直播卫星接收设备操作方法，昭平二万农民春节前圆了电视梦。

播电视村村通工程作用的生动写照。

三、“六小”工程

2002年，国家计委和国务院西部开发办综合研究了各方意见，提出在以往相关工作的基础上，进一步加大对西部农村基础设施建设的工作力度，重点实施“六小”工程，包括节水灌溉、人畜饮水、农村沼气、农村水电、乡村道路、草场围栏建设等。“六小”工程中，有些是“四到”工程的延伸，如农村水电、乡村道路，有些是根据当地农村实际，在先前试点基础上，进一步扩大范围和内容，如节水灌溉、人畜饮水、农村沼气和草场围栏。这些工程的陆续实施，丰富了西部地区农村基础设施建设的内涵。

饮水工程送来甘泉

2000年我国农村有3.79亿人存在饮水困难或饮水不安全问题，其中西部地区尤为突出。不少地方的供水方式落后，饮用水水量不足，水质不达标，高氟水、高砷水、苦咸水等问题严重威胁人们的身体健康。一些长期饮用高砷水中毒的村民，视力减退，内脏受损害。党中央、国务院高度重视农村饮水安全工作，要求将中西部困难地区作为工作重点。2000年国家计委会同水利部等部门，制定和实施了《全国农村饮用水解困“十五”规划》，2003年后，进一步把西部地区作为工作重点，加大投资补助支持力度。

2004年8月，胡锦涛同志到朱德同志的家乡四川仪陇县调研，了解到当地26万群众饮水难问题非常突出，当即要求中央有关部门和地方政府“切实帮助老区人民解决生产生活中面临的实际困难”。在不久之后召开的中央人口资源环境座谈会上，他又明确要求：要把切实保护好饮用水源，让群众喝上放心水作为首要任务。2007年4月，胡锦涛同志赴宁夏考察干旱地区防沙治沙和群众的生产生活情况时，一天在中卫市永康镇，了解到当地群众吃水还存在一定困难，就对陪同的自治区党委书记陈建国和政府主席马启智说，要下决心解决老百姓的用水困难。他还指示陪同的驻地军队有关负责人，要帮助地方解决吃水问题。当地驻军

◎2007年4月，胡锦涛同志到宁夏回族自治区考察工作。图为胡锦涛同志在毛乌素沙漠边缘的白芨滩林场大泉治沙实验区同当地干部群众亲切交谈。

高度重视，克服重重困难，在很短的时间内就打出了甜水井，解决了当地群众的吃水问题。后来，当地干部给胡锦涛同志写了一封感谢信。胡锦涛同志在收到信后作出批示，表扬当地驻军造福于民。

温家宝总理也多次指示，要让人民群众喝上干净的水。按照他们的指示，我部署有关部门，把保障饮水安全作为全面落实科学发展观的重要任务抓实、抓好,并要求在实施中控制运行成本，使农民用得起，做到改水工程可持续、不反弹。国家发改委、水利部、卫生部等部门在“十五”前三年工作的基础上，出台了《2005—2006年农村饮用水安全应急工程规划》。2006年又出台了《全国农村饮水安全工程“十一五”规划》，对新五年的饮水安全工作进行了部署。在规划任务、投资标准和投资补助比例安排等方面，国家对西部地区农村饮水安全工程给予大力支持。对西部地区农村饮水工程的人均投资标准和中央投资补助，明显高于全国平均水平。对西藏、宁夏等部分特殊困难地区，人均综合投资达到1000元以上，并且绝大部分投资由中央安排。2000年至2009年，中央投资共安排西部地区农村饮水工程282亿元，占同期全国此项工程中央总投资的55%，解决了西部地区9437万农村人口的饮水安全问题。

近几年我多次到西部地区调研，亲身了解到饮水安全工程的实施给老百姓带来的好处。这些工作在很大程度上提高了农民特别是妇女和儿童的健康水平，减少了水介传染病发病率。据宁夏等地典型调查，实施饮水安全工程建设，使项目区群众户均每年可以节约医疗费250元以上。同时，也解放了大量农村劳动力。据重庆市估算，每年可节省用于挑水的农村劳动力1.68亿个工日。

农村沼气提供清洁能源

沼气这种可燃性气体，热值介于煤气和天然气之间，是农村的一种优质能源。早在上世纪70年代，国家就开始实施沼气建设项目。进入90年代，随着建设技术水平的提高，农村沼气事业有了进一步发展，但由于建造成本等原因，在农村还不普及，整个西部地区只有不到10%的农户使用了沼气。

西部地区大规模沼气建设要从退耕还林说起。由于农村生活用能问题没有得到根本解决，相当一部分地方仍以薪柴为主，特别在一些已经实施退耕还林工程的地方，出现了“边造林边砍柴”的现象。如果不及时解决这个问题，将直接影响退耕还林的成果。中央领导同志意识到这个问题的严重性，朱镕基总理2001年4月在湖南考察时强调，在退耕还林中，要重视抓好农村能源结构的调整，解决农民生活所用的燃料问题。

国务院西部开发办李子彬、王志宝同志分头带队赴西部省区检查退耕还林情况时，发现在那些普遍使用沼气的地区，基本保持了山绿水清、河溪常流，和以薪柴为主地区出现的水土流失、河水断流形成了鲜明对比。据当时调查，建一口6—8立方米的沼气池可以解决四口之家的生活用能，平均每年可节约2.5吨薪柴，相当于保护了3—4亩灌木薪炭林免遭砍伐。按四年轮伐期计算，一口沼气池相当于造林12亩。无论从解决农民烧柴、吃饭、增收上讲，还是从实施退耕还林和天然林保护的需要出发，都应大力推广农村沼气。同年10月，国务院西部开发办提出了西南地区发展沼气的有关建议，决定以推广沼气来解决农村能源问题。

2002年9月，新华社《国内动态清样》反映了农村沼气改变农村生产生活的情况。温家宝副总理在这份材料上批示，发展农村沼气，既有利于解决农民生活能源，又有利于保护生态环境，是一项很有意义、很有希望的公益设施建设。必须把发展农村沼气同农业结构调整特别是发展养殖业结合起来，同农村改厕、改水等社会事业结合起来，同退耕还林、保护生态结合起来。收到批示后，我们通过国家计委信息的形式上报了前一阶段的研究成果和政策建议。

根据党中央、国务院的部署和要求，国家计委会同农业部，研究编制农村沼气发展规划，着眼长远发展。2003年，国家发展改革委在国债投资中安排10亿元，会同农业部开始启动农村沼气试点工程，项目主要安排在中西部地区，并与退耕还林还草项目相结合。此后，投入力度不断加大，项目实施七年来，中央投资已达190亿元。

随着实践的不断深入，各地摸索出了许多各具特色的建设模式。譬如，以养猪、沼气、种果树相结合的南方“猪—沼—果”模式，以猪舍—厕所—沼气池—日光温室为代表的北方“四位一体”能源生态模式，都有效改善了农民生产生活方式，促进了农村循环经济的发展。

在农村沼气发展过程中，建设内容不断丰富，建设模式逐步完善。2007年5月，在成都召开的西部地区开发工作座谈会上，广西一位负责同志提出，以户为单位分散发展的模式成本高、效率低，建议在以户为单位发展沼气的基础上，发展一些大中型的沼气工程。一个月后，四川省和国家能源办向我报送了有关地方农村沼气建设情况，也提出了类似的建议。我认为，适当发展大中型沼气，进行集约型运行，有利于节约成本、提高效率，就批请国家发展改革委和农业部等部门加强指导，因地制宜采用多种建设模式，重视加强大中型沼气科研工作和工程建设，进一步推广沼气应用。在有关部门推动下，成本更低、效率更高的大中型沼气建设逐步开展起来。

一次，胡锦涛同志在参观建设节约型社会展览时，对农村就地取材发展沼气，解决农村用能的做法予以肯定。我要求国家发展改革委、国务院西部办和农业部等部门认真总结各地的经验，予以推广应用。

国家在沼气建设中始终把西部地区作为重点，从规划任务、投资标准、投资补助比例安排等方面给予倾斜支持。中央对西部地区农村沼气项目的补助标准，明显高于中、东部地区，对西藏、西藏以外藏区及新疆南部三州等部分特殊困难地区，户用沼气的中央补助标准达到了2500元以上。2003年以来，共安排西部地区农村沼气工程中央投资101.3亿元，占同期全国农村沼气工程投资的53%。

◎2005年底，广西横县校椅镇村民在修建沼气池。

截至2008年底，西部地区累计发展户用沼气1410万户，沼气工程5760处。农村沼气项目年产沼气55亿立方米，使用沼气相当于替代830万吨标准煤，减排二氧化碳1990万吨，每年为农民直接增收节支70亿元。

除解决农村饮水安全和发展沼气外，国家还对西部的节水灌溉、农村水电、乡村道路、草场围栏给予了大力支持。1998年实施节水灌溉以来，中央投资200亿元，地方配套400亿元，建成了1000多个节水增效示范区，形成了500亿立方米节水能力，节水灌溉面积达1500万公顷，新增粮食综合生产能力400多亿公斤。乡村道路工程从2002年启动，中央投资60亿元，总规模达32万公里。各地也抓住机遇，积极开展工作。

2007年我去青海调研时，了解到从2004年至2007年，青海在农牧区先后解决了30多个乡镇通电问题，90%以上的乡镇和一半以上的建制村通了公路，建成日光节能温室5.5万栋、畜用暖棚1.3万幢，9万余户农牧民用上了沼气，解决了近157万人、734万头（只）牲畜的饮水问题。虽然那一年青海省农牧区遭遇严重旱灾、洪涝、风雹、雪灾等自然灾害，但农牧民仍实现了增产增收。当年，青海农牧民人均增收约312元，同比增长13%。农牧民高兴地说，“庄稼不再怕旱涝、牛羊不再怕风雪”，这都是沾了“六小”工程的光。实践证明，“六小”工程有着巨大经济和社会效益，给西部农民带来了直接的实惠，实现了小工程的大作为，被西部地区群众誉为“德政工程”、“爱民工程”是当之无愧的。

四、“两基”攻坚

上世纪90年代国家提出了“两基”目标，即到上世纪末，基本普及九年义务教育、基本扫除青壮年文盲。2000年，“普九”覆盖率总体达到85%，青壮年文盲率下降到5%，“两基”目标初步实现。但是，在区域上还十分不均衡：东部沿海地区几乎接近全部，而西部地区覆盖率还很低。国家对此高度重视，决心下大力气解决这一问题。

江泽民同志2002年在重庆召开的六省区市西部大开发工作座谈会上，谈到进一步需要抓好的几项工作时，指出要重点加强基础教育，特别强调要加快普及九年义务教育，并要求中央和地方都要加强对农村义务教育的支持，特别是要加大对贫困地区、民族地区、边疆地区基础教育的扶持力度。

对西部地区发展基础教育的现状，我有切身的感受。有一次，我在西部地区一个乡村看到，村里大大小小十多个孩子，大白天在外面玩耍，全都没有上学。我当时觉得十分诧异，就询问当地的同志。他们反映，虽然全国完成了“两基”目标，但他们那里小学普及率还不到50%，“普九”覆盖面更低。我感到这个事情非常重要，看来西部实现“两基”目标的任务还相当艰巨。

为了进一步了解详细情况，国务院西部开发办和教育部等部门的同志很快到云南思茅地区、迪庆藏族自治州和贵州六盘水市、遵义市等四个地州市，就西部农村“普九”情况进行调研。他们深入中小学校，向老师和学生了解情况，与当地有关部门进行座谈，走访农户，回京后形成了一份调研报告，详细分析了云贵地区农村基础教育中存在的“两低”、“两高”、“两少”和“两多”问题，即人均受教育年限低，中小学入学率低；中小学辍学率高，中小学危房率高；合格教师数量少，教学配套设施少；“普九”欠债多，校舍缺口多。从整体看，2002年底全国“两基”人口覆盖率达到91%，但西部地区只有77%，还有410个县级行政单位尚未实现“两基”，在全国尚未普及的490多个县市中占到86%，涉及345万平方公里国土和8300万人口，严重影响了西部地区教育发展和人口素质。

国务院西部开发办与教育部进一步研究，形成了加强西部地区“普九”工作的初步设想。2003年6月，在国务院西部地区开发领导小组会议上，李子彬同志代表国务院西部开发办对西部地区的教育情况作了汇报，建议用五年时间实现西部地区普及九年义务教育。温家宝总理肯定了这个建议，要求加大对贫困地区、民族地区、边疆地区农村义务教育的扶持力度，力争到2007年在西部地区整体上实现“两基”目标。随后，教育部、国家发展改革委、财政部、国务院西部开发办等四部门提出了实施西部地区“两基”攻坚计划的建议，很快得到了国务院的批复。“两基”攻坚正式进入组织实施阶段。

由于长期投入不足，年久失修，2000年前后，西部地区农村中小学校舍相继进入了危房高发期，校舍安全事故频频发生，一些中小学校的学生只能在露天上课。西部大开发之后，国家决定加大投入，首先解决西部地区中小学校舍安全问题。2001年至2005年，在国务院的部署下，教育部、国家计委（国家发展改革委）、财政部先后实施了两期农村中小学危房改造工程，安排专项资金90亿元，支持中西部地区25个省区市和新疆生产建设兵团集中改造现存农村中小学危房。在中央专项资金的带动下，危改工程总投入达到430亿元，累计改造特别严重危房7800万平方米，极大地改善了10万所农村学校特别是贫困地区农村中小学办学条件，使农村3400万师生搬进了新校舍。

西部地区地广人稀，师资力量有限。由于学校大都没有足够的住宿条件，很多农村孩子每天要花费很长时间，长途跋涉到学校去，不但浪费时间，还存在很大的安全隐患。为此，国家实施了农村寄宿制学校建设工程。2004年到2007年中央投入专项资金100亿元，在中西部地区953个县，新建、改扩建7651所寄宿制学校，新增校舍面积1076万平方米，满足了195万新增学生就学和207万新增寄宿生寄宿的需求。

运用现代信息技术手段实现教育资源共享，把城市的优质教育资源输送到西部地区，是发挥信息化优势支持西部教育的新思路。2003年5月，国家启动了农村中小学现代远程教育工程。五年共投入专项资金54亿元，带动地方政府投入61亿元。工程涉及中西部36万所农村中小学，为每个小学教学点配备一套光盘播放系统，每所小学配备一套卫星教学收视系统，每所初中配备一间计算机教室。虽然工程配置水平较低，但基本实现了对中西部农村学校远程教育设备的全覆盖，受益中小学生超过一亿人。

这些项目和工程的实施，使西部地区教育基础设施水平有了显著提高，办学条件得到极大改善，农村孩子上学难的问题基本得到解决，为完成“两基”攻坚任务发挥了重要作用。2007年，西部地区“两基”攻坚的目标基本实现，有368个县（团场）通过了国家“两基”验收，其余县也达到了“普六”标准，“两基”人口覆盖率达到98%，同时实行了对家庭经济困难学生免费提供教科书、免杂费和对寄宿制学生补助生活费的“两免一补”

政策。

在“两基”攻坚任务基本完成时，国家为巩固义务教育成果，又启动实施了“中西部农村初中校舍改造工程”。针对民族地区、贫困地区和革命老区，重点改善学生生活服务设施，基本消除“大通铺”和校外租房现象。2007年至2009年，中央安排西部地区投资60亿元，建设和改造2614所农村初中校舍约572万平方米，使约300万学生受益，新增寄宿生约74万人。

西部“两基”攻坚目标的实现，有力地保障了西部地区特别是农村孩子们接受义务教育的权利。与此同时，以多种方式支持西部地区大力发展各具特色的职业教育，帮助西部地区的扶贫开发工作重点县建设一批中等职业学校，支持西部地区办好一批示范性高等职业学校。这些措施大大推动了西部地区教育事业的发展，对提高劳动者素质、促进区域之间、城乡之间和经济社会协调发展，将发挥长期的重要作用。

五、农村公共卫生服务体系建设

我国西部农村公共卫生主要指标均明显低于全国平均水平。全国第四次人口普查数据显示，西部地区人口期望寿命低于全国平均数。每万人病床数和医生数，西部地区也低于东部地区。医疗机构用房十分简陋破旧，很多县医院、妇幼保健院的条件非常差，乡、村卫生院资源很少，医护人员的整体学历不高，专业人才严重缺乏，有些医院甚至不能开展最简单的清创缝合手术。农村公共卫生服务体系建设是基本公共服务的一项重要内容。西部大开发开始后，国家加大资金投入和政策倾斜力度，致力于提高西部地区医疗卫生的总体水平。

1999年，国家计生委主任张维庆到国家计委找我研究工作。他说，西部地区计划生育服务站建设落后，计划生育做手术还要跑到县城去，但大部分地区交通又不方便。同时，有关优生优育的卫生保健服务条件也很差。他提议国家给予资金支持，购买一批车辆，配上必要的设备，在农村开展流动计划生育服务。我认为这是贯彻计划生育基本国策的有利之举，应当予以支持。后经过国家计委主任办公会议研究，决定安排一定的资金，地方配套一部分，支持流动服务车项目。

国家计委和国家计生委很快联合发出通知，从2000年开始启动计划生育流动服务车项目。2000年至2002年，国家计委安排中央预算内投资实施了两期计划生育服务车项目，通过招标，为中西部县（市）和东部困难（山区）县级计划生育服务站配备了2410辆计划生育流动服务车，其中西部地区1194辆。“十一五”期间，又实施第三期计划生育流动服务车项目，再为农村基层配备或更换约1400辆计划生育流动服务车，其中西部地区725辆。

千余部流动服务车把计划生育服务延伸到西部广大乡村，实现了流动服务车与计划生育服务站的优势互补，提高了服务的可及性，切实减轻了农民群众的经济负担。据调查，流动服务车每车每月平均下乡村14.7天。有一次去四川调研时，我还看到了行驶在乡间公路上的“依维柯”计划生育流动服务车，车身上喷绘的大红字非常醒目。

由于经济条件差，西部很多农民“小病不到医院，大病不敢住院”，因不能及时救治而致残致死的现象时有发生。一些农民勤劳致富，却因病致贫，因病返贫。这个情况也牵动了中央领导同志的心。受计划生育流动服务车的启发，2003年、2005年，中央国债投资为西部982个贫困和少数民族边远县购置了农村巡回医疗车。车上配备常用医疗设备，以便捷、直接的方式送医送药到乡村，宣传普及卫生知识，为缓解边远贫困地区群众看病难做了实事。一些地区农民有了病，打个电话医疗服务车就开到家门口。

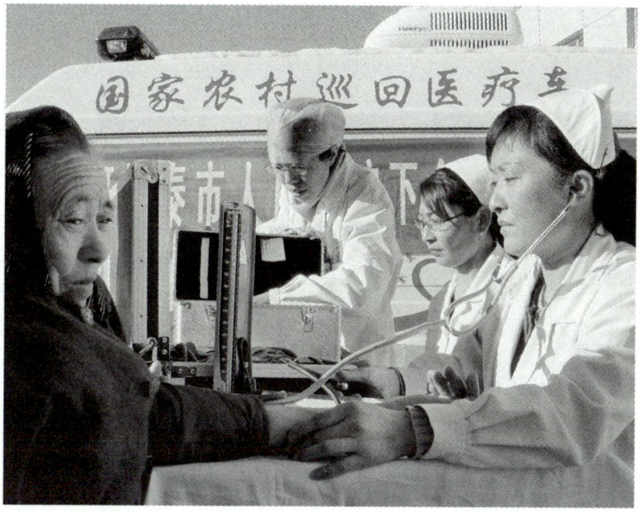

◎2007年12月，新疆阿勒泰市农村巡回医疗车的医护人员在牧区义诊。

为解决西部采血安全和临床用血安全问题，改变艾滋病、乙肝等传染病在局部地区蔓延的情况，2001年国家启动了以中西部地区为重点的血站建设，利用国债资金在西部地区安排建设和装备中心血站和血库300个，集中采购了一批采（送）血车辆、储血冰箱，以及检验分析、高压灭菌、血液成分制备等设备。接着又在2002年、2003年启动了疾病预防控制体系和突发公共卫生事件医疗救治体系建设，在西部地区分别投入中央国债资金15.6亿元和26.8亿元，建设省、地、县三级疾病预防控制机构和地、县传染病院（区）以及急救中心，配备了检验、监测和医疗设备。

截至2006年，我国疾病预防控制体系、突发公共卫生事件医疗救治体系中央规划建设任务已经全面完成，西部地区应对自然灾害、安全事故和各种原因的中毒等突发公共卫生事件的能力得到加强。

为健全西部地区农村卫生服务体系，国家还以乡（镇）医院建设为重点，2001年至2004年，投资改扩建西部农村卫生基础设施1598个，包括贫困县医院、乡镇卫生院、县级妇幼保健院、专科医院和中医医院。2004年至2008年又安排94.6亿元，对西部县及县以下医疗机构的业务用房建设和基本设备配置给予支持。经过多年的持续建设，西部地区农村医疗卫生事业取得了显著成果。西部地区卫生机构床位总数达108万张，工作人员达150万。建成乡镇卫生院16440个，村卫生室近18万个。新型农村合作医疗制度基本形成，参合率达到90%以上。西部地区农民看病难、看病贵状况，得到明显缓解。

从“四到”工程到“六小”工程，从“两基”攻坚到建设农村卫生服务体系，这一系列惠民工程的陆续实施，使西部地区中小城市和广大农村的生产生活条件得到显著改善，农村基础设施不断完善，基本公共服务水平有了大幅提升，解决了一大批事关老百姓切身利益的问题，有力地促进了西部地区经济社会的发展。当然也应看到，西部地区的民生条件与全国相比，尤其是与东部地区相比还有很大差距。农民收入增长缓慢，农村基础设施建设不够完善，教育事业发展仍然落后，卫生事业还有许多问题亟待解决，农村文化设施还严重缺乏。这些问题是全面建设小康社会的重点和难点，也是下一阶段民生工程的中心任务。在国家着力推进基本公共服务均等化工作时，应该把提高西部地区基本公共服务水平纳入国家重点发展规划。

如果说大工程、大项目是西部大开发过程中浓墨重彩的大手笔，那么在西部地区实施的惠民工程则是润物无声的及时雨。这些工程体现了我们党始终代表最广大人民根本利益的重要思想和以人为本的科学发展理念。从事这些工作的有关部门和许多同志积极为老百姓分忧解难，受到了西部地区广大人民群众的热烈欢迎。

第十四章

十年奋进：西部大开发成效显著

一、经济实力明显增强
二、基础设施极大改善
三、生态环境保护与治理成效显著
四、城乡面貌发生巨大变化
五、社会事业全面进步
六、改革开放为发展增添活力
七、人民生活水平大幅提高

2000年6月，江泽民同志在谈到西部大开发的前景时曾提出："力争用五年到十年时间，使西部地区基础设施和生态环境建设有明显进展，加快资源优势向经济优势转化的进程，初步形成具有西部特色的地区经济，使西部与东、中部地区差距扩大的趋势得到控制。"

在浩瀚的历史长河中，十年只是短暂的瞬间。然而这场波澜壮阔的西部大开发，必定会留下深刻久远的印记。我们完全可以说，经过十年的艰苦奋斗，西部大开发已经有了一个良好的开局，取得了举世瞩目的巨大成效。这十年，是西部地区经济增长最快、社会进步最显著的十年，是基础设施得到极大改善、生态环境得到有效治理的十年，是城乡面貌变化最大、人民群众得到实惠最多的十年。

一、经济实力明显增强

西部地区的经济总量、增长速度、财政收入等几个主要经济指标十年间都有了很大提高，保持了持续平稳增长的势头。

经济快速增长。2000—2009年，西部地区生产总值从1.67万亿元增加到6.69万亿元，年均增长12%，高于中部和东北地区的增长；人均地区生产总值由4624元增加到18257元，年均增长11.4%。西部地区生产总值占全国的比重由2000年的17.1%提高到2009年的18.5%。虽然只提高了1.4个百分点，但要看到，这是在东部地区经济快速发展的同时取得的成绩，是来之不易的。

西部地区人均GDP

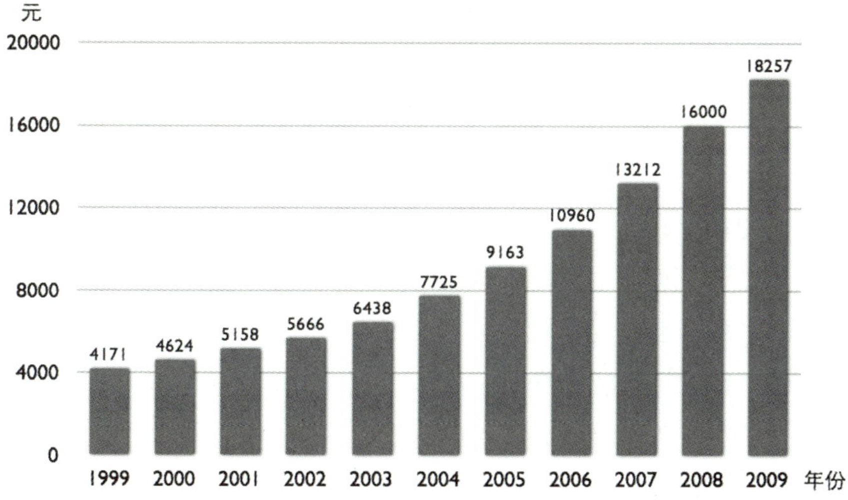

很多地区在这段时间里都有令人瞩目的表现，其中内蒙古自治区2002年至2009年，连续八年经济增速居全国首位，2009年增速高达16.9%，人均地区生产总值超过3000美元。2008年，四川地区生产总值首次突破10000亿元，2009年达到1.4万亿元。2009年宁夏地区生产总值超过1000亿元，都迈上了一个新台阶。

财政收入有了大幅度提高。西部地区地方财政本级收入由2000年的1127亿元增加到2009年的6055亿元，年均增长近20%。与此同时，国家增加了对西部的转移支付，地方财政本级支出由2601亿元增加到17549亿元，年均增长23.3%。西部财力的增加，保证了基层政权的运行，增强了政府提供基本公共服务的能力。同时，又有条件开展一些经济建设，为重大项目提供配套资金。

固定资产投资规模不断扩大。全社会固定资产投资总额从2000年的6111亿元增加到2009年的49662亿元，年均增长22.9%，占各地区加总比重由19.2%提高到22.1%。这些投资有相当一部分来自国家在西部实施的重大项目，对增强西部发展后劲，扩大当地就业，提高居民收入水平发挥了十分重要的作用。国际金融危机发生后，西部也受到了一定的影响，但西部抓住了扩大内需的机遇，增加投资规模，调整投资结构，在乘数效应的作用下，有力地拉动了当地消费增长，弥补了出口减少带来的负面影响，保证了西部地区经济平稳较快增长。

自我发展能力逐渐增强。十年来，坚持以市场为导向，从各地资源禀赋和比较优势出发，不断加大产业结构调整力度，发展了一批有市场前景的特色优势产业，相继建设了内蒙古、陕西、宁夏、贵州等亿吨级煤炭基地，长江上游、黄河上游百万千瓦级水电基地等重大能源建设项目。建成了青海、新疆等百万吨级钾肥，新疆独山子千万吨级炼油改扩建和百万吨级乙烯新建，宁夏百万吨级煤制油等优势资源深加工项目。西安、成都、重庆等地利用自身的资源和技术优势，发展了航空航天、装备制造、高新技术产业。特色农牧业的发展步伐也明显加快，如内蒙古、四川等地的商品粮，新疆的优质棉花，广西、云南、新疆的糖料，云南的烟草、花卉，四川、贵州的名酒，陕西、新疆的瓜果，内蒙古的畜牧产品，甘肃、青海的马铃薯等一批重要产业已经在全国占有举足轻重的地位。西部地区也利用得天独厚的自然条件和人文景观发展特色旅游业，比如云南、陕西、四川、贵州和西藏等地的旅游和文化产业已经成为当地的支柱产业。

在国际金融危机的背景下，2008年全国各地加总经济增长率为11.7%，但西部地区达到了12.4%，为我国应对危机、扩大内需、挖掘潜力、拓展发展空间提供了重要支撑。虽然西部地区一些经济指标还不能与东部地区相媲美，从绝对水平来看，与东部地区还有较大差距，但总体而言，东西部差距扩大的趋势已经得到了初步遏制。

二、基础设施极大改善

按照先行建设、适当超前的原则，西部地区加强了交通、水利、电力、通信等方面的基础设施建设。2000—2009年，西部地区累计新开工120项重点工程，投资总规模超过2万亿元，基础设施发生了天翻地覆的变化。

交通建设成就空前。大规模的交通基础设施建设，改变了西部闭塞的状况，使物流更为通畅，人员出行更为便捷。与大开发之前相比，西部地区的公路路网密度和通达深度明显提高，贫困地区、旅游景区、资源开发区与干线路网的连接能力得到很大增强，基本形成了以大城市为中心、中小城市为支点的路网骨架。“五纵七横”国道主干线西部路段1.6万公里已经全线贯通，八条总长1.8万公里的省际干线公路大部分建成。1999年底，西部地区公路通车总里程只有53.3万公里，其中高速公路2529公里，到2009年底，已分别达到了147.7万公里和1.86万公里。

铁路不仅在数量上有了较大增加，而且在质量上有了很大提高。路网建设取得重大成就，相继建成了一批对国民经济发展具有重要意义的铁路项目，加强了西部省区之间，西部与中部、东部的联系。1999年，西部地区的铁路营业里程是2.13万公里，到2009年底，西部地区铁路总营业里程达到3.27万公里。2008年复线率和电气化率分别达到23.2%和38.8%。全长1100多公里的

西部地区高速公路通车里程

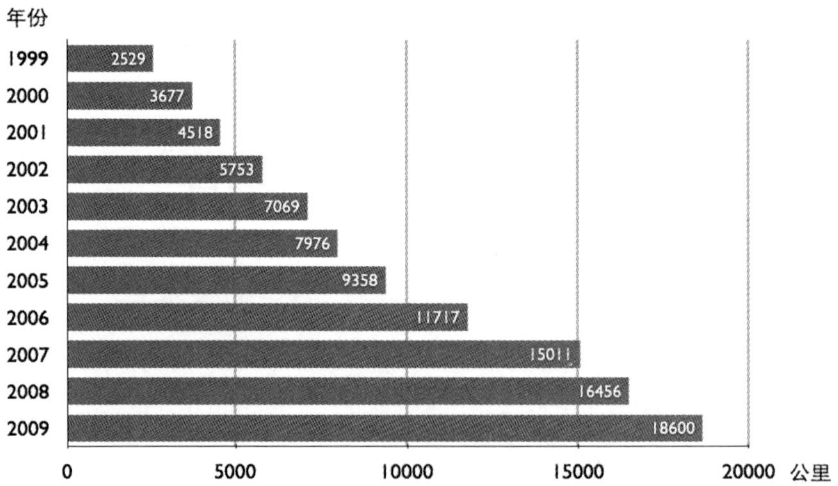

青藏铁路格拉段通车，填补了我国唯一不通铁路省区的空白。现在，西部地区运力紧张的状况得到很大缓解，在抗击雨雪冰冻灾害、四川汶川大地震中发挥了重要作用。

西部地区民用航空事业有了很大突破。航线网络覆盖率提高，新（改扩）建了63个民航机场。到2009年底，西部地区民用运输机场数量达到81个，占全国机场总数的49%。航空事业的快速发展，缩短了西部与全国乃至世界的距离。

“要想富，先修路”，这句话表现了西部人民在西部大开发中最热切的期望。我在陕西工作的时候，许多电子行业的工厂设在山里，那时从厂里出来进省城要走多半天的盘山路，真有与世隔绝之感。“蜀道难，难于上青天。”是指从外部进入四川的交通状况很差。从关中到陕南进而到四川，要翻越秦岭。西部大开发以前，翻过秦岭的公路要盘山而上，天晴的日子要三个多小时，下雨天则要耗费五六个小时之多。若是赶上雨雪天，常常上千辆汽车堵在山路上，恶性事故不断。当地政府要打通秦岭的这种决心，我是有深切感受的，也一直关心支持他们。2007年1月，终南山公路隧道建成通车，穿过秦岭仅需要15分钟。这条隧道单洞全长18.02公里，世界第二；双洞全长36.04公里，世界第一。

水利基础设施明显加强。西部大开发这十年中，西部地区水利事业取得长足进展，为西部地区经济社会发展、人民生活用水条件的改善和生态环境保护提供了坚实的支撑。2000年至2009年，国家累计安排西部地区中央水利投资计划总额1206.5亿元，年均投资120.7亿元，年均增速达15.7%，远高于同期全国中央水利投资6.9%的增长速度。西部地区开工建设了广西右江百色、嫩江尼尔基、宁夏黄河沙坡头等一批大型水利枢纽工程，部分工程已完工并开始发挥效益。开展了黑河、塔里木河、石羊河等流域的综合治理，加强水土保持和生态建设。实施甘肃省引洮供水一期工程，解决了定西人民常年喝水困难的问题。通过一系列水资源工程的建设，十年来解决西部地区农村9437万人饮水困难和安全问题。大量病险水库也得到除险加固。这些水利工程对加强水资源调度、减少水患、防止旱涝灾害、节约有限水资源和保证部分地区群众饮水安全，发挥了重要作用。

能源建设成绩令人瞩目。不仅满足了本地能源的需要，也为东部、中部地区提供了有力支撑。十年来，西气东输工程实现全线商业供气，西电东送北、中、南三大通道全面建成。开工建设各类电站装机容量约1亿千瓦，已投产5100万千瓦，在建约5200万千瓦。作为重要电源点和西部大开发的标志性工程，溪洛渡水电站、向家坝水电站、广西龙滩水电站等一批大型和特大型水电项目相继开工。能源结构调整出现积极变化，风能、太阳能利用步伐加快，2008年底，西部地区风电装机容量超过550万千瓦，接近全国总装机的50%。太阳能到2011年将实现200万千瓦光伏发电装机容量。西部地区已成为全国重要的能源基地，有力地维护了国家能源安全。

通信设施建设实现跨越式发展。新增长途光缆线路23万公里、长途光缆纤芯723万公里。昆明—拉萨、太原—银川—兰州电信光缆传输系统工程相继建成使用，进一步扩大了通信量，提高了通信质量和服务水平，密切了西部地区与东中部的联系。通讯网络覆盖了整个西部地区。现在再去西部，即使在偏远地区，也可以随时打电话与世界任何一个地方联系。

三、生态环境保护与治理成效显著

加强生态环境保护和建设，是实施西部大开发的重要切入点。这方面的工作启动较早，是全国人民乃至全世界关注的焦点。我们按照全面规划、分步实施，突出重点、先易后难，先行试点、稳步推进的原则，先后实施了退耕还林，天然林保护，京津风沙源治理，退牧还草，“三北”、长江、珠江防护林建设等重大生态工程，大力恢复和增加林草植被，减少水土流失，长江上游、黄河上中游等重点流域生态环境明显改善，加强了我国西部生态安全屏障。

2007年，我到延安出差，同行的一位记者对我说，他很失望，本来想看黄土高坡的，可是没有看到。西部的许多山坡披上了绿妆。西部生态环境的改善在北京也可以感觉到，现在北京的空气质量趋好，特别是风沙危害比十年前减轻了很多。中国的生态治理行动得到国际社会的广泛好评。

天然林保护工程范围涉及长江上游、黄河上中游、东北、内蒙古等重点国有林区17个省市区的734个县和167个森工局（场）。从2000年开始，长江上游、黄河上中游的工程区全面停止了天然林商品性采伐，东北、内蒙古等重点国有林区于2003年按规划方案木材产量调减到位。截至2008年底，国家累计投资945亿元，完成了天然林保护工程木材减少砍伐目标，实际管护森林面积达到15.3亿亩，累计完成生态公益林1586万公顷，67.5万富余人员得到妥善分流安置。

西部地区造林情况

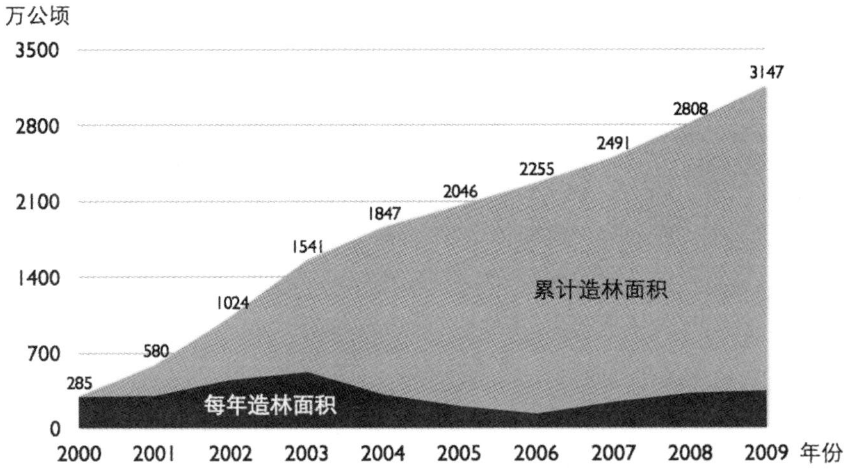

截至2009年底，我国累计造林5516.9万公顷，其中西部地区造林占同期全国造林总面积的57%。草原保护与建设也取得了显著成绩。截至2009年底，退牧还草工程累计安排草原围栏建设任务6.76亿亩，其中禁牧3.32亿亩，休牧3.30亿亩，轮牧0.13亿亩、岩溶地区草地治理120万亩，安排重度退化草原补播改良任务1.46亿亩。通过这些措施，天然草原得到修养生息，工程区植被群落得到明显恢复。2008年，工程区内草原植被覆盖度平均增长14个百分点，牧草高度平均高出60%。

对云南抚仙湖的保护是在开发中保护的一个很好案例。抚仙湖是云贵高原上的一池清水，蓄水量相当于12个滇池，占云南全省湖泊总蓄水量的65%以上，水质长期保持在I类，可以直接饮用。2004年，我到云南调研时去过那里，当地的同志汇报说，由于旁边的星云湖水质较差，部分湖水流入抚仙湖，造成抚仙湖局部水质恶化，再不治理抚仙湖可能会成为第二个滇池。我请随行的国家发展改革委的同志抓紧研究解决办法。后来中央和云南省共同投入资金，实施星云湖—抚仙湖出流改道工程，关闭和搬迁了抚仙湖径流区内一批污染严重的企业和建筑设施，并实施退塘还湖。沿湖村庄还建设了沼气池、生物净化公厕、垃圾收集坑，实施了环湖文明走廊工程。2006年我去云南考察时，再一次来到抚仙湖，这里的水质依然保持I类，在周边地区经济快速发展的情况下，能做到这一点是难能可贵的。

四、城乡面貌发生巨大变化

经常到西部地区的朋友们不难发现，从城市规划布局到城市基础设施建设，从城市建筑到乡村民居，都发生了翻天覆地的变化。西部的大中城市大都进行了旧城道路改造，完善了公共交通系统，有的还建有快速交通通道。很多城市都建有路边、河边、湖边、海边、山坡绿化带，以及城市广场、城市公园、植物园、动物园和儿童公园等各类公共设施。国家在西部城市陆续建设了一大批城市供排水、污水回收及处理、垃圾处理、供热、供气等建设项目。这些基础设施建设，完善了城市功能，提高了城市品味，有力地改善了这些地方的卫生条件和人居环境。截至2009年，西部地区完成城市市政公用设施建设固定资产投资总额9244亿元，通过廉租房制度改善了170万户家庭住房条件。2009年西部地区城市用水普及率达到91.8%，较2000年提高了45个百分点。城市污水处理能力达到1503万立方米/日，污水处理率为67.4%，较1999年提高了约44个百分点。城市生活垃圾无害化处

西部地区城市用水及污水垃圾处理有关情况

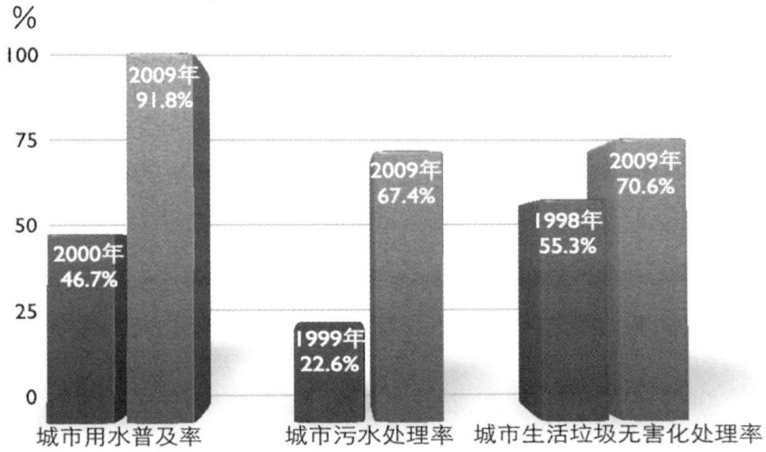

理率达到70.6%，高于全国66.7%的平均水平，较1998年提高了15.3个百分点。城市燃气普及率达到82.6%。2008年人均道路面积10.5平方米，建成区绿化覆盖率为27.1%，人均公园绿地面积为7.45平方米。可以说是一年一变化，三年大变样。

几年前我到甘肃嘉峪关考察时看到，在这个昔日“西出阳关无故人”的地方崛起了一座崭新的城市。道路整洁宽敞，市容规划有序，夜晚灯火辉煌，像一颗镶嵌在千里戈壁上的明珠。

上世纪70年代初我到过宁夏银川市，当年街上满是马车、架子车，如今银川市道路宽阔整洁，园林绿化带很多，休闲广场各有特色，成为具有现代气息的城市。

南宁邕江一度水污染非常严重，污染物年排放总量甚至超过宁夏、青海等省份年排放总量。为实现邕江的“返老还童”，南宁市对沿江制糖、制浆和造纸等重点污染行业进行整顿，加快建设城市污水处理厂。2007年10月，我到南宁参加东盟博览会时看到，邕江的水质达到了20年来的最好水平，河水清澈见底，两岸绿树环绕。南宁还获得了世界人居领域最高荣誉“联合国人居奖”，成为全国闻名的绿色滨水生态城市。

广大农村地区的村容村貌特别是住房和卫生状况也有了明显变化。国家财政资金支持建设了一大批农村中小型基础设施项目，相继安排建设了农村中小水利设施、人畜饮水、通县油路、农网改造、沼气到户、生态移民等工程。建成贫困县通达外部的道路1.6万公里，通县油路2.6万公里，户用沼气池590万口。送电到乡工程基本解决了西部地区无电乡镇的通电问题。广播电视到村工程基本解决了西部地区50户以上通电自然村农民收听收看广播电视问题。过去西部一些贫困地区农户的房子是外面下大雨，里面下小雨，昼不避风，夜不避雨。通过危房、旧房改造工程，他们的居住条件得到了很大改观。同时，国家还启动了一批小城镇公益设施建设项目，取得了积极的成效。

五、社会事业全面进步

西部大开发以来，各级财政不断加大对西部地区科技、教育、文化、卫生、人才开发等方面的支持力度，推动了西部地区社会事业的发展。

科技对西部地区经济社会协调发展的支撑和引领作用明显增强。围绕现代农业、生态环境保护与建设、特色优势产业和公共服务等领域，加强科技支撑能力建设和共性关键技术研发，启动了一批国家科技支撑重大项目，建成了一批国家重点实验室、国家级企业重点实验室、国家工程技术研究中心、企业技术中心等科技基础设施共享平台。专利技术明显增加，2008年专利申请授权量为3.34万件，比1999年增加2.24万件。

教育事业在西部大开发中得到了优先发展。2007年财政性教育经费支出达到1856.2亿元，与2000年的580.7亿元相比，增加了2.2倍。最明显的是“两基”攻坚计划的实施。西部地区410个县基本通过了验收，截至2007年，人口覆盖率达到99.5%，义务教育完成率达到87%。十年累计扫除文盲600多万人，青壮年文盲率降到了5%以下。实施了农村中小学危房改造工程、农村寄宿制学校建设工程、农村中小学现代远程教育工程、中西部地区农村初中校舍改造工程以及农村特岗教师计划，进一步改善了农村义务教育的办学条件。为了加强各类职业教育，国家支持西部地区建成了一批中等职业技术学校、教育培训基地、实验训练基地。2009年普通高中在校生数为677.2万人，比1998年增加457.4万人。加强西部高校基础设施建设，校园面貌发生巨大变化。

西部地区教育发展

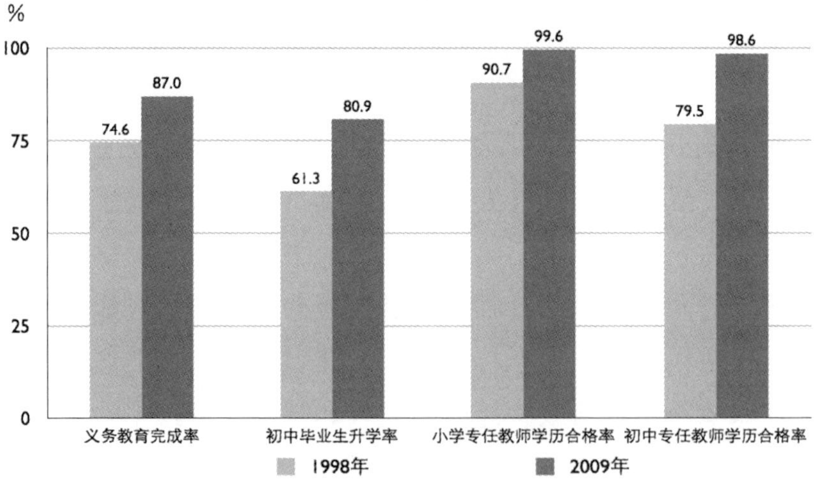

西藏大学投入5.3亿元改善教学条件，四川大学建设了崭新的校区。大量现代化教学设施投入西部高校使用。普通高校数量几乎翻了一番，招生数增加2.9倍，2009年高等教育在校学生达到630.6万人，其中普通本专科在校生约474万人，成人本专科在校生127.2万人，研究生在校生为29.4万人。民族地区教学质量不断提高，新疆、西藏地区全面开展了双语教学。

文化事业快速发展。公共文化服务网络不断完善，群众文化生活丰富多彩。2000年至2008年西部地区新增博物馆179个、文化馆151个、综合文化站1421个，基本实现了每个县有文化馆、图书馆，每个乡镇都有综合文化站，群众的文化生活场所明显增多。西新工程、广播电视村村通工程、中央广播电视无线覆盖工程全面推进，广播综合覆盖率达到96%，电视覆盖率达到97%。农村电影放映、公共文化信息资源共享、送书下乡等文化工程，丰富了广大人民群众的精神文化生活。老百姓与外面世界的距离缩短了。许多新鲜事儿也进入了他们的生活，西部年轻人跳起了街舞，在互联网上冲浪，走进了中央电视台的“星光大道”。在加强物质文化遗产和非物质文化遗产的保护中，大量少数民族传统文化被列入国家级非物质文化遗产名录，12处著名景观、建筑被列入世界文化自然遗产名录。

西部文物保护工作的成效十分明显。譬如，西藏布达拉宫、罗布林卡、萨迦寺三大古建筑，气势恢弘，历史悠久，民族风格独特，文化底蕴深厚。由于自然和人为因素的破坏，加之古建筑自身的缺陷，出现了局部坍塌、结构不稳，安全隐患颇多。经国务院批准，国家投资3.8亿元，重点对布达拉宫地垄（基础）灌浆加固，对红宫、白宫两大主体建筑结构进行加固维修，对罗布林卡几个大的宫殿和萨迦寺主殿保护维修。2009年，维修工程顺利竣工，三大建筑以崭新的面貌展现在世人面前。秦始皇陵是国务院公布的第一批全国重点文物保护单位，在西部大开发中，对皇陵外城以内的土地实施征地保护，将皇陵的绿化美化纳入退耕还林工程，杜绝了陵区内的盗挖现象。截至2009年，公园遗址建设已经完成投资4亿多元，其中国家投入1.5亿元，建立了秦俑博物馆。可以说，这是西部大开发中文化保护和生态保护相结合的一个亮点。

卫生基础设施不断完善。城乡医疗服务体系迅速发展，服务水平和质量有了明显提升。2008年西部地区卫生机构床位总数达108万张，卫生机构人员数达150万人，分别比1999年增长32.1%、6.4%。疾病预防控制体系和突发公共卫生事件医疗救治体系全面建成。农村三级卫生服务网络建设取得了重大进展，建成乡镇卫生院16440个，村卫生室近18万个。计划生育服务体系不断完善，农村部分计划生育家庭奖励扶助制度、“少生快富”工程稳步推进。新型农村合作医疗制度基本形成，参合率达到90%以上。城乡医疗救助制度全面建立，累计救助困难群众5696万人次。婴儿死亡率和孕产妇死亡率明显下降。从西部的广袤草原、偏远山区到边疆地区，数千辆卫生、医疗和计划生育流动服务车为广大农牧民送去了健康和温暖。

国家有计划、有重点地加强了对西部地区领导干部和各类管理人才的培训，人才开发力度持续加强，干部队伍整体素质显著提高。设立了浙江大学中国西部发展研究院、中国西部人才开发基金会、中国西部开发远程学习网，在西部地区主要省会城市创建了“全球海外留学归国人员创业融资平台”，为培养各类人才、鼓励留学归国人员到西部地区创业创造了条件。通过实施跨世纪青年农民科技培训工程、农村劳动力转移培训阳光工程、贫困地区劳动力转移培训计划、乡镇医师培训、西部引智工程等项目，为西部地区特别是基层培训了数以百万计的实用型人才。同时，加强了东西部地区干部交流，到2008年底，共选派3528名西部地区干部到中央国家机关和东部地区挂职锻炼，从中央国家机关、群众团体、国有重要骨干企业选派573名党政干部到西部地区挂职锻炼。共选派9批博士服务团1151人赴西部地区挂职锻炼。大学生志愿服务西部计划共选派9.8万人赴西部地区提供智力支持。

六、改革开放为发展增添活力

西部地区坚持以改革促开放，以开放促开发，大力推进政治、经济、社会体制改革，不断深化社会体制以及其他各方面改革，进一步扩大对内对外开放，使西部地区的改革开放事业充满生机和活力。

西部投资环境得到很大改善。在西部大开发中，政府角色也在发生着转变，从过去对微观经济的过多参与，转到主要考虑宏观调控，研究战略，提出思路上来，从过多的行政审批转到创造公平竞争的市场环境上来。“政府就是服务”，“政府要做的就是提供公平发展的环境和条件”，这是我多次从西部地区干部那里听到的话。通过改善软硬环境，吸引国内外资金、技术和人才投入西部大开发。

国有企业改革不断深化。企业是市场的主体，西部经济有没有活力主要看企业。西部的许多国有企业在大开发前亏损严重，甚至资不抵债。通过改革、改组、改造和加快现代企业制度建设，企业的科技开发能力、市场经营能力和抵御风险能力提高，公司治理结构日臻完善，上市公司不断增多。2009年1—11月，西部规模以上工业企业实现利润3717亿元，比2000年的394亿元增长8.4倍，企业利润的大幅度增加提高了企业的竞争力，为经济发展奠定了微观基础。企业适应市场能力的大幅增强，表明了西部经济自我发展能力逐渐增强。非公有制经济从少到多，迅速发展。西部出现了许多大家熟知的著名品牌，如东方电气、特变电工、柳工机械、鄂尔多斯、希望饲料、长安汽车、玉溪香烟、盐湖钾肥等。西部企业的经营理念、生产和管理方式都发生了很大变化，精神面貌焕然一新。

结合生态环境建设深化农村改革。一是在退耕还林中推进集体林权制度改革，涉及西部13亿亩集体林地、917个县、1.5万个村，2亿农民。改革中，通过“山定权，树定根，人定心”，大大激发了农民发展林业的生产积极性。而林业的发展，又促进了农民增收致富，改善了生态环境。二是推动落实草原承包责任制，把草场生产经营、保护与建设的责任落实到户。由于草原治理成果与农牧民切身利益挂起钩来，使草原保护成为广大农牧民的自觉行动。

重点区域、重点领域改革起步。国家设立了重庆、成都统筹城乡综合配套改革试验区，这是突破城乡二元结构的重要尝试。四川西部化工城、青海柴达木、重庆三峡库区等循环经济试验区，按照“谁污染、谁治理”的原则，在建立生态补偿机制方面进行了积极探索。同时，开展了青海三江源国家生态安全试验区试点。

东中西互动取得新进展。对口支援机制作用加强，东部地区加大了对西部地区的支持力度。随着西部地区体制改革不断深入，投资环境不断改善，东部地区积极发挥资金、技术、市场优势，鼓励和引导企业到西部地区投资创业，探索出了一条“政府引导、市场运作、企业主体、社会参与”的区域合作新路子。据不完全统计，截至2008年底，有20万家东部企业到西部地区投资创业，投资总额1.5万多亿元。东部地区企业到西部投资开发，促进了西部地区的发展，而西部地区的发展也为东中部地区拓展了增长空间，实现了互利共赢。三峡库区对口支援工作取得了明显成效。通过对口支援，改善了库区经济结构，加快了库区的经济发展。截至2009年6月，国家有关部委和全国对口支援省区市政府，先后组织1.3万多人次赴重庆库区开展对口支援工作，对口支援到位各类资金360亿元，实施经济合作项目1437个，无偿援助社会公益事业项目资金22亿元。

对外开放水平显著提高。西部地区充分利用两个市场、两种资源，对外经济技术交流与合作不断加强，外商投资领域不断扩大，进出口贸易明显增加。2008年进出口贸易总额达到1067亿美元，比2000年的172亿美元增长5.2倍。尽管受国际金融危机影响，2009年西部地区进出口总额仍达到915.1亿美元。西部地区贸易顺差持续大幅增加，由2000年的27亿美元增加到2008年的240亿美元，2009年西部地区的贸易顺差达到123.1亿美元。利用外资也大幅增长，2008年西部地区利用外商直接投资66亿美元，比上年增长80%。2009年在国际金融危机背景下，西部地区利用外资达到71.1亿美元，比2008年增长13.6%。世界500强企业纷纷落户西部，重庆市已引入102家。依托边境口岸城镇，积极发展外向型经济，边境贸易持续发展。积极实施“走出去”战略，

西部地区进出口额

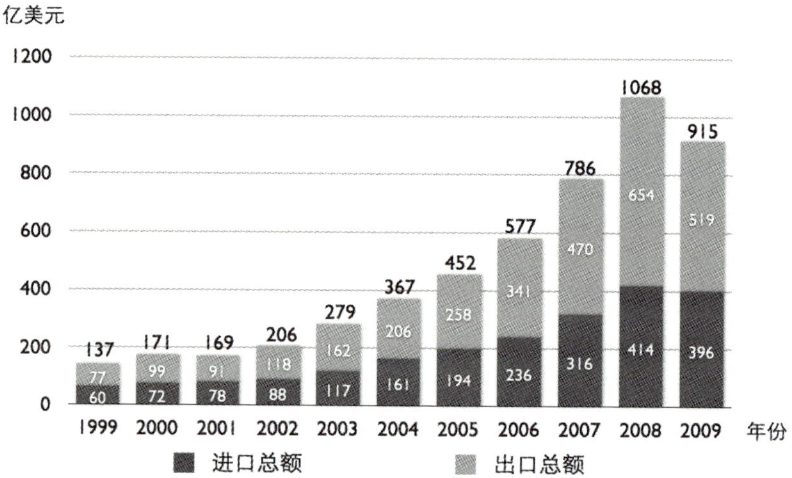

西部地区境外投资项目分布在俄罗斯、缅甸、澳大利亚、南非等20个国家，涉及矿产、水电、农林、化工和机械等多个领域。中国西部国际博览会、中国—东盟博览会、中国东西部合作与贸易洽谈会等已成为吸引外商投资和促进东西互动合作的重要平台。西部地区对外经济关系的发展不仅表现在纵向比较上，从横向上看，由于西部地区投资环境的改善，其增长速度有超过东部的趋势。1999年至2009年，西部地区进出口总额年均增长20.9%，增速高于全国平均水平1个百分点，高于东部地区1.1个百分点。

七、人民生活水平大幅提高

城乡居民收入快速增长是人民生活得到改善的重要标志。

2009年西部地区城镇居民人均可支配收入达到14213元，比1999年增长168%，年均增长10.4%，内蒙古、宁夏、陕西、重庆、广西、甘肃、青海和贵州等省区市的增长速度超过全国平均水平。农村居民收入也出现快速增长势头。2009年西部农村居民人均纯收入3817元，比1999年增长133%，年均增长8.9%，西藏、重庆、内蒙古、四川、云南和陕西等省区市的年均增长速度高于全国平均水平。从消费情况看，2009年西部地区社会消费品零售总额达到23039亿元，比2000年的5997亿元增长2.84倍。

通过实施一系列消除贫困的政策与措施，西部地区贫困人口逐年减少，贫困发生率不断降低。农村贫困人口由1998年底的5731万人减少到2008年底的2649万人，减少3082万人。低收入人口规模逐年稳定下降，2000年至2006年，西部农村地区低收入人口从3490万减少到2196万，减少幅度达到了37.1%。

经济的快速发展，为西部地区创造了更多的就业岗位。2008年西部12省区市就业人口达到2亿人，比2000年增加了2229万人，增长12.2%。由于西部老国有企业比较多，包袱较重，国家加大了对西部地区再就业的支持力度。2003—2009年，中央财政支持西部就业补助资金388亿元。截至2008年底，西部99.9%的家庭实现至少一人就业。

随着城镇化、工业化进程加快，农村经济迅速发展，西部地区人民的住房条件得到很大改善。西部地区普遍推行了廉租房制度，从2007年开始，仅仅两年的时间，中央补助西部地区住房保障资金达259亿元；西部通过廉租房建设改善了103万户家庭的住房条件，占全国的36%。在农村，西部各级政府引导农民有序建房，推进农村危房、旧房改造，改善了农民的居住条件和安全水平，很多游牧民过上了定居生活。

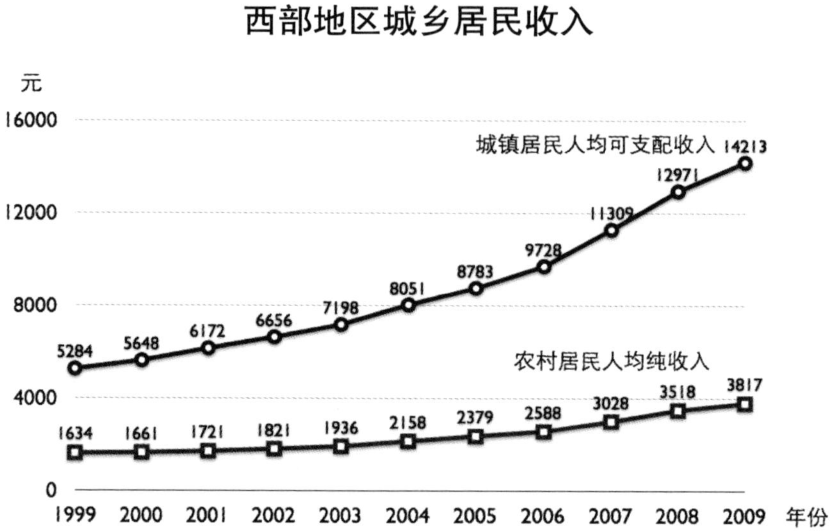

西部地区社会保障体系不断完善。城镇企业职工基本养老保险、基本医疗保险、失业保险、工伤保险、生育保险等社会保障制度覆盖范围逐步扩大，社会保障体系日益健全。有3689万人参加了城镇职工基本医疗保险，农村基本养老保险面也不断扩大。

西部大开发的收获不仅体现在物质上，西部人们的思想观念也发生了显著变化，认识问题的深度和广度都和十年前不可同日而语。他们更加清醒地看到了与其他地区的发展差距和自我发展的希望，更加注重通过市场经济的办法吸引和配置资源，更加关心可持续发展，更加注重推动对内对外开放，更加注重依靠自力更生推动经济社会的不断发展。他们比以往任何时候都渴望加快发展，干部谋划发展的积极性与群众参与发展的热情相得益彰。我每次到西部地区考察调研，都能感觉到干部群众那种积极向上的精神状态，那种奋发图强的干劲，那种收获后的兴奋和喜悦。西部地区干部群众的这种变化，是推动西部地区又好又快发展的宝贵财富。

第十五章

继往开来：
坚持不懈地实施西部大开发战略

1999年，以江泽民同志为核心的党的第三代中央领导集体准确判断国际国内大势，抓住世纪之交的战略机遇期，提出了西部大开发战略，实践证明这是完全正确的。在党中央、国务院的正确决策和坚强领导下，西部地区干部群众同全国人民一道，万众一心、顽强拼搏，书写了一部自强不息、开拓进取的奋斗史诗，在实现中华民族伟大复兴的征程上谱写了壮丽篇章。

事非经过不知难。回首过去的十年，西部大开发决策和实施的成功范例，为我们党提高执政能力带来了宝贵经验和有益启示，这是西部大开发带给我们的宝贵财富。全面总结西部大开发的经验，不仅对于西部地区，而且对促进其他地区的发展，乃至推进整个社会主义现代化建设事业，都有着重要的现实意义和深远的历史意义。

西部大开发继往开来，正处在新的历史起点上，我们应当充分认识到西部地区发展面临的长期性、艰巨性，坚持实践证明行之有效的政策措施，与时俱进，探索新思路、新办法，沿着科学发展的道路，把西部大开发事业推向新阶段。

一、值得珍视的宝贵经验

西部大开发战略能够顺利推进,最根本的是有党中央的坚强领导,有各级党委的坚决贯彻落实,有各地政府和各有关部门的扎实推进，有社会各方面的积极参与。在全国各族人民的共同努力下，西部大开发创造出很多有益的经验，概括起来，我认为主要有以下五个方面。

第一，坚持政府引导、市场运作，是推进西部大开发的基本途径。实施西部大开发战略，单纯依靠政府支持，或者单纯依靠市场力量，都不可能取得这样好的效果。只有把两者有机结合，才能保证西部大开发高效有序推进。在西部大开发中，政府的作用主要是明确开发的方向、重点和步骤，确定开发的目标、政策和措施，确保西部大开发能够顺利展开和推进。政府引导要以发挥市场配置资源的基础性作用为前提，遵循市场规律，着力解决市场难以解决的问题。

西部大开发起步后，党中央、国务院发布了《关于转发国家发展计划委员会〈关于实施西部大开发战略初步设想的汇报〉的通知》，国务院发布了《关于实施西部大开发若干政策措施的通知》，构建了西部大开发的目标体系和政策体系。之后，又陆续出台了退耕还林、人才队伍建设、重大项目建设等方面的许多具体政策措施，制定了西部大开发“十五”、“十一五”两个规划。

针对新疆、宁夏、青海、重庆、广西的区域特点，出台了相应的文件和政策。国务院有关部门在加大建设资金投入、优先安排建设项目、加大财政转移支付力度、实行税收优惠、增加科技教育投入、加强环保和生态建设等方面，出台了不少具体政策，对西部大开发战略进行了精心组织和周密部署，为西部地区创造了良好的政策环境，也提高了项目参与单位的积极性。

西部大开发需要大量资金投入，各级政府特别是中央政府给予了重点支持。国债建设资金和中央预算内资金投向西部地区的比重不断提高，平均达到38%，最高时达到42%。截至2008年底，中央政府累计向西部地区投入了7300多亿元建设资金。同时，大力引导和鼓励金融机构向西部增加信贷投放。

充分发挥市场在资源配置中的基础性作用，在要素市场中引入竞争机制，不搞行政划拨、不搞企业间的“拉郎配”，更不搞“一平二调”，而是按市场规律，把企业作为西部大开发的实施主体，激发企业参与西部大开发的热情，按照企业意愿和效益原则去谋求互利共赢。到西部投资经营的企业和投资额与日俱增，项目涵盖了基础设施、生态建设、资源开发利用、特色产业发展等多个领域。许多优秀企业、先进管理理念，以及高端技术和一流人才相继被引入西部，为西部地区的发展注入了新的生机和活力。

第二，坚持自力更生、多方参与，是推进西部大开发的重要方针。西部地区实现可持续发展的基础是增强自我积累和自我发展的能力，形成发展的内生力量。但是，完全依靠西部地区的自我积累和自我发展来缩小区域发展差距，需要经历一个很长的历史过程。因此，对落后地区实行援助政策是实现区域协调发展的重要一环。

中央提出西部大开发的方针后，西部地区的干部群众发扬自力更生、艰苦奋斗的精神，认真分析和发挥自己的优势，结合实际，抓住机遇，转变观念，逐步形成了自我发展的良性机制。他们按照中央的要求，最大限度地把西部开发建立在依靠自己力量的基点上，显现出开拓进取、加快发展的精神状态，走出一条科学发展的成功之路。

西部大开发事关全党和全国工作的大局，得到全国人民的广泛响应。在党中央提出西部大开发战略以后，中央及有关部门的领导同志都先后深入到西部地区进行考察，四副两高以上的领导同志几乎都到过西部调研。中央各部门、各兄弟地区把支持和参与西部大开发作为一项重要工作，对口支援，无偿援助，各项政策都得到了充分落实。各类企业也深入西部地区，寻找合作商机，探索合作共赢之路。

离开了外部支持，西部大开发难以顺利展开；一味依靠外部支持，西部大开发也难以为继。任何外来因素只能是支持，而不能是支撑；只能是借助，而不能是依赖。西部自身力量和外部力量两方面的结合相得益彰。西部地区内在的“造血机制”逐步建立起来，自我发展的能力不断提高，东中部地区也在支持西部的过程中，拓展了市场空间和发展空间，初步形成了东西互动、优势互补、互利互惠、共同发展的良好格局。

第三，坚持统筹全局、重点突破，是推进西部大开发的有效方法。西部地区幅员辽阔，各地条件不同，经济社会发展的难点较多，而国家支持的财力有限，我们首先对开发的全局有一个谋划，按照统筹规划、突出重点、分步实施、有序推进的原则，做到五年有规划、年年有计划，既有中长期的战略目标，又有近期的发展目标，每走一步都做到心中有数。坚持有所为有所不为，确定了重点领域和重点地区，实施重点突破。

在重点任务上，主要选择基础设施、生态建设和改善民生几个方面，后来增加了特色优势产业的培育和发展。产业发展也不是平均着力，而是把重点放在能源及化学工业、重要矿产开发及加工业、特色农牧业及加工业、重大装备制造业、高技术产业、旅游业等六个具有特色的产业上。

在重点区域上，提出了“以线串点，以点带面”的发展思路，选择一些基础条件较好，区位优势明显，人口相对密集，沿交通干线和城市枢纽地区，包括重点经济区、以省会城市为中心的城市圈、资源富集地区以及沿边重点口岸城镇等，作为优先开发的重点区域。

在具体部署上，突出了“抓两头”。一头抓关系全局的骨干工程，办成了一些多年来想办而没办成的大事，如青藏铁路、西气东输、西电东送等，带动了西部开发的全局；一头抓关系群众切身利益的中小项目，办成了不少改善生产生活条件的实事。如油路到县、送电到乡、广播电视到村、退耕还林到户等“四到”工程，以及节水灌溉、人畜饮水等“六小”工程。“抓两头”改善了人民群众的生产生活条件，使人民群众得到了实惠，较好地处理了开发建设中“点”与“面”、“远”与“近”、“大”与“小”的关系。

第四，坚持调整结构、扬长避短，是推进西部大开发的关键之举。加大结构调整力度，积极发展特色优势产业，是促进西部地区资源优势向经济优势转化的有效途径，也是西部地区增强自我发展能力，走出符合区域特点的新型工业化道路的主攻方向。

西部地区搞了众多的建设项目，最终目的都是为了加快发展，加强造血机能，使经济发展实现良性循环。如果开始把握不好，盲目发展，可能会风光和热闹一时，但经不起市场竞争的考验，结果仍会难以为继，甚至得不偿失，破坏西部地区本来就脆弱的生态环境。如果不致力于调整产业结构，发挥优势产业的作用，就不能形成自我发展的能力。

发展特色优势产业主要是培养经济发展的内生力量。这是西部大开发的长远大计，也是发展特色优势产业的初衷。西部大开发就是要发展经济，扩大就业，增加人民收入，从根本上解决民生问题。而只有坚持突出优势，强调特色，才能在激烈的竞争中立于不败之地，实现经济的长足发展。我们经过调研，提出了西部地区产业结构调整的重点，制定了《关于促进西部地区特色优势产业发展的意见》等政策措施。在这些文件精神的指导下，西部地区的特色优势产业发展很快有了良好开端，一批特色优势产业逐步成长为当地的支柱产业，既促进了当地经济的可持续发展，又通过产业开发支援了全国建设。

第五，坚持深化改革、扩大开放，是推进西部大开发的根本动力。西部地区比较成功地实现了从计划经济体制到社会主义市场经济体制、从封闭半封闭到开放搞活的历史性转变。以改革为动力，进一步扩大对内对外开放，以改革开放促进开发和发展，使西部显示出后发优势。

西部地区在投融资体制、价格体制、财税体制、粮食流通体制、农垦管理体制、企业改革和城乡统筹等方面都进行了有益的探索。他们拓宽外商投资领域，放宽金融、旅游、运输等公共服务领域以及基础设施建设的准入条件，以良好的投资环境，吸引境内外资金和技术，与周边国家广泛开展边境贸易和经济合作，吸引了更多的生产要素投入西部，许多世界500强企业在西部生根开花。同时，通过鼓励、支持和引导个体私营等非公有制经济发展，充分发挥他们在调整结构、开拓市场、增加财政收入、扩大就业中的重要作用，使之成为当地经济发展的重要支柱和增长点。

西部地区的改革开放精彩纷呈。从沿海到沿江沿边，从偏远农村到中心城市，从经济领域到其他各个领域，改革开放使西部人民更多地享受到了发展成果。经济发展和民生条件的改善，又增强了西部人民加快改革发展的信心和决心，人们的精神风貌更加昂扬奋发。

西部大开发的经验归结到一点，就是坚持解放思想，实事求是，与时俱进，沿着中国特色社会主义道路，用邓小平理论、“三个代表”重要思想和科学发展观指导西部大开发的实践。坚持一切从实际出发，有重点、有步骤地推进西部地区经济社会的全面发展，探索了一条有中国特色的加快落后地区科学发展的新道路，这是实现区域经济社会协调发展的有益尝试。

二、制胜致远的有益启示

回首这十年，西部大开发涉及的地域如此之广，投资规模如此之大，成效又如此显著，而且没有什么大的波折，这中间是有深刻的经验和带规律性的东西需要总结的。探索西部大开发成功背后的规律和启示，并运用到我国现代化建设的其他领域，这将是我们全面建设小康社会进程中的一笔宝贵财富。当然，这种探索以及对它的认识不可能一次完成，我仅从个人工作经历的角度，谈谈十年来获得的几点有益启示。

第一，准确把握国际国内大势，构筑经济社会发展的鸿篇巨制。准确分析判断形势，是作出重大决策、明确前进方向所不可或缺的。进入新世纪以来，世界多极化和经济全球化深入发展，世界经济格局、政治格局发生了深刻复杂的变化，各种力量此消彼长，中国与世界之间的联系越来越紧密。中央在作出西部大开发战略决策时，对形势进行了实事求是、全面深刻的分析判断，主要考虑的方面包括，我国经济发展所处的阶段，经济社会发展的主要矛盾，结构调整的难度，民族地区、革命老区、贫穷地区和边远地区的贫困问题，地缘政治的压力，国情国力的现状等。在分析中，注重用国际视野把握问题。不是就中国论中国，就西部论西部，而是统筹考虑国际国内两个大局，变严峻挑战为发展机遇，准确为西部进行战略定位。这种分析从政治、经济、社会等全局出发，超越地方和部门的局限，形成了既有利于全国发展，又有利于发挥地方优势和促进区域协调发展的战略思路。

在新的历史时期，国际形势和国内形势都在不断发展，有利因素和不利因素交替变化。在作出重大决策时，考虑国际形势的作用和影响，已经越来越重要了。我们应当继续把握好国际国内大势，树立世界眼光，加强战略思维，善于区分支流和主流、局部和整体、现象和本质，从国际国内形势发展变化中把握发展机遇、应对风险挑战，这样才能始终掌握我国发展的主动权，推进经济社会又好又快发展。

第二，发挥社会主义政治优势，办好事关全局的大事。能够集中力量办大事是社会主义的政治优势。西部大开发取得的成就是全党全国各族人民团结一心、共同奋斗的结果，也是社会主义政治优势发挥作用的结果。党中央、国务院作出战略决策后，党政军等各个方面都立即行动起来，从人力、物力、财力上支持西部。各部委迅速部署实施，编制规划，制定政策。各级党委政府坚决贯彻中央决策，优势互补，对口支援，互利互惠，表现出了全国一盘棋的精神，中央和地方两个积极性成为促进西部地区发展的重要力量。

西部大开发中的许多重大工程，建设速度之快、效率之高，在西方国家看来难以置信。西方国家不乏这样的例子，有时新上一个项目，因为个别问题陷入旷日持久的争论，拖延多年无法开工，最终错失良机，造成无谓消耗。我们是社会主义国家，实行的是民主与集中相结合、相统一的社会主义民主，不会发生这种无休止的争论和相互抵消力量的现象。我们坚持科学决策、民主决策、高效决策，看不准的先放下，决不勉强上马；看准了的当机立断，决不议而不决、决而不行。如果没有这种只争朝夕、奋发有为的精神和气魄，就不会有西部地区十年来的变化，也不会有我们国家日新月异的进步。

当然，这种政治优势不能简单理解为政府说了算，而是体现在“政府引导、市场运作、企业主体、社会参与”十六个字上。在社会主义市场经济体制下，政府是起引导和调控的作用，主要是发挥市场配置资源的基础性作用，利用各种政策吸引各类企业扩大投入，鼓励社会各界、各方面人才、广大人民群众献计献策，积极投身和参与西部大开发。因此，通过发挥社会主义政治优势，党的主张、国家意志和人民意愿达到高度统一，形成推动西部大开发战略顺利实施的强大动力。

第三，不断提高行政能力,确保中央战略决策落到实处。西部大开发战略提出后，很快就成立了国务院西部地区开发领导小组，包括了中央有关部门的负责同志，每年召开会议研究战略执行中的重大问题。国家计委（国家发展改革委）、国务院西部开发办和各有关部门一起，认真贯彻中央的战略意图，加强组织协调，当好参谋助手，在很短的时间内就提出了西部大开发的发展思路、发展规划、鼓励政策，组织实施了一批重大工程，各项工作推进果敢、高效、有力。与此同时，中央组织部门提供人才保障，宣传部门开展思想动员，人大代表、政协委员积极建言献策。各级地方党委政府结合各地情况，既保证中央政令畅通，又创造性地开展工作，形成了很多新理念、新做法、新模式、新成果。

科学决策与民主决策有力地提高了西部大开发战略的执行能力。不论是出台重大政策，还是开工重大项目，决策部门都能广泛听取各方面意见，严格组织科学论证，进行多种方案比选，体现了实事求是、尊重科学的态度。在研究论证过程中，遇到利益有冲突、意见有分歧时，决策部门能够从最广大人民的根本利益出发，坚持走群众路线，同时协调好各方面的关系，求解各方面利益的最大公约数。最终这些决策都要经过公开、公正、公平的程序批准执行。由于经过了充分的酝酿、论证、协调，一旦进入决策实施阶段，各方面大都能够顾全大局，消除分歧，集中力量，抓好落实。

任何好的决策付诸实施还得靠一支好的队伍。经过多年来贯彻革命化、年轻化、知识化、专业化的“四化”方针，从中央到地方，各级党委、政府中已经培养锻炼出了一支高素质的干部队伍，特别是经过机构精简、竞争上岗，公务员的素质有了进一步提高。他们讲政治、讲大局，正确领会、理解并坚持贯彻落实中央的政治意图和战略决策，活跃在西部大开发的各个领域。他们有较强的市场意识、服务意识和开拓精神，起到了重要的作用，成为贯彻中央战略决策的中坚力量。

正是由于有这样强有力的组织体系、科学的决策和执行程序、高素质的干部队伍，西部大开发的各个环节就有可能把失误降到最低程度，各项工作较好地落到实处。发展是我们党执政兴国的第一要务，未来我们党还会不断就事关全局的发展问题作出战略决策，而执行战略决策的环境也将变得更为复杂。为了提高党的执政能力，我们既要总结经验、坚持行之有效的好做法、好经验，又要与时俱进、不断探索提高决策执行能力的新思路、新办法，从而提高我们党驾驶社会主义市场经济的能力。

第四，逐步化解区域发展不平衡的矛盾，走共同富裕的道路。我国是世界上最大的发展中国家，又是一个区域发展很不协调的国家。源远流长的历史文化、巍峨浩荡的山脉河流，把辽阔的国土划分成各具特色的自然与行政区域，经济和社会发展水平参差不齐，各地自然禀赋和经济发展各有千秋。统筹区域协调发展事关国家发展全局问题，不仅是紧迫的经济问题，也是重大的政治问题，需要我们下大力气加以解决。

西部大开发为促进地区协调发展，特别是相对落后地区的科学发展进行了可贵的探索，积累了丰富而有益的经验，为确立国家区域协调发展战略，进而为完善区域发展总体战略打下了基础。西部大开发后提出的振兴东北地区等老工业基地、中部崛起、东部率先发展等，都体现了我国各区域间协调发展的科学决策，很大程度上受到了西部大开发战略成功经验的启示，体现了西部大开发的示范作用。

化解区域发展不平衡的矛盾，促进区域协调发展，关键要充分发挥市场机制的作用，破除条块分割和地区封锁，保证生产要素的合理流动。要发挥政府的引导和调节作用，以矫正市场失灵、弥补市场缺陷。通过加强宏观调控、制定和实施区域发展规划，加大对落后地区基础设施、科技、教育等方面的支持力度，改善经济社会发展的软环境和硬条件，缩小区域之间基本公共服务水平差距。引导各地从实际出发，把资源、区位等优势转化为竞争优势和经济优势，多搞一些有市场、有效益的项目，防止出现产业结构雷同和低水平重复建设，使各地区在全国统一市场中明确自己的定位，进而形成优势互补、协调发展的产业格局。

实现各地区、各民族共同富裕，必须统筹区域发展，这是我国社会主义制度的本质特征和基本要求。共同富裕不是同步富裕，公平不是简单地“拉平”，而是一部分人、一部分地区先富起来，先富带后富，使各个地区和全体人民都富裕起来。西部大开发实践了邓小平同志“两个大局”的战略构想，为缩小区域差距，走共同富裕道路探索了一条新路。这对于构建社会主义和谐社会，维护民族团结，实现国家长治久安具有十分积极的意义。

第五，树立科学发展理念，解决现代化建设中遇到的各种突出问题。实现什么样的发展，怎样发展？我们党对这一重大理论和实践问题的认识，经历了一个不断深化的过程。从改革开放初期提出以经济建设为中心，到发展是硬道理、发展是执政兴国的第一要务，再到党的十六届三中全会提出坚持以人为本，树立全面、协调、可持续的发展观，促进经济社会和人的全面发展，我们党关于发展的理论在不断完善和不断成熟。

西部大开发是我们党的发展理论的一次生动实践。在这一过程中，我们把发展作为第一要务，实现了西部经济社会又好又快的发展，使西部大地焕发出了勃勃生机。这说明，无论国际国内形势如何变化，无论遇到什么样的困难，只要坚持正确的发展理论，我们就能够从容应对挑战，克服困难，不断前进。这是我们从多年来的实践中得出的一条基本经验。这一经验在西部大开发的实践中又得到了新的验证和说明。

西部大开发的实践还告诉我们，掌握科学发展的理念，走科学发展的道路，应当辩证地处理好增长与发展的关系，转变把发展简单等同于经济增长的观念，注重转变经济发展方式，提高发展质量和效益，实现又好又快的发展。应当辩证地认识物质财富增长与人的全面发展的关系，转变“重物轻人”和“只见物、不见人”的观念，把实现好、维护好、发展好广大人民根本利益作为各项工作的出发点和落脚点。应当辩证地认识人与自然的关系，转变把人类发展的过程看作单纯利用和征服自然的观念，注重经济发展与人口资源环境相协调，使人民在良好生态环境中生产生活，做到可持续发展。应当辩证地处理城乡发展、区域发展、经济社会发展、人与自然和谐发展、国内发展和对外开放的关系，防止顾此失彼，运用统筹兼顾的方法，调节并处理好各种利益关系和复杂矛盾。因此，对科学发展观，不仅要真学真懂，还要真用真干，才能解决好发展道路上遇到的各种困难和问题。

三、沿着科学发展的道路前进

胡锦涛同志指出：“继续实施好西部大开发战略，对确保实现全面建设小康社会的宏伟目标十分紧要。我们要坚持以邓小平理论和‘三个代表’重要思想为指导，用科学发展观统领西部大开发的各项工作，进一步转变观念，着力深化体制改革，积极调整经济结构、转变增长方式，加快基础设施和生态环境建设，加大解决‘三农’问题的工作力度，更加注重发展社会事业，紧紧依靠西部地区广大干部群众，同心同德，奋发图强，坚定不移地把西部大开发继续推向前进。”这是今后做好西部大开发工作的重要指导思想。

抓住了发展，就抓住了西部大开发的根本任务和主要矛盾，抓住了建设西部小康社会的关键。不发展就没有西部今天的面貌，不发展就不能解决我们面临的这样那样的问题。在西部大开发中，我们紧紧把握发展这个主题，用发展的眼光、发展的思路、发展的办法化解了西部大开发中的困难和问题，切实做到发展为了人民，发展依靠人民，发展成果由人民共享。

发展是西部地区面临的长期而艰巨的任务。惟其长期，就更需要坚韧；惟其艰巨，就更需要奋斗不止。由于经济、社会、自然和文化等方面的历史原因，西部地区经济发展依然存在诸多矛盾和突出问题，特别是实现科学发展、和谐发展的制约因素还不少，有的是主观方面的，有的是客观方面的；有的是区域性的，有的是全国和全局层面的。存在的矛盾主要是：经济实力显著增强，但发展质量有待提高，经济结构不合理、自我发展能力不足，财政支出的60％要靠国家转移支付。社会主义市场经济体制初步建立，但影响发展的体制机制障碍依然存在。人民生活水平有了很大提高，但小康社会实现程度总体上相当于东部地区2000年的水平，城乡贫困人口占国内相当数量。发展不平衡问题得到改善，但缩小城乡差距，促进经济社会协调发展的任务仍很重。社会活力显著增强，但社会建设和管理面临诸多新课题。具体到西部地区内部，经济总量小，产品处于产业链低端，生产方式比较粗放，自我调整能力较弱。水利、能源、通信等基础设施仍显薄弱。教育、文化、卫生等社会事业相对滞后。生态环境还需花更大力量保护和修复。基本公共服务均等化水平仍然较低。人才不足和流失问题尚未明显改善。政府职能不能完全适应社会主义市场经济的需要。现代企业制度建设仍未到位。自我发展的综合能力仍显不足。加强民族团结、维护边疆稳定的任务仍然繁重。

西部大开发是亿万人民群众广泛参与的创造性事业，是我国各族人民实现自身利益、创造美好生活的时代伟业。党和国家各项战略决策的出发点和落脚点都是为了人民。我们要继续贯彻落实党中央、国务院有关西部大开发的各项部署，既要有只争朝夕的紧迫意识，又要作长期奋斗的思想准备。坚持西部大开发战略不动摇，努力把西部地区的经济社会发展推向新的阶段。

深刻认识西部大开发的长期性、艰巨性。西部大开发是一项艰巨的历史任务，需要国家和全社会共同努力，以更大的决心、更有力的措施、更扎实的工作，继续发扬自力更生、艰苦创业的精神，经过几代人的不懈努力，才能实现西部腾飞的夙愿。要继续保持顽强拼搏、不屈不挠、开拓进取、艰苦奋斗的精神状态，破除小富即安、浅尝辄止的意识，树立持久战的思想，持之以恒地推进西部大开发的伟大事业，实现西部地区的又好又快发展。

行百里者半九十。经济发展是政治文明、文化繁荣、社会进步的物质基础，要在更高的程度上把握发展规律，创新发展理念，转变发展方式，破解发展难题，提高发展质量和效益。这是对西部地区各级党委政府的执政意识、执政能力和执政水平的检验。

按我国“三步走”的战略目标，到本世纪中叶，进入中等发达国家行列的目标实现之时，我们这个历史悠久的文明古国和发展中大国，将成为现代化基本实现、综合国力显著增强、国内市场总体规模位居世界前列的国家，成为人民富裕程度普遍提高、生活质量明显改善、生态环境良好的国家，成为更加开放、更有活力、为人类文明作出更大贡献的国家。这个宏伟目标鼓舞我们坚持不懈，埋头苦干，用长期的努力建设一个现代化的新西部，为把我国建设成为社会主义现代化强国奠定牢固的基础。

保持西部大开发政策的连续性和稳定性。深入实施西部大开发，是当前应对国际金融危机、保持经济平稳较快发展的重要举措，是有效扩大国内需求、拓展我国发展空间的客观需要，是构建国家生态安全屏障、实现可持续发展的重大任务，是不断改善民生、增进民族团结和边疆稳定的重要保障，是缩小地区差距、实现全面建设小康社会目标的必然要求。

十年西部大开发的实践说明，这些战略目标和构想，是符合西部发展实际的，现行的一系列行之有效的政策措施，有利于西部地区发展环境的改善，必须坚持而不背离，连续而不中止。中央财政应当进一步增加对西部地区的财政转移支付。通过采取投资税收减免、再投资返还等方式，对能源和资源开发、农产品加工实行税收优惠。中央投资继续向西部地区倾斜。由国家投资或需国家批准或核准的重点产业项目，同等条件下优先安排在西部地区。国家发展改革委应当履行好国务院西部开发办划转过来的职能，发挥好参谋助手作用，求真务实，搞好服务，为西部大开发继续作出贡献。

努力实现西部地区全面协调可持续发展。胡锦涛同志在党的十七大报告中指出，科学发展观，是对党的三代中央领导集体关于发展的重要思想的继承和发展，是马克思主义关于发展的世界观和方法论的集中体现，是我国经济社会发展的重要指导方针。在实施西部大开发战略的进程中，还会遇到新情况、新机遇、新挑战。我们必须增强贯彻落实科学发展观的自觉性，根据形势的变化，研究解决西部大开发的重大问题，完善西部大开发的政策措施，建立和完善推动西部大开发的体制机制。要把创新精神贯彻到治国理政的各个环节，通过进一步完善各方面体制，加快重要领域和关键环节的改革步伐，构建充满活力、富有效率、更加开放、有利于科学发展的体制。要继续完善西部投资、财政、税收、金融、土地、环保政策，加快建立长期稳定的西部开发资金渠道，形成资源开发补偿机制，推进相关法律法规的制定工作。不仅要缩小经济总量或人均地区生产总值与其他地区的差距，更要缩小居民间生活水平的差距，实现基本公共服务的均等化，使人民生活水平持续稳定提高；重视发展科技、教育、文化、卫生等社会事业，处理好经济发展与社会发展的关系；重视发展方式的转变，保护生态环境，降低资源能源消耗，努力实现经济社会的全面协调可持续发展。

开发西部是中国近现代以来一个伟大的历史性命题，代表了中国人民特别是西部地区和全国各族人民的根本利益。著名作家雨果说：“已经创造出来的东西比起有待创造的东西来说，是微不足道的。”当今世界正在发生广泛而深刻的变化，当代中国正在发生广泛而深刻的变革。党的十七大提出今后五年是全面建设小康社会的关键时期，西部地区正处在新的历史起点上。西部地区的发展成就来之不易，我们应当备加珍惜西部地区发展的良好基础和态势，不断开创西部大开发的新境界，以更强的创造力、凝聚力和战斗力，完成时代赋予我们的崇高使命，经过一代又一代人的艰苦努力，使西部地区经济社会得到更好更快的发展，人民得到更多实惠。我深信，在党中央、国务院的坚强领导下，在各方面一如既往的支持帮助下，经过西部人民自强不息、艰苦卓绝的努力，祖国西部一定会迎来经济繁荣、社会进步、生活安定、民族团结、山川秀美的美好明天。

后　记

《西部大开发决策回顾》终于同读者见面了。从一开始零星片断的回忆，到最终形成一本二十多万字的书稿，这期间经过半年多紧张繁忙的工作。在成稿过程中，得到了很多领导同志的关心和指导，这对全书的顺利完成是至关重要的。

为了能全面准确地反映这一段历史，一些同事帮我进行了回忆，有关部门和地方提供了资料。协助我工作的同志有范必、吴越涛、唐明龙、杨禹、杨绪珍、邓炯、王坚、王天龙等同志，曹玉书、宁吉喆、陈夕、施子海、吕传俊同志对全书进行了审读，罗海岩、刘荣刚、汪文庆、吴江同志承担了编辑工作，还有很多同志为本书提供了帮助。在这里，谨向支持本书写作的单位和同志们表示衷心感谢！

2010年2月